동북아 문화 공동체론

이광규(李光奎)

서울대학교 사범대학 역사과 졸업
서울대학교 문리과대학 강사
서울대학교 사범대학 조교수
서울대학교 사회과학대학 교수
미국 하와이 동서문화센터 연구교수
미국 버클리 캘리포니아 대학 교환교수
미국 애리조나 주립대학 교환교수
미국 워싱턴 대학 교환교수
재외동포재단 이사장 역임
현재: 서울대학교 사회과학대학 인류학과 명예교수

저서: 『한국가족의 구조분석』, 『한국가족의 사적연구』, 『한국가족의 심리문제』, 『문화인류학개론』, 『재일한국인』, 『재미한국인』, 『재중한인』, 『재외동포』, 『러시아 연해주의 한인사회』, *Korean Family and Kinship*, *Overseas Koreans*, *Korean Traditional Culture*, 『신민족주의의 세기』, 『재소한인』(공저), 『다민족국가의 민족문제와 한인사회』(공저), 『가족의 관계역동성과 문제인식』(공저), 『한국종교의 이해』(공저) 외 다수

동북아 문화 공동체론

펴낸곳 서울대학교출판문화원
펴낸이 오연천
지은이 이광규

초판 1쇄 인쇄 2012년 12월 21일
초판 1쇄 발행 2012년 12월 26일

출판등록 제15-3호
주소 서울시 관악구 관악로 1 우편번호 151-742
대표전화 02-880-5252
팩스 02-888-4148
마케팅팀 02-889-4424, 02-880-7995
이메일 snubook@snu.ac.kr
홈페이지 www.snupress.com
영문홈페이지 eng.snupress.com

ISBN 978-89-521-1364-1 93300

동북아 문화 공동체론

이광규 지음

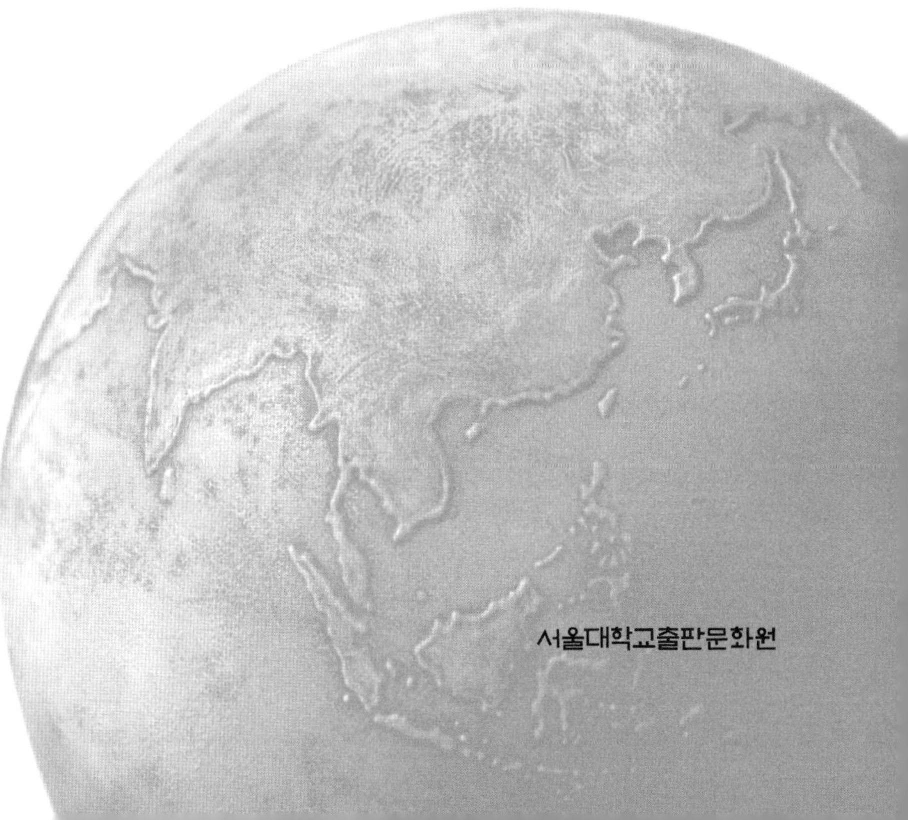

서울대학교출판문화원

머리말

10여 년 전부터 한류와 함께 유행한 것 중의 하나가 동북아 공동체론이다. 대학의 연구소는 물론 정치학자나 경제학계에서 동북아 공동체론이 크게 유행하였으며, 노무현 대통령 시절에는 정부 기구로서 '동북아시대위원회'라는 것까지 만들었다. 또한 이러한 시대의 결과물로서 2000년대에 들어서면서 동북아 공동체에 관한 저서가 쏟아져 나오기 시작하였다.

이는 세계적인 사조에 편승한 것이기도 하다. 유럽의 여러 나라는 근세로 진입하면서 민족국가를 형성하고 수많은 전쟁을 치러 왔다. 마침내 두 차례의 세계대전을 겪은 후 유럽 공동체를 형성하여 정치 · 경제 · 법률의 단일 체제를 이룩하였고, 마치 한 나라와 같은 기능을 하게 되었다. 이를 본받아 북아메리카대륙에는 NAFTA, 남아메리카대륙에는 경제 공동체가 형성되었다. 그리고 중동, 중앙아시아, 동남아시아, 심지어 아프리카에까지 공동체 형성이 유행하게 되었다.

이러한 세계적인 추세에 따라 동북아시아에서도 동북아 공동체론이 유행하였다. 특히 일본에서는 이미 1990년대에 동북아 공동체론이 크게 유행하였는데, 그 당시 중국은 개혁 개방의 초기 단계에 있었다. 일본은 경제력 부문에서 세계적인 위력을 발휘하고 있던 시기였다. 그

때 일본에서는 세계가 유럽의 유로화, 미국의 달러화 그리고 일본의 엔화로 3등분되어야 한다는 이론까지 대두되었다. 그러나 일본은 이제 때를 놓친 것 같다. 왜냐하면 중국이 대두되었기 때문이다. 개혁 개방을 서두른 중국은 비약적인 경제 발전을 거듭하여 동남아시아에서 일본과 경쟁할 뿐만 아니라 세계를 좌지우지하는 G2에 선정되는 등 최소한 동북아시아와 동남아시아를 포함하는 동아시아의 맹주가 되려 하고 있다. 동북아 공동체론은 이러한 일본과 중국의 의도를 뒷받침하는 사상으로서 크게 유행하게 된 것이다.

한국을 위시하여 일본과 중국에서 거론되는 동북아 공동체론은 대부분 국제경제 또는 국제정치학을 전공한 학자들에 의하여 구상된 것이다. 따라서 이들 대부분의 공동체 이론은 학문의 성격상 동북아시아를 이해하는 데 한계가 있어 보인다.

동북아시아가 하나의 공동체 형성을 위한 이론을 전개하려면 먼저 동북아시아의 역사를 충분히 이해하여야 한다. 한국, 중국, 일본을 포함하는 동북아시아에는 EU를 결성한 유럽 못지않은 오랜 문화 전통이 있다. 이것을 정확히 이해할 때 동북아시아 공동체의 성격이 어떠한 것이어야 하며, 어떻게 형성되어야 할 것인가를 알 수 있을 것이다.

동북아시아의 역사를 대부분 중국을 중심으로 한 역사로 알고 있다. 특히 중국인들이 그러한 시각을 갖고 있는데, 중국을 중심으로 한 주변 국가들이 조공을 바쳤느니 주종 관계가 있었느니 하는 말을 한다. 고대나 중세의 상황을 현대의 감각과 기준으로 평가해서는 안 될 것이다. 무엇보다 중요한 것은 당시 동양을 지배하던 유교 윤리에서는 아시아적 보편 진리인 '예'(禮)가 기본이었고, 그러므로 유교 문화가 유지된 것임을 알아야 한다. 고대나 중세의 중국은 문명과 야만을 구별할 때 문명을 중국 민족, 야만을 타민족으로 구분하지 않았다. 예를 아는 것이 문명이고, 모르는 것이 야만이라 하였다. 당시의 동양 문명은 이러한 보편적 진리가 있었기 때문에 유지된 것이며, 이에 따라 한국은 중국의 중원을 차지한 원나라와 청나라의 세외 민족의 왕조를 무시했던 것이다. 동양의 역사를 이해한다는 것은 동양이 과거부터 보편적 진리로 지켜 온 것이 무엇인가를 정확하게 판단하는 것이다.

동북아시아가 하나의 공동체를 형성하기 위하여 알아두어야 할 다음 과제는 문화인류학적 사고방식이다. 문화인류학에서는 이 세계에 존재하는 모든 문화는 존재할 정당한 이유가 있으며, 모든 문화는 존중받을 가치가 있다고 말한다. 동양이 경제 공동체를 통하여 강성해져 동양을 침공한 유럽을 공격, 정복하는 것이 공동체 형성의 목적이라면 이는 분명 무의미할 것이다. 유교 문화권이라는 동양 공동체의 형성 목적은 1000년 이상 싸워 온 기독교 문명권과 회교 문명권을 중개, 조정하여 이들과 더불어 인류 평화를 유지하는 것이 되어야 한다. 이를 위하여 동양의 유교 문화권이 존재해야 하는 것이다.

문화인류학적 관점의 동북아 공동체 연구는 기존의 동북아 공동체 연구가 밝힌 국제정치학이나 국제경제학과는 나른 새로운 입장을 제시하여 그 폭을 넓게 할 것이다. 문화인류학적 입장에서 동북아 공동체론을 추구하다 보면 필연적으로 역사적인 배경을 중시할 수밖에 없다. 발하자면 현재 진행되는 정치적 이슈로서의 동북아 협력이 어떠한 역사적 배경에서 이루어진 것인지를 분석해야 하고, 경제적 협력체 방안 역시 경제적 현상에 감추어진 역사적 배경이 무엇인가를 규명해야 하는 것이다. 정치적 · 경제적 현상 배후의 역사적 맥락을 추구하다 보면 대두하는 것이 문화적 배경이다. 그러므로 문화를 기반으로 하는 경제와 정치의 현상을 언급하는 것이 문화인류학적 입장이다.

이 연구의 가장 중요한 의도는 '왜 동북아 공동체인가?' 하는 질문이었다. 이를테면 가치 있는 동북아 공동체 연구는 '무엇 때문에 동북아 공동체를 구성하려는 것인가' 하는 보다 본질적인 질문을 앞세우는 것이라 생각한다. 유럽과 북아메리카대륙에서 EU와 NAFTA가 결성되었기 때문에 동북아 지역 공동체를 형성해야 한다는 의식으로 동북아 공동체를 연구한다면 그것은 하나의 유행을 따르는 철새에 지나지 않는다. 오랜 역사와 유교라는 문화 전통을 가진 동북아시아가 하나의 지역 공동체를 형성해야 하는 당위성에는 되풀이하지만 1000여 년간 싸워 온 기독교 문명권과 아랍 문명권을 중개, 조정하여 인류 평화에 공헌해야 한다는 목적 의식이 반드시 담겨 있어야 한다.

이 책을 출판할 수 있도록 심사해 주신 서울대학교 교수 여러분에게 감사한다. 서울대학교출판문화원에서 문장의 교정을 보아 준 교정 담당자와 출판에 수고해 주신 여러분에게 감사하는 바이다.

2012년 10월
분당 송현재에서
저자 씀

차례

서론

지역 공동체

구소련이 와해된 이후 미국을 중심으로 한 단일 체제가 구축되는 한편 국가를 초월한 지역 공동체의 형성이 유행하고 있다. 전자를 세계화(globalization), 후자를 지역화(regionalization)라 한다. 인간과 물류 그리고 정보와 금융 등이 국경을 초월하여 범세계적으로 흐르는 것은 마치 세계가 하나의 일일생활권으로 진입하는 것과 같다. 더욱이 그 속도가 시간과 더불어 가속화되고 있다. 이것이 세계화 현상이다. 한편 미소의 냉전 체제 붕괴와 함께 독립된 국가들은 지역 간 협력체를 구성하여 경제적 번영과 지역 내 안전을 도모하고 있다. 이것이 지역화 현상이다. 지역화의 대표적인 사례가 유럽의 유럽연합(European Union, EU)이다.

북아메리카대륙에서는 미국이 이웃한 캐나다, 멕시코와 더불어 '북미자유무역지역'(North American Free Trade Agreement, NAFTA)을 결성하였다. 이것은 북아메리카대륙 3개국이 경제 발전을 목적으로 관세를 인하하고 물류를 원활하게 하는 경제 공동체의 대표적인 사례라 할 수 있다. 2005년 브라질에서는 남아메리카대륙의 12개국 정상이 모여 제1회 중남미국가공동체 회의를 개최하였다. 이는 1991년 아르헨

티나, 브라질, 파라과이, 우루과이, 칠레, 볼리비아 등 6개국이 설립한 '남미공동시장'(Southern Common Market, SCM)과 볼리비아, 콜롬비아, 에콰도르, 페루, 베네수엘라 등 5개국이 발족한 '안데스공동체'(Andean Common Market, ANCOM)를 합친 것이다. 이는 남아메리카라는 지역적 인접성을 기반으로 하여 경제적인 공동체를 형성한 것으로 나프타(NAFTA)와 다를 것이 없다.

구소련이 와해된 이후 중앙아시아와 구소련 영역에는 1995년 '유라시아경제공동체'(EurAsEC)가 발족하였다. 이는 러시아, 벨라루스, 카자흐스탄, 키르기스스탄, 타지키스탄 등 5개국이 참가하여 관세동맹을 맺고 경제협력을 이루고, 더 나아가 문화 분야에서의 협력을 통하여 정치적인 협력체를 이룩하려는 방향으로 추진되고 있다.

'독립국가연합'(Commonwealth of Independent States, CIS)에 속하는 중앙아시아 5개국에서 유라시아경제공동체에 참가하지 않은 나라가 우즈베키스탄이다. 우즈베키스탄과 이웃한 카자흐스탄이 중심이 되어 경제협력체를 이룬 것이 '중앙아시아협력기구'(Central Asian Cooperation Organization, CACO)이다. 이곳에 키르기스스탄, 타지키스탄이 가맹하였다. 이들 중앙아시아의 5개국은 회교국으로 CIS 내에서도 긴밀한 관계에 있다. 이곳에 러시아가 벨라루스와 같이 동참한 것이 '중앙아시아경제협력체'(Central Asia Regional Economic Cooperation, CAREC)이다. 따라서 이들 경제 공동체나 협력 기구는 경제적인 협력을 목적으로 하되 남아메리카 나라들과는 다른 문화적인 공통점이 있기에 경제 공동체 사회를 강조하는 사회협력체의 성격을 띠게 된다.

중앙아시아에서 큰 기구로는 2002년 결성한 '아시아상호신뢰조성조치회의'(Conference on Interaction and Confidence-Building Measures in Asia, CICA)가 있다. 카자흐스탄 알마티에서 첫 모임을 한 이 회의에는 중앙아시아 5개국과 러시아, 중국, 인도, 이집트, 터키, 이란, 이스라엘, 파키스탄, 아프가니스탄, 아제르바이잔, 몽골 등 16개국이 참가하였다. 이는 관내 지역의 안전을 위하여 핵무기 대량파괴무기 확산방지 내지 폐지를 결의한 '알마티 결의'를 채택하여 아시아의 비핵화 지역을 설정한 것이다. 이와 같이 중앙아시아를 중심으로 한 구소련 영내에는 경제적인 협력체, 종교를 중심으로 한 문화 공동체, 안보를 위한 정치 공동체 등 여러 형태의 집단이 형성되었으나 그 목적이 모호하고, 형성된 집단의 확실한 활동이 없어 유야무야한 상태에 놓여 있다.

중동 지역에는 1992년 이란, 터키, 파키스탄 등이 주동하여 결성한 '이슬람경제협력기구'(Economic Cooperation Organization, ECO)가 있다. 아프리카에서는 그간 유지해 온 '중앙아프리카 경제 공동체'(Economic Community of Central African States, ECCAS)와 '서아프리카 경제 공동체'(Economic Community of West African States, ECOWAS) 그리고 '아프리카 단결기구'(Organization of African Unity, OAU)를 하나로 통합하여 2002년 남아공화국 더반에서 '아프리카연합'(African Union, AU)을 결성하였다. 대평양에는 '대평양 제도 포럼'(Pacific Islands Forum, PIF)이라 하여 오스트레일리아, 뉴질랜드, 파푸아뉴기니, 피지 등 16개국이 결성한 기구가 있다. 이는 군사적 안전보장을 기반으로 하고, 그 위에 기후 변동, 해면 상승 등 자연재해에 대비하고 해양법, 핵폐기물 처리 문제 등을 의논하는 기구로 성장하고 있다.

동북아시아와 가까운 지역인 동남아시아에 설립된 기구로는 1992년 동남아시아 10개국이 결성한 '동남아국가협력'(Association of Southeast Asian Nations, ASEAN)이 있다. 이는 역내 자유무역을 통하여 단일 시장을 형성하려는 것으로서 장차 '경제협력체'(ASEAN Free Trade Area, AFTA)로 발전하기를 합의한 기구이다. 시간이 지나면서 경제적인 협력을 넘어 정치적인 협력과 안전보장 기구로 발전하고 있으며, 특히 아세안+3, 즉 아세안 10개국에 한국, 중국, 일본을 포함하는 확대 기구로 발전하고 있다.

이처럼 전 세계는 바야흐로 지역협력체 구성의 시대를 맞이하여 지역에 기반을 두거나 종교에 기반을 둔 공동체를 형성하여 경제적인 발전을 도모하거나 집단적인 안보 체제를 유지하여 안전과 발전을 도모하고 있다. 이러한 지역협력체의 궁극적인 목적이 모두 EU와 같이 되는 것은 아닐지라도 최소한 EU와 같은 경제협력체에서 안전보장협력체, 더 나아가 하나의 운명 공동체로 발전하기를 원하고 있다.

동북아시아

한국을 포함하는 극동 지역을 동북아시아라 한다. 동북아시아의 지역적 범위를 어디까지 할 것인가 하는 문제를 둘러싼 주장에는 동북아시아론과 동아시아론이 있다. 동북아시아론은 아시아의 동북단에 있는 지역을 동북아시아라 하고, 이곳에 한국, 중국 그리고 일본을 포함시킨다. 과거 동양(東洋)이라 말해 오던 곳이다.

이는 유교 문화권이라 하여 한국, 중국, 일본을 포함하는 지역이지만 유교를 포함할 경우 동남아시아에 속하는 베트남을 포함시켜야 한다. 그리고 중국을 역사적으로 말할 경우 원(元)나라를 이룩한 몽골도 중국에 포함시켜야 하기 때문에 현재의 몽골을 동북아시아에 포함시키는 문제가 야기된다. 몽골과 베트남을 포함시키면 동북아시아의 범위가 보다 확대되고, 현재 교섭이 빈번하고 교류가 성행하고 있는 베트남과 동남아시아도 포함시켜야 한다고 주장하는 사람들이 있다. 이들은 동북아시아보다 넓은 '동아시아'라는 개념에 동북아시아와 동남아시아를 포함시키는 경우이다. 동아시아를 동북아시아와 동남아시아로 나눌 때 동북아시아에 몽골만이 아니라 러시아의 극동 지역을 포함하는 학자도 있다. 이것은 문화보다 경제적인 조건과 지역적인 인접성을 고려한 것이다.

이 글에서는 '동북아시아'를 문화적인 것에 주안점을 두되 지리적으로도 명확하게 한국, 중국, 일본이라고 한정한 지역적 공동체를 구상하기로 한다. 이러한 개념을 보다 선명하게 설명한 것이 토인비의 문명사관이다.

토인비의 문명론

영국의 문명사가인 아놀드 토인비(Arnold Toynbee)는 인류의 역사를 연구하고 "세계 인류의 역사에는 20개의 문명이 형성되고 소멸되었으며, 현재 지구상에는 5개의 문명이 생존하고 있다"고 하였다. 현존하는 5개 문명권은 기독교를 기반으로 한 유럽 문명권, 회교를 신봉하는 아랍 문명권, 힌두교를 신봉하는 인도 문명권, 유교를 신봉하는 동북아시아 문명권 그리고 공산주의를 신봉하는 소련 문명권이라 하였다. 토인비의 문명사관이 지나치게 종교를 기준으로 인류 문명을 분류했다는 비난을 받고 있기는 하나 중요한 것은 한국, 중국, 일본을 포함하는 동북아시아를 하나의 문명권으로 보고, 이를 유교 문명권이라 했다는 것이다.

동북아시아 3국의 근세사 경험

서세동침(西勢東侵)에 의하여 문호를 개방하기 전까지 유사한 역사 경험을 가진 한국, 중국, 일본의 동북아시아 3개국은 막스 베버(Max Weber)가 말하는 이른바 아시아적 봉건사회를 이룩해 왔다. 한국, 중국, 일본의 모습이 크게 달라지는 것은 서구의 침략으로 인하여 봉건

질서가 무너진 이후 현대 국가를 건설하는 과정에서이다. 서세동침에 직면한 한국, 중국, 일본은 모두 문호를 굳게 닫고 서양 세력에 대항했으나 강한 서방 세력에 굴복하여 결국 문호를 개방하고, 세 나라는 각기 다른 근세사의 과정을 경험하게 된다.

동북아시아 3국은 서양에 문호를 개방하여 서양 문물을 수용하는 과정에서 크게 2가지 과업을 수행하게 된다. 그 하나는 근대적 시민이 중심이 된 국민국가를 건설하는 과정이고, 다른 하나는 농경사회가 산업사회로 전환하는 산업화 과정이다. 동북아시아 3국은 지리적 조건, 사회적 조건 그리고 서구 열강과의 접촉 등에 의하여 각기 다른 현대화 과정을 걸어왔다. 이 과정을 일본, 한국, 중국 순서로 살펴보기로 한다.

일본의 근세사

중국의 아편전쟁으로부터 10년 뒤인 1853년 일본은 미국의 페리(Matthaew C. Perry)가 이끄는 흑선(黑船)의 공격을 받고 서구 열강에 문호를 개방하기 시작한 이래 1854년 미국과 미 · 일 화친조약을 체결하였다. 일본이 서구 열강에 의한 문호 개방과 서구 열강과의 불평등조약을 체결한 것은 중국이나 한국과 유사하다. 그러나 일본은 당시 실권을 장악하고 있던 막부의 세력을 재빨리 꺾고 천황 중심의 통일된 현대 국가로서의 형태를 갖춘다. 이어 일본은 학제, 징병제, 세제를 정리하고 대일본제국헌법을 제정하여 현대 국가로 발전한다. 한편 일본은 근대 산업을 육성하고 부국강병책을 추진하여 근대 자본주의에 입각한 산업 국가로 발전해 나아간다(上原一慶 外 3人 2002: 24).

메이지유신(明治維新) 초기부터 정한론(征韓論)을 내세운 일본은 청일전쟁과 노일전쟁의 승리로 획득한 막대한 배상금으로 자본주의 국가로 성장하였다. 그리고 한국을 병합한 후 제1차 세계대전에 참전하여 전승국에 가담, 세계 일등국 반열에 들어 미국, 영국과 더불어 이른바 '3국 체제'를 형성하기에 이른다.

한국을 식민지로 한 일본은 중국을 향하여 산둥출병(山東出兵)을 감행하더니 만주국을 세운다. 미국과 영국이 만주국을 인정하지 아니하자 일본은 국제연맹을 탈퇴하는 한편 중일전쟁에 진력하였다. 영국이 중국 국민당 정부를 지지하자 일본은 이를 차단하기 위하여 독일, 이탈리아와 '3국동맹'을 결성한다. 유럽에서 전쟁이 발발하자 일본은 동남아시아로 향하는 남진 정책을 실시하고, 1941년 12월 진주만을 공격하여 태평양전쟁을 일으킨다. 일본은 동남아시아 일대에서 프랑스, 영국, 네덜란드, 미국 등이 가진 식민지를 일본 세력권 내에 넣은 뒤 자급자족권을 형성하였는데, 이것을 '대동아공영권'(大東亞共榮圈)이라 한다.

하와이 진주만을 습격하여 태평양전쟁을 일으킨 일본은 1년간 일본의 영토를 최대한 확대해 갔으나 태평양 미드웨이(Battle of Midway) 전투에서 실전함으로써 전세의 전환을 맞는다. 그 후 일본의 전선은 계속 위축되어 갔다. 오키나와 결전에서 후퇴한 후 그리고 히로시마와 나가사키에 원자탄이 투하된 직후 일본은 미영이 제시한 포츠담 선언을 수락하여 제2차 세계대전을 끝낸다(上原一慶 外 3人 2002: 161).

제2차 세계대전의 패전으로 일본의 국부(國富)는 막대한 손실을 보았고, 미 점령국 하에 있게 되는 어려움을 겪는다. 그러나 냉전 체제에서 미국이 소련 또는 중국과 대치하는 동안 동북아시아에서의 반공거점으로 일본을 선택한 데다, 한국전쟁이 발발하자 일본을 후방의 병참기지로 두었기 때문에 일본의 경제는 전쟁 전으로 회복했을 뿐만 아니라 오히려 전쟁 전의 상태를 능가하는 발전을 가져오게 되었다.

무엇보다 일본은 미국의 전초기지의 역할을 수행하면서 미·일 동맹을 강화하여 미국의 세계 전략의 틀 안에서 경제 발전을 도모하는 한편, 태평양을 범위에 둔 아시아-태평양 지역에서의 주도권 장악을 위한 정책을 수행함으로써 동남아시아 지역으로만 한정할 때 받을 수 있는 대동아공영권의 의혹에서 탈피하고 있다. 일본은 동북아시아에서만 아니라 비(非)유럽 국가로서는 가장 빨리 근대국가를 형성하여 세계 최상급 강대국으로서 세계 무대에서 활동해 왔으며, 현재도 막강한 경제력과 미국의 핵우산 아래서 동북아시아와 동남아시아에 막강한 영향력을 행사하고 있는 나라이다.

한국의 근세사

근세사에서 가장 쓰라린 경험을 한 나라가 한국이다. 세계사가 제국주의 시대를 경과할 때 종주국 가운데 백인이 아닌 유일한 나라가 일본이었고, 비(非)백인 종주국의 식민지였던 유일한 나라가 한국이었다. 그리고 해방 후 그때까지 가졌던 식민지 경제 체제에서 탈피했을 뿐만 아니라 세계 경제 10대국으로 성장한 유일한 나라가 한국이다.

1865년 당시 조선의 실권을 장악한 흥선 대원군(大院君)은 국정쇄신을 추진하면서 쇄국정책을 유지해 갔다. 프랑스 군함에 당한 병인양요(丙寅洋擾)와 미국 군함을 물리친 신미양요(辛未洋擾)를 계기로 대원군은 각지에 척화비(斥和碑)를 세워 쇄국정책을 강화하고, 이에 따라 위정척사파(衛正斥邪派)가 조성되었다. 그러나 이를 반대하는 왕비 민씨(閔氏) 일족이 1873년 대원군을 실각시키고 정권을 잡는다. 그 사이 일본은 1975년 강화도에 운양호(雲楊號)를 파견하여 개국을 강요하고, 결국 강화조약을 체결한다. 한국이 문호를 개방한 것은 중국보다 35년, 일본보다 20년 뒤진 것이었다.

개혁을 서두르는 민씨 정권은 주일청국 참사관 황준헌(黃遵憲)이 저술한 『조선책략』(朝鮮策略)을 입수하여 이것을 중심으로 개혁을 추진한다. 한국은 개화정책을 추진하기 위하여 통리기무아문(統理機務衙門)을 설치하고 신식 군대의 별기군(別技軍)을 설치하였다. 신식 군대에 밀린 구(舊)군대는 임오군란(壬吾軍亂)을 일으키고, 이에 중국(청나라)과 일본은 반란군의 진압을 구실로 한국에 군대를 파병한다. 개화파 인사들은 청나라에 기우는 민씨 정권을 타도하고 개혁을 단행하기 위하여 우정국 사건인 갑신정변(甲申政變)을 일으킨다. 그러나 개화파의 쿠데타는 3일 만에 진압되고 청국의 간섭이 강화되었다.

1894년에는 '척왜양창의'(斥倭洋倡義)와 지방관의 악정을 비판하는 전봉준(全琫準)이 주도하는 동학농민운동이 일어난다. 동학농민운동을 구실로 청나라와 일본은 각기 군대를 한국에 파견하였다. 한국에 파견된 일본군과 청나라 군대가 충돌하니 이것이 청일전쟁이다.

청일전쟁 후 한국은 친러파 내각이 구성된다. 이에 일본은 반감을 품게 되었고, 1895년 일본 낭인에 의하여 왕후 명성황후가 살해되었나. 이섯을 을미사변(乙未事變)이라 한다. 이로 인하여 반일의병투쟁이 전국에서 야기되었다. 국내외의 불안을 극복하기 위하여 국왕이 러시아 공사관으로 자리를 옮기는 아관파천(俄館播遷)이 단행되었다.

중국에서 의화당(또는 의화단) 전쟁이 마무리될 무렵 일본은 1902년 영국과 영일동맹조약을 체결하고 러시아의 남하정책에 대응하여 1905년 러일전쟁을 일으킨다. 일본군은 여순, 대련으로 진격하여 러시아군을 추격하는 동시에 동해 해전에서 승리하여 강화도조약을 맺는다. 1905년 일본은 한국에 대하여 제2차 한일협약이라는 을사조약(乙巳條約)을 체결한다. 이것으로 일본은 총감부이사청관제(總監部理事廳官制)를 두어 총독의 기능을 담당하게 하였다.

한편 고종은 1907년 네덜란드 헤이그에서 열린 만국평화회의에 이상설(李相卨), 이준(李準), 이시종(李時鐘) 등을 보내어 을사조약이 무효임을 주장하게 하였다. 그러나 일본의 방해로 회의장 입장을 거부당하고, 그 분노를 이기지 못한 이준이 사망하고 만다. 이에 일본은 황제의 양위를 강요하고 제3차 한일조약인 정미조약(丁未條約)을 체결하고 군대를 해산한다. 이를 계기로 한국의 의병이 전국적으로 확산되었다. 이들이 일본의 경찰과 헌병 등을 습격하기에 이르러 마침내 이인영(李麟榮)을 총사령관으로 하는 연합 부대가 성립되고, 한양 공격이 감행되었다. 한국 내의 의병 활동은 1908년에 최고조에 이른다. 이에 대하여 일본은 1909년 9월부터 10월 사이에 남한대토벌작전을 시행하였다. 일본의 대대적인 진압 작전에 의하여 한국의 의병 활동은 크게 약화된다. 그리고 마침내 1910년 대한제국은 일본에 합병되고 만다.

빼앗긴 나라를 되찾으려는 항일구국운동이 한반도 밖인 중국의 북간도와 러시아의 연해주에서 전개되었다. 한인이 많이 거주하는 연해주는 독립운동의 중심지가 되었다. 이곳 일대에서 항일운동이 계속 전개되면서, 특히 한일합방 이후에는 무장한 의병들이 일본의 국경경비대를 습격하는 사건이 연발한다. 그리고 망명정부에 해당하는 '13도의군'(十三道義軍)을 설립하여 의병 활동을 체계화하고, 러시아 혁명이 일어나자 연해주에 한국의 망명정부를 수립하였다.

1919년 3월 1일에는 서울 파고다공원(현재 탑골공원)에서 독립만세를 부르는 민중 봉기가 일어나 전국적으로 확산되어 갔다. 3 · 1 반일운동은 1년간 계속되면서 약 200만 명이 참가하였고, 7,645명의 사망자와 4만 5,552명의 부상자가 발생하고, 검거자 4만 9,811명이 희생되었다(上原一慶 外 3人 2002: 91).

3 · 1 운동 당시 한국에서 뜻을 이루지 못한 한인들이 대거 만주와

연해주로 이동하여 격렬한 항일운동을 시작하였다. 이들은 일본군을 대파하는 봉오동전투와 유명한 청산리전투를 전개한다. 한편 3 · 1 운동은 해외에 한인이 거주하는 모든 곳에서 전개되었고, 상하이에 임시정부를 수립하기에 이른다. 임시정부는 미국의 이승만을 대통령에, 연해주의 이동휘를 국무총리에 임명하여 국제적인 한인 연합정부로 출범하였다.

3 · 1 운동의 결과 일본은 한국에 대한 무단정치를 지양하고 문화통치를 지향하겠다는 뜻을 표방하여 한국의 일간지 『동아일보』와 『조선일보』의 간행을 승인하는 등 문치정책을 시행하였다. 그러나 경제와 정치 면에서는 한인들을 더욱 긴장하게 만들어 결국 한인이 경영하는 회사가 감소하였다. 일본은 방곡령(防穀令) 해제를 발표하였다. 미곡 증산 계획을 세우고 수전을 개량하여 곡물 증산을 꾀하여 더욱 많은 쌀을 일본으로 수출하였다. 또한 일본의 자본과 비료, 농기계 등을 수입하게 하는 등 일본에 유리한 정책으로 인하여 농지를 잃은 영세 농민의 수가 늘어나게 되었다. 이들은 식민지 정책의 일환인 만주개척민이라는 명목으로 만주로 이주하게 된다.

1927년 광주에서 발생한 학생 사건을 계기로 반일운동이 야기되었다. 그러나 철저한 탄압으로 효과 없이 진압당하였다. 만세 투쟁을 계기로 노농운동이 심화되었고, 신간회(新幹會)가 조직되었다. 그러나 일본은 집요하게 이를 괴롭혔고, 결국 1931년 해산당하고 만다.

중국에서 전쟁이 격화되자 일본에서는 식민지 한국에서 인력과 물자를 보충하기 위하여 이른바 황민화(皇民化) 정책이 강화되었다. 1937년 중일전쟁을 일으킨 일본은 한국인에게 신사참배를 강요하고, 황국신민(皇國臣民)의 맹서를 강제로 외우게 하였다. 1939년에는 창씨개명(創氏改名)을 강요하였다. 그리고 한국인을 광산 노동자, 군수공장 노무자, 군속 군인으로 동원, 징집 · 징용을 감행하였으며, 총 12만여 명의 처녀를 정신대(艇身隊)로 동원하였다(上原一慶 外 3人 2002: 147).

1945년 8월 15일 제2차 세계대전의 종전은 한국에 해방을 가져다 준 계기가 되었다. 그러나 미국과 소련으로 양분된 세계 전초기지에 있게 된 한국은 남북으로 갈리고, 남과 북에 각기 체제와 이념이 다른 국가를 형성하여 마침내 미소 냉전 체제의 대리전을 치르게 된다. 국민국가로서의 경험이 없는 한민족은 동족상쟁을 통하여 이민족과의 전쟁보다 더 심한 반감을 갖게 된다. 한국전쟁은 전쟁 전의 38선과 유사한 지역에서 휴전하게 되었고, 경계선은 철조망이 상징하듯 전 세계의 유례없는 분단 장벽이 되고 말았다.

한국전쟁은 전선이 남북으로 두 번이나 오르내린 결과 아군과 적군, 지역적인 구분 없이 모두 잿더미가 되었다. 한국전쟁이 끝난 1953년 한국은 1인당 GNP가 미화 67달러로 세계에서 가장 가난한 나라로 전락하였다. 게다가 생산 시설이 없어 참으로 암담한 겨울을 나야 하였다. 이승만 대통령의 카리스마로 겨우 혼란기를 모면한 한국은 1960년 학생을 위시한 시민혁명으로 제1공화국을 무너뜨린 다음 제3공화국을 맞이하여 경제 부흥에의 길로 진입한다. 궁핍으로부터의 해방을 기치로 내세운 제3공화국은 박정희 대통령의 영도 아래 두 차례에 걸친 경공업의 공업화 성공에 이어 제3차 5개년 계획부터 시작한 중화학공업화에도 성공하여 경제적 자급뿐 아니라 세계 10대 교역국의 기틀을 마련하였다. 이와 같이 한국은 일제 강점기, 해방, 한국전쟁, 산업화 등을 통하여 일본보다 더 철저하게 사회개혁을 이룩하여 봉건잔재가 깨끗이 소멸되었고, 민주사회를 건설하는 데 유리한 조건을 형성하게 되었다.

경제 발전과 정치 발전을 병행할 수 없다는 전제 아래 희생되어 온 정치적인 민주화는 민주화 투쟁에 평생을 바쳐 온 김영삼과 김대중 야당 지도자에 의하여 추진되었다. 민주화 운동은 박정희 대통령 시해 후 1980년대에 들어 더욱 가열되었고, 민주화는 노동자, 농민, 학생 등의 후원을 받으며 성취되었다. 그리하여 야당 대표 김대중이 선거에 의하여 정권을 잡는 정치적인 민주화를 이룩하였고, 이어 노무현 대통령도 선거에 의하여 정당성을 확보하게 되었다. 또한 선거에 의하여 이명박이 대통령에 당선됨으로써 다시 야당이 여당이 되어 한국은 비서구 지역 가운데 선거에 의하여 정권 교체가 이루어지는 정치적인 민주화를 이룩한 유일한 나라가 되었다.

중국의 근세사

중국의 근대화와 산업화는 일본이나 한국보다 뒤늦게 추진되어 현재도 한국보다 뒤지고 있는 실정이다. 그것은 중국의 국토가 워낙 방대하고 인구가 많아 한국이나 일본과 같이 빠르게 변화할 수 없는 조건을 갖고 있기 때문이다.

중국이 서양 열강에 문호를 개방한 것은 아편전쟁의 결과이다. 1839년 영국의 홍콩 포격으로 시작된 아편전쟁 결과 중국은 서구 열강에 문호를 개방하였고, 이후 서구 열강의 침략이 계속되어 청나라는 난징조약(南京條約)에서 시작하여 텐진조약(天津條約) 그리고 베이징조약(北京條約)까지 유럽 열강의 제국주의 팽창의 희생물이 되어 갔다. 1851년 청나라 조정(清朝)에 불만을 품은 농민이 반란을 일으켰는데, 이것이 '태평천국(太平天國)의 난'이다. 멸망흥한(滅滿興漢)의 구호를 내걸고 광시성(廣西省)에서 봉기한 홍수전(洪秀全)은 난징을 수도로 하는 태평천국을 세운다. 그러나 이것은 증국번(曾國藩)의 상군(湘軍)에 의하여 평정되고 말았다.

태평천국의 난이 끝날 무렵 중국 각지에서는 기독교의 선교 활동이 전개되었고, 이에 저항하는 민중운동, 즉 구교운동(仇教運動)이 일어난다. 심한 경우 톈진교안(天津教案)에서 보는 것과 같이 민중이 프랑스 영사관과 교회를 습격하여 선교사를 살해하는 사건이 야기되었다. 이에 대하여 증국반 등의 중국 고관은 적당한 타협주의 태도를 취하였으며, 민중의 반란은 지지부진하지만 계속되었다. 이는 종교에 대한 반항이라기보다 유럽의 경제적 · 문화적 침투에 대한 민중의 반항이다(上原一慶 外 3人 2002: 16). 청나라 조정은 곧 행정을 개편하고 새로운 제도를 도입하여 근대화를 추진하니 이것을 양무운동(洋務運動)이라 한다. 양무운동을 전개하기 시작한 초기 새로운 기구를 정부 내에 설치하고 근대산업의 이식을 시작하니 이 초기의 개혁을 '동치중흥'(同治中興)이라 한다(上原一慶 外 3人 2002: 23).

일본은 청일전쟁으로 자본주의를 완성하고 제국주의를 확립하였으나 청조는 이를 계기로 멸망의 길로 접어든다. 전쟁 배상금으로 인하여 유럽 열강으로부터 많은 조차를 한 데다 국고가 탕진되고 열강의 이권 추구는 더욱 노골적이었던 것이다. 러시아는 프랑스와 공동으로 노구교(蘆溝橋)에서 한구(漢口)에 이르는 노한철도(蘆漢鐵道) 부설권을 얻고, 영국은 그 남쪽에 있는 성(省) 두 개를 잇는 철도권을 받는다. 독일이 선교사의 살해 사건을 이유로 1897년 자우저우만(膠州灣)의 조차를 받자 영국은 웨이하이웨이(威海衛), 러시아는 랴오둥반도(遼東半島)의 뤼순(旅順)과 다롄(大連)의 조차권을 얻고, 프랑스는 광저우만(廣州灣), 영국은 주룽반도(九龍半島)의 조차권을 얻는다.

한편 일본은 타이완 대안(對岸)의 푸젠성((福建省)을 불할양(不割讓) 지역으로 얻더니 프랑스는 하이난섬(海南島)과 도쿄만(東京灣)에 인접한 세 개 성의 불(不)할양, 영국과 프랑스에는 각각 쓰촨성(四川省)과

윈난성(雲南省), 영국과 독일 사이에는 각각 창장강(長江)과 산둥성(山東省)을 할애한다. 이것은 서구 열강이 중국 영토를 분할하여 중국에서 자기 영향권을 형성한 것이니 이로써 중국은 서구 열강에 완전히 찢어발겨진 식민지로 전락한 셈이 된다(上原一慶 外 3人 2002: 53).

이에 위기에 처한 중국을 구하려는 운동이 전개되기 시작하였다. 청은 우선 일본과의 조기 강화를 반대하는 소장파 관료들이 캉유웨이(康有爲)를 중심으로 변법운동(變法運動)을 전개한다. 변법이란 개량을 추구하는 것으로 변법에 의한 신정을 실시하여 부강한 나라가 되고, 인재를 등용하며, 의회를 개설하고, 민간 기업을 육성하여 나라를 부강하게 하자는 운동이다. 이에 광서제(光緖帝)는 캉유웨이의 변법운동에 찬동하여 변법을 국시로 하는 개혁안을 1898년 6월에 선포하였다. 그러나 보수파들은 100일 만에 쿠데타로 개혁안을 변박한다. 이것을 무술정변(戊戌政變)이라 한다.

이어 의화당(義和黨) 사건이 발생하였다. '부청멸양'(扶淸滅洋)을 내세운 의화당은 교회, 열강의 기관, 철도 등을 파괴하며 1900년 베이징에 입성하여 열강의 공관을 포위하기에 이른다. 이에 대항한 서구 열강 8개국이 공동 출병을 하고, 서구 열강 연합군이 의화당을 진압한다. 그리고 1900년 10월 청나라와 최종 결의서를 체결하였다. 이것을 신축조약(辛丑條約)이라 한다. 연합군은 청나라를 더욱 심하게 압박하고 청나라는 외국군이 베이징의 공사관 구역을 지키는 주병권을 승인하게 된다(上原一慶 外 3人 2002: 56).

청조는 1901년 '변법예약'(變法五約)을 발표하고 과거제도 폐지, 학교 설립, 유학생 파견, 관제 개혁, 산업 진흥 등을 약속한다. 그러나 1905년 쑨원(孫文)이 일본 도쿄에서 결성한 비밀결사 운동 조직인 중국동맹회가 만주의 정부인 청을 타도하고, 공화정부를 수립하며, 토지의 국유화 등 이른바 삼민주의를 주창하고 반청비밀결사체를 조직하여 각처에서 무력봉기를 도모해 간다. 이에 대하여 입헌파는 군주 입헌제를 주장하며 각지에 자의국(諮議局)을 설치하고 국회와 같은 자중원(資政院)의 설치를 약속하였다. 그러나 혁명파는 1911년 10월 10일 후난성(湖南省) 한구(漢口)에서 봉기하고 후난성, 장쑤성(江蘇省), 저장성(浙江省) 등 13개 성이 독립을 선언하기에 이른다. 이것을 무창기의(武昌起義)라 한다.

이에 내각총리인 위안스카이(袁世凱)는 1912년 「헌법신조 19조」를 발표한다. 같은 해 12월 해외에서 귀국한 쑨원은 난징에서 임시 대통령에 취임한다. 쑨원은 위안스카이가 공화정을 실시한다면 자기의 지위를 이양할 수 있다 하였다. 이에 위안스카이는 선통제(宣統帝)를 퇴임시키고 공화제를 실시하는 「중화민국임시약법」을 선언한다. 위안스카이 정권의 안전을 바라는 열강, 즉 영국, 프랑스, 독일, 미국은 이른바 선후차관(善後借款)이라 하여 2,500만 파운드의 차관을 제공한다. 열강들의 후원이 따르자 위안스카이는 국회를 무시하고 반동으로 흐르더니 마침내 국회에서 정식 대통령으로 추대를 받기에 이른다(上原一慶 外 3人 2002: 78).

제1차 세계대전이 발발하자 중국은 자국 내에서의 전쟁 발발을 우려하여 국외 중립을 선언한다. 그러나 일본은 열강과 더불어 전쟁에 참가하는 동시에 중국의 위안스카이 대통령에게 「21조」를 요구한다. 이것은 산둥성의 독일 이권을 일본에 양도하는 것과 철도권의 확대, 일본이 중국의 재정 간섭을 하기 위한 조치로서의 일본인 고문의 파견 등을 포함한 것이었다. 이에 따라 도쿄에서는 중국 유학생들이 대거 봉기하고 중국에서는 일본 제품 불매운동이 일어나는 등 구국저축운동이 전개되었음에도 위안스카이 정부는 오히려 21조를 수락하고

13개의 교환문서에 조인한다. 이 조약이 체결된 5월 7일을 중국에서는 '국치의 날'이라 부른다.

그 후 위안스카이는 국회를 폐지하고 제정(帝政)을 회복하여 1915년 12월 황제에 취임한다. 그러나 윈난성 등이 반대하며 위안스카이를 타도하는 '호국전쟁'을 시작하였다. 다음 해에 위안스카이가 급사하고 부총통 리위안훙(黎元洪)이 정권을 잡는다. 리위안훙은 국회를 부활하였으나 군벌이 생겨 안후이성(安徽省) 돤치루이(段祺瑞)의 안후이파(安徽派), 직예성 펑궈장(馮國璋)의 즈리파(直隷派) 등이 대립하게 된다. 대통령 리위안훙은 돤치루이를 국무총리에 임명한다. 군사적 · 정치적 이유에서 돤치루이 정부는 제2차 세계대전에 참가하기로 하고 동양의 안전과 평화를 위하여 일본과 공동으로 「화일공동방적군사협정」(華日共同防敵軍司協定)을 체결한다(上原一慶 外 3人 2002: 84).

광둥정부(廣東政府)의 대원수가 된 쑨원은 광둥정부를 국민혁명의 거점으로 하고 베이징 군벌정권에 대항하였으나 베이징 군벌정권은 오히려 국민의회 결성을 제의하여 이에 응하기 위하여 베이징을 향하게 된다. 해로를 따라 북진하던 쑨원은 일본 고베에 들러 저 유명한 '대아시아주의'라는 강연을 한다. 베이징에 도착한 쑨원은 동지들에게 유언을 남긴 채 사망하고 만다. 그의 장례식을 전후하여 상하이와 청두(成都)에서 대규모 시위가 발생하였다.

쑨원 사후인 1925년 7월 광저우에서는 국공합작의 국민정부가 탄생하였다. 권력을 장악한 우파의 장제스(蔣介石)는 국민혁명군 총사령관이 되고 1926년 북벌을 시작한다. 10만 명에 달하는 북벌군은 우한(武漢)에 국민정부를 설립하더니 상하이의 중공군을 타도한 후 1927년 11월 난징정부를 수립한다. 그 후 장제스의 국민당 정부는 외부에서는 일본을, 내부에서는 공산당군과 3파전을 벌였는데 때로는 일본군의 공격을 무시한 채 중공군과 싸우고, 다른 한편으로는 공산당군과 힘을 합하여 일본을 공격하기도 하였다.

1937년 7월 발생한 루거우차오(蘆溝橋) 사건을 계기로 일본은 중국에 대하여 전면전을 개시하였다. 3개 사단으로 베이징, 톈진을 공격하더니 8월 말에는 일본의 8개 사단 10만 군이 화베이(華北) 일대를 공략하였다. 이에 중국은 제2차 국공합작으로 반격하는 한편 충칭(重慶)으로 수도를 옮긴다. 일본군은 수도였던 난징에 입성하여 무자비한 학살을 자행하니 이것을 '난징대학살'이라 한다. 이때 살해된 사람이 40만 명이라 한다(上原一慶 外 3人 2002: 141).

충칭으로 옮긴 장제스 정부는 미국의 원조로 완강하게 버티어 나아가는 한편 마오쩌둥(毛澤東)의 중공군은 농민을 대상으로 민주화 운동과 세금 부담의 공평성을 강조하면서 자기 세력을 확산하는 한편 항일전 참가를 유도하였다. 1940년 마오쩌둥의 팔로군은 '백단대전'(百團大戰)에서 일본군에 큰 타격을 주었다. 일본군은 이를 '삼광정책'(三光政策)으로 맞선다. 삼광정책이란 탕(奪), 살(殺), 소(燒)를 말하며, 무차별 살인 방화를 말한다. 이로써 팔로군 또한 큰 타격을 받는다(上原一慶 外 3人 2002: 153).

1945년 8월 일본이 항복하기 직전 만주로 진격하던 소련의 군대가 일본의 관동군과 맞섰으며, 제2차 세계대전은 막바지에 이른다. 해방되던 날부터 중국에서는 중공군과 국민당군의 내전이 전개되었다. 이것을 해방전쟁이라 한다. 미국은 장제스의 국민정부에 무기를 원조했으므로 국민당군이 절대 유리했으나 시간이 경과할수록 부패가 심화되었다. 반면 마오쩌둥의 공산군은 토지개혁으로 농민의 지지를 얻어 세력을 확장해 갔다. 그리고 1948년 이후에 계속된 요번전역(遼藩戰役), 준해전역(准海戰役) 그리고 평진전역(平津戰役)에서 중공군이 승리하자 미국은 1949년 8월 중국으로부터 손을 떼기로 한다. 이에 따라 1949년 10월 마오쩌둥이 베이징에 입성하여 중화인민공화국을 선포하고 12월 국민정부는 대만으로 옮기고 대륙을 내주게 된다.

1949년 10월 1일 톈안먼(天安門)에서 마오쩌둥이 중화인민공화국 수립을 선포한다. 국가를 장악한 마오쩌둥은 1950년 2월 소련을 방문하여 「중소우호동맹 상호원조조약」을 체결하고, 소련으로부터의 경제원조를 약속받는다. 마오쩌둥은 대내적으로는 삼평정책(三平政策)을 실시한다. 삼평정책이란 재정수지, 물자조달, 현금관리의 3가지를 국가에 집중하여 경제적인 균형을 이룩하고 경제 발전의 기반을 갖는다는 것이다. 중공은 건국한 다음 해인 1950년 한국전쟁이 발발하여 국가 기반을 조성할 여력이 없었으나 130만 명의 병력을 한국전쟁에 투입하여 민족주의를 고양하는 한편 한국전쟁을 기회로 국민당과 관련된 것을 철저히 색출하여 공산국가화에 더욱 박차를 가하였다.

중국은 1954년 9월 「중화인민공화국헌법」을 채택하여 법치국가로 확고한 국가의 기틀을 마련하고, 그에 앞서 1953년 제1차 5개년 계획을 실시한다. 이것은 소련의 원조를 기초로 중화학공업화를 추진하는 것으로서 산업의 국유화와 집단화가 추진되고 정과 당이 일치하는 집단주의 경제 체제가 확립되는 과정에 있게 된다. 그러나 이것이 과도하여 중국에서는 심각한 관료주의가 성립된다.

1953년 소련에서는 스탈린(Iosif Vissarionovich Dzhugashvili Stalin) 사후 흐루시초프(Nikita S. Khrushchov)가 등장하면서 스탈린 비판이 일어나고 평화 공존 노선이 전개되어 갔다. 이에 중국에서도 1956년 이후 '백화제방 백가쟁오'(百花齊放 百家爭鳴)라 하여 예술과 학술의 자유로운 토론이 이루어지고, 지식인과 문화인 등이 공산당의 집권적 · 통제적 지도 관리를 비판하기에 이른다. 이에 대하여 당은 반우파투쟁(反右派

鬪爭)이라 하여 당을 비판하는 자들을 처형하는 정화운동을 전개하여 40만 명 이상이 탄압을 받게 된다(太田秀夫 2002: 126).

중국은 1958년 대약진운동(大躍進運動)을 전개하기 시작하였다. 이것은 사회주의 혁명을 완수한다는 것으로 인민공사화를 추진하는 것을 말한다. 인민공사화 운동이란 농촌에서는 농업의 개량 운동이고, 도시에서는 군수 공장을 건설하는 운동이다. 이것은 수년 내에 영국을 따라잡는다는 구호 아래 농업의 개량만이 아니라 농민의 집단화를 추진하면서 사유재산을 무시하거나 생산량을 허위 보고하는 등 부패가 발생하면서 인민의 생활은 더욱 핍박당하게 되었다(太田秀夫 2002: 128).

대약진운동은 중국 사회에 경제적인 대혼란기를 초래하였다. 소련과 중국의 대립이 격화되어 소련은 중국에 대한 경제 기술 원조를 중단하고 소련 기술자를 중국에서 철수하였다. 이렇듯 곤란한 시기에 중국 정부는 대미소전에 대비한다는 삼선건설(三線建設)을 추진하여 국방비 부담이 증가하였고, 나라는 더욱 어려워졌다. 설상가상으로 이때 중국에 대기근이 엄습하여 2,000만 명 이상의 아사자를 낳게 되었다.

이에 류사오치(劉少奇)가 국가주석으로 그리고 덩샤오핑(鄧小平)이 당중앙총서기로 등장하면서 경제조절정책을 실시한다. 그러나 개혁을 못마땅하게 여긴 마오쩌둥은 이 운동을 수정주의라 비판하더니 1966년 5월 중국 공산당 정치국 확대회의에 '오일육통지'(伍一六通知)를 제출한다. 이것이 문화대혁명(文化大革命)의 발동이다. 마오쩌둥은 1966년 8월 칭화 대학 부설중학의 홍위병(紅衛兵) 조직에 '조반(造反)에는 도리가 있다'라는 서한을 보낸다. 이를 계기로 8월 18일 톈안먼에서 백만인대회가 개최되었고, 완장을 찬 홍위병 조직을 전국적으로 확대하여 문화대혁명을 추진하게 되었다. 10년간 계속된 문화대혁명은 중국을 대혼란 상태로 만들었고, 이는 중국을 후퇴시킨 것이 된다. 1976

년 마오쩌둥의 사망으로 2,000만 명의 희생을 치른 문화대혁명은 막을 내린다.

실권을 장악한 덩샤오핑은 개혁과 개방을 추진하면서 경제성장만이 정권 유지의 전제라 하면서 과감한 정책 전환을 시도하였다. 덩샤오핑은 GNP를 20세기 말까지 당시 공업과 농업 총생산의 4배로 달성할 것을 목표로 제시하고 강력한 공업화를 추진한다. 개혁개방 정책을 시도한 지 10년이 되는 1989년 소련과 동구권이 붕괴하면서 사회주의를 둘러싼 국제환경이 급속히 변하면서 중국 경제가 급속히 냉각되는 시점에 톈안먼 사건이 발생하였다. 이에 덩샤오핑은 1992년 2월 '남순강화'(南巡講話)를 하고 장쩌민(江澤民) 총서기가 '사회주의 시장경제'를 발표하였다. 이를테면 사회주의 국가이지만 자본주의 시장 경제 원리를 정책으로 택하여 중국을 부강한 나라로 조성한다는 정책이다.

1997년 7월 덩샤오핑은 홍콩이 중국에 반환되는 것을 보지 못하고 그해 2월에 사망한다. 그러나 개혁은 쉬지 않고 진행되어 국유 기업의 개혁이 실시되었다. 주룽지(朱鎔基) 국무원 총리는 3대 개혁을 추진한다. 이는 국영 기업, 금융, 행정 기구 이 3가지 개혁을 말한다. 2004년 중국은 헌법을 개정하여 자영 기업의 발달을 장려하고 사유재산을 보호하는 국가가 된다(小原雅博 2005: 44).

중국은 개혁 개방 이후 4반세기 사이에 연간 9%가 넘는 경제성장을 거듭하여 20세기 말에는 목표치 GNP의 4배의 성장을 이룩하였다. 21세기 초에는 세계무역기구(WTO)에 가입하면서 세계 6위의 경제 대국으로 성장하였다.

한국, 중국, 일본의 동북아시아 3국 근세사는 하나의 대하드라마이다. 일본은 서양 문물을 흡수하여 가장 성공한 근대국가로 발전했을 뿐만 아니라 제국주의 반열에 진입하여 세계사를 주도한 나라 중 하나가 되었다. 이와 달리 한국은 일본 제국주의의 희생이 되어 가장 비참한 근세사를 경험하였다. 해방이 되어서도 미소 냉전 체제에 희생되었으며, 아직 그 여진에서 벗어나지 못한 환경에 처해 있다. 그러나 다행히 한국은 산업화와 근대화에 성공하여 비록 반쪽이지만 경제적으로 선진국 반열에 들게 되었다. 영토와 인구가 방대한 중국의 근세사는 극중의 극이었다. 열강에게 찢기고 분할된 상태에서 국공전과 중일전쟁을 치르면서 결국 농민을 기초로 하는 정권을 수립하고, 다시 개방과 개혁을 통하여 산업국으로 등장하게 된 것이다.

동북아시아 3국은 경제성장의 속도가 다른 데다 현재의 경제 발전 단계도 다르지만, 한국을 위시하여 중국은 국민국가를 형성하는 작업과 산업사회로의 전환에서 야기되는 혼란스러운 사회를 수습해야 하는 힘겨운 전환기를 극복하기 위하여 진력하고 있다. 이러한 상황에서는 국민국가들이 통합하여 동북아시아 공동체를 만들어야 한다는 당위성에 직면하여 고민하는 중이다.

한 · 중 · 일 3국은 서구 문화를 수용하는 과정, 근대국가 형성의 과정, 산업화 과정, 나라의 크기나 역사적 경험 등이 동일하지 않더라도 서구 문화를 수용하여 민주주의를 실천하는 국민국가를 확립하고, 경제적으로 산업화된 부강한 나라를 형성해야 한다는 문제점을 공통적으로 갖고 있다.

동북아시아의 성장

동북아시아가 세계의 주목을 받기 시작한 것은 이른바 아시아의 네 마리의 용이라는 신흥공업국(Newly Industrializing Economies, NIEs), 즉 한국, 타이완, 홍콩, 싱가포르가 공업화에 성공하고 경제적으로 고도성장을 이룬 1980년대 이후이다. 제2차 세계대전 이후 일본이 1970년대 들어 경제적 고도성장을 거듭한 데 이어 1980년대 아시아의 네 마리 용이 그 뒤를 따라 공업국가로 성장하고 경제적인 발전을 이루어 갔다.

한국에서 국제 올림픽이 개최되던 1988년 당시 일본과 네 마리의 용인 한국, 타이완, 홍콩, 싱가포르 5개국이 무역총액 기준 세계 17위국에 들었고, 한국과 일본이 2대 조선국(造船國)이 되었으며, 일본과 대만은 2대 세계 최대 외화보유국이 되었다. 도쿄와 홍콩은 뉴욕과 런던을 잇는 국제금융센터가 되었다(Ezra Vogel 1993: 7).

1950년까지도 서구인은 막스 베버(Max Weber)가 말하듯 산업화라는 것은 서구의 특유한 정신인 프로테스탄트 정신의 산물이며, 이러한 정신이 없는 유럽 이외의 지역에서는 산업화가 불가능한 것이라 생각하였다. 그러나 네 마리의 용이 공업화에 성공하자 이들 나라에 일본을 포함하여 '후기후발국'이라 하여 동북아시아에서의 공업화, 근대화를 인정하게 된다(Ezra Vogel 1993: 9). 그리고 그 근저에 서구의 프로테스탄티즘에 버금가는 유교 정신이 있다고 하였다. 유교 정신이란 근면, 성실한 것이고, 특히 강한 교육열과 자기를 희생하는 집단주의 의식이라 하였다. 이러한 유교 정신이 발동하여 공업화를 가능하게 했다는 것은 무엇을 말하는 것인가. 이는 제2차 세계대전 후 한국전쟁이나 베트남전쟁을 겪으며 구질서가 붕괴되고 새로운 정부가 들어섰으며, 이에 능력주의 엘리트가 형성되었고, 근면하고 풍부한 노동력이 출현하면서 유교 유산을 가진 나라들이 공업화에 성공했다는 것이다.

1980년대 문호를 개방하고 자본주의 시장 경제를 채택한 중국은 일본이나 네 마리의 용과 같은 속도로 공업화, 근대화의 단계를 추진중이다. 유럽에 의한 제국주의 시대를 청산해 가는 중국이야말로 유교적인 정신을 충분히 발휘하는 나라가 되었다. 따라서 동북아시아는 바야흐로 유럽에 버금가는 공업화와 산업화를 이룩하고 세계를 주도할 위치에 이른 것이다.

그러나 미소의 냉전 시기를 겪으면서 동북아시아는 미국과 소련의 2대 진영이 접하는 지역이 되어 마침내 두 진영 간에 생긴 충돌의 희생양이 되었다. 즉 미국을 위시한 민주주의와 소련을 중심으로 한 공산주의가 충돌한 지역이 되어 버렸다. 이것을 해양세력 대 대륙세력의 충돌로 이해하는 사람도 있다. 그러나 이것은 해양세력 문명권과 대륙세력 문명권의 충돌이 아닌 미소 양대 세력 사이의 희생양이 된 것이다. 동북아시아의 공동체를 논하는 사람은 앞으로 동북아시아가 어떠한 세력권의 희생양이 되어서는 안 된다는 명제를 갖고 있다. 동북아 공동체 형성의 이유가 바로 여기에 있다. 다시 말하면 동북아 공동체 형성의 목적은 동북아시아가 다시는 분쟁의 장이 되어서는 안 된다는 것이다.

그럼에도 동북아시아 3국은 이러한 조건을 외면한 채 경쟁을 일삼고 있다. 특히 일본과 중국이 그러하다. 세계 제2의 경제 대국인 일본은 이를 기반으로 하여 다시 아시아의 맹주가 되고자 하는 꿈을 버리지 않고 있다. 인구 대국에서 경제 대국으로 성장해 온 중국은 2008년 베이징 올림픽과 2010년 상하이 박람회를 계기로 미국과 더불어 세계의 정치 경제를 좌지우지하는 G2로 성장하였다.

그러나 중국의 미래가 그다지 밝은 것만은 아니다. 일본에 대한 국민감정이 작은 사건에도 일본제품 불매운동으로 전환되는 말초적인 것이며, 무엇보다 역내 소수민족에 대한 강압 정책으로 초보적인 민족국가의 단계를 벗어나지 못하고 있는 수준이다. 이를테면 중국은 경제대국으로 성장하였으나 아직도 민족주의를 강화하는 단계에 있으며,

대국으로서 그리고 동북아시아의 주도국으로서의 역할을 수행하지 못하고 있다.

연구 목적

동아시아의 지역 공동체를 형성하라는 역사의 중압과 이웃한 지역에서의 공동체 형성이라는 자극에 동북아시아는 침묵할 수 없을 것이다. 특히 막대한 인적 · 물적 손실을 보면서 냉전 체제의 희생양이 되었던 동북아시아 지역이 다시는 분쟁이 휘말리는 일 없이 지역 주민의 안전과 번영을 위하여 공동체를 형성해야 하고, 이것을 위하여 동북아시아 주민의 공동의식을 함양해야 한다. 이러한 목적의식에 따라 동북아시아는 어떤 형태라도 공동체를 형성해야 한다는 당위성을 갖는다. 말하자면 동북아시아 나라들은 국민국가를 형성하는 과정과 동시에 국민국가들이 연합하는 지역 공동체 형성이라는 작업을 동시에 진행해야 하는 이중 과업을 수행해야 하는 것이다.

동북아시아의 집단 안전보장을 가장 강구하는 나라는 한국이다. 한국의 경우 남북 간의 살능 구조가 유례없는 적대 관계를 유지할 뿐만 아니라 핵위협까지 도사리고 있어 지역적 공동 안보가 절실히 요구되는 나라이다. 그뿐만 아니라 한국에 이웃한 중국과 일본의 패권 경쟁도 날로 심해지고 있다. 국제 정세를 교묘하게 이용하는 일본에서는 시간이 경과할수록 국수주의 복고와 재무장 기미가 날로 농후해지고 있다. 중국은 중화민족주의를 강화하고 경제적 고도성장을 이루어 한국과 일본을 추월하려고 하는데 이는 한국과 일본에 일종의 위협으로 가중된다. 이러한 상황에서 중국과 일본을 타협시키고 중개할 제3자가 있어야 한다. 이것을 담당한 나라가 바로 한국인 것이다. 말하자면 동북아시아 3국의 역학 관계에서 동양의 평화를 진실로 바라는 것이 한국이다. 한국은 한반도의 평화와 동북아시아의 평화를 누구보다 간절히 바라는 나라이다. 따라서 동북아시아의 공동체 형성은 한국 · 중국 · 일본 동북아시아 3국의 안전과 평화를 유지하는 데 목적이 있는 것이다.

필요성

문제는 어떤 공동체를 만들 것이냐 하는 것이다. 손쉽게 외형적으로 파악되는 것이 경제 공동체이다. 동북아시아가 경제 공동체를 만드는 것은 북아메리카의 NAFTA와 같은 것이다. 경제는 생산물, 원자재 유통 그리고 금융 등을 포함하는 것으로 유통의 범위가 넓고 국가의 경제적인 수준에 따라 상대하는 국가들이 다르다. 특히 동북아시아의 주역국인 한국, 중국, 일본은 원자재를 수입, 가공하여 외국에 판매해야 하는 경제구조가 유사하여 지역적으로 이웃하고 있다 해도 경제적인 공동체를 구성하는 데 어려움이 있다. 무엇보다 동북아시아 지역 공동체는 경제적인 이익만을 목적으로 하는 경제 공동체이면 안 된다. 동북아시아에서는 경제 공동체가 다른 공동체를 형성하는 수단으로서 기능하는 공동체가 되어야 한다.

보통 공동체는 이웃한 나라 사이에서 형성되는 것이어서 그 성격이 같은 영내의 안보를 보장하기 위한 공동체가 되기 쉽다. 구소련 또는 중동 지역에 조성된 공동체가 경제 공동체인 동시에 안보 공동체의 성격을 갖는 것은 이러한 이유 때문이다. 지역 공동체 형성의 목적은 종교 기반이면서 나라의 안전을 집단적으로 보장한다는 의미에서 안보 공동체의 성격을 띤다. 동북아시아와 같이 동서 냉전의 이데올로기에 희생되어 많은 희생을 강요당했던 지역에서는 집단에 의하여 안전을 보장받는 것이 더욱 긴요한 것이다. 그러나 안보가 목적이 될 경우 이것은 자기 방어라는 의미에서 경쟁으로 치닫기 쉽다. 따라서 안보 공동체는 더욱 높은 수준의 정신적인 목적을 갖는 공동체 형성을 전제하는 수단으로서의 공동체가 되어야 한다.

지역 공동체는 문화 공동체가 되어야 한다. 경제나 안보가 아니라 보다 높은 차원의 심리적 안전을 도모하고 공동 번영이라는 목표를 갖는 공동체가 되어야 한다면 그것은 문화를 바탕으로 하는 공동체를 말한다. 문화는 경제나 정치와 달리 경쟁의 직접적인 대상이 되는 것이 아니기에 문화 공동체는 평화 공동체가 된다.

동북아시아의 경우 유교라는 바탕에 맞추어 유교 문화권이라 불리듯 역사적 경험과 역사적 유산이 있으므로 공동체 형성이 용이하다. 이것은 마치 EU가 기독교를 바탕으로 경제 공동체를 시작한 것과 같이 동북아시아 3국이 서구의 기독교 못지않게 유지해 온 유교라는 문화적 동질성은 공동체 형성에 큰 이점으로 작용한다.

동북아시아 공동체는 첫째, 이 지역이 다시는 이데올로기나 어떠한 형태의 사상의 희생물이 되어서는 안 된다는 의미에서 평화적인 공동체로서 문화를 기반으로 하는 공동체이어야 한다. 말하자면 동북아시아 자체를 방어하는 운명 공동체가 되어야 한다는 것이다.

둘째, 유교를 기반으로 하는 동북아시아 공동체는 근세에 들어 서구 문명에게 당한 멸시와 침략을 보복하려는 의미에서 그리고 세계의 패권을 장악하려는 의미에서 만들어져서는 안 된다. 유교가 갖는 관용과 조화의 법칙을 공동체 정신으로 되살려 세계 평화에 이바지하는 공동체를 형성해야 한다.

그간 우리는 토인비가 말하는 기독교 문명권과 아랍 문명권이 세계를 지배하기 위하여 1000여 년을 싸워 온 것이 인류의 역사에 얼마나 불행했는가를 생각해야 한다. 2001년 뉴욕의 9 · 11 사태가 발생하자 당시 미국 대통령은 이라크에 군인을 파견하면서 이것을 13세기에 있었던 십자군 전쟁이라 하였고, 이것에 대항하는 오사마 빈 라덴은 미국과의 싸움을 성전(聖戰)이라 하였다. 즉 유럽의 전통을 이어받은 미국은 중동전을 십자군전쟁으로 생각하고, 기독교 국가로부터의 도전을 아랍 세계는 종교를 지키는 성전으로 본 것이다. 아랍 세계와 기독교 세계가 1000년을 싸워 왔지만 그것은 끝이 없다. 아마도 기독교 원리주의가 존재하는 한 그리고 회교가 존재하는 한 두 문명 간의 싸움은 계속될 것이다.

이렇듯 평행선을 긋는 두 문명권 사이에 이들을 조절할 제3의 문명권이 있어야 하며, 이러한 역할을 담당할 문명이 바로 동북아시아의 유교 문명권이다. 말하자면 동양의 유교 문명권은 기독교 문명권과 회교 문명권과 더불어 인류의 평화와 공존을 위하여 필수 불가결한 존재라 생각된다. 유교 문화권이라 하는 동북아시아의 문명권이 존재해야 할 이유가 여기에 있다. 동북아시아의 문명권은 인류의 평화와 번영에 이바지하기 위하여 필수 불가결하다.

셋째, 유교 정신을 바탕으로 하는 동북아시아 공동체는 공동체 형성이라는 가시적인 성취 이외에 보다 중요한 역사적 사명을 갖고 있다. 세계를 선도하다 최근에 이르러 약점을 노출하기 시작한 서구 문명은 21세기 이후 전개될 인류 문명을 지도할 수 없는 입장에 처해 있다. 앞으로 세계를 지도할 문명은 서양과 동양을 합해 새로이 조성한 제3의 문명이어야 한다. 제3의 문명을 창조하는 작업에 동양과 서양이 공동으로 심혈을 기울여야 한다.

앞의 3가지를 수행하기 위하여 동북아시아 문화 공동체가 필요한 것이다. 문제는 이러한 문명권이 존재할 수 있느냐 하는 것과 존재한다면 어떠한 공동체의 형성과 존재 양상을 가져야 할 것인지 하는 것이다. 이러한 목적 의식을 갖고 동북아시아의 공동체론을 전개해 보기로 한다.

방법론

공동 의식을 함양하기 위하여 동북아시아 3국의 의식 있는 지도자들이 참여할 수 있는 공간을 만들고, 이곳에서 미래지향적 공동체가 만들어질 수 있도록 해야 한다. 그간 한국과 일본에서는 이런 논의가 있어 왔다. 이것을 더욱 넓게 보급하고 전파하는 운동이 필요하다. 특히 3국의 역사 문제, 일본의 과거 청산 문제, 전후 처리 문제 등은 전문가들의 긴밀한 협력을 통하여 해결하도록 노력해야 할 문제들이다.

동북아시아라 하여도 안보 문제, 경제 문제 등에서는 한국 · 중국 · 일본 3국 이외 다른 지역과의 협력의 틀 안에서 3국 협력을 고려하여 나아가야 한다. 이를테면 아세안+3의 틀 안에서 그리고 APEC 틀 안에서 공존의 방법을 모색해야 한다. 특히 안보 문제, 군비확산 문제, 핵개발 확산 가능성, 영토 문제, 환경 문제 등은 더욱 넓은 영역 내의 협력이 필요한 사안들이다. 협력 방법도 중앙정부만이 아니라 지방정부 간의 협력 그리고 위정자만이 아니라 민간 차원에서의 협력 그리고 전문가의 협력을 강구해야 할 것이다.

문화 공동체론

심지어 문화를 연구하는 학자들도 동북아시아에 문화적 공통점이 있느냐 하는 의문을 제기한다. 여러 학자가 지적하듯 동북아시아가 유교 문화권이라 하지만 한국, 중국, 일본의 유교가 다르고, 유교의 실천인 가족 제도, 조상 숭배 등도 서로 큰 격차를 보이기에 공동성보다 차이점이 더 강하다는 것이다(오명석 외 3인 2004: 99).

그러나 동북아시아 문화의 특성은 유교 실천에서의 차이와는 다른 더 근원적인 차이가 있다. 이를테면 의식주에서 동북아시아 3국은 뚜렷한 차이를 보인다. 일본 기모노가 아무리 화려하고 아름답다고 해도 한국 사람이나 중국 사람이 입지는 않는다. 중국 의복, 특히 여성복도 서양 여자들이 야회복으로 입기는 해도 한국 사람과 일본 사람이 입을 수는 없다. 가옥에서도 뚜렷한 차이를 보이고, 음식에서도 중국식과 한국식 그리고 일본식에는 큰 차이가 있다. 말하자면 한국, 중국, 일본은 기층 문화에서 큰 차이를 보이고, 상부 문화인 규범 문화와 정신문화에서는 오히려 유교에 의한 공통점을 가진다. 이것을 영국, 프랑스, 독일 등 서양의 문화와 비교해 보면 그 성격이 더욱 명확해진다.

동북아시아의 유교 전통을 계승한 한국, 중국, 일본의 가족 제도와 조상 숭배가 다르다고 하는 지적이 있으나 이것은 유형의 차이일 뿐 종(種)의 차이는 아니다. 부계 가족을 원칙으로 하면서도 그 유형은 다르다. 중국은 모든 아들이 평등으로 재산을 물려받는 균분주의 상속이고, 한국은 장자에게 많은 재산을 주되 차남과 삼남에게도 나누어 주는 장자우대불균등 상속이며, 일본은 한 아들에게만 주는 단독상속이다. 말하자면 한국, 중국, 일본은 부에서 자로 전해지는 부계 상속제도에 속하며, 다만 유형적인 차이가 있을 뿐이다. 그 밖에 한자 문화를 공유했다는 점을 유럽의 라틴어 공유보다 더 나은 전통의 계승으로 볼 수 있다.

동북아시아는 유교를 공유하여 위로는 유교를 국가 지도 이념으로 하였으며, 유교적 수양을 갖춘 군자에 의하여 통치되는 덕치 국가를 이상으로 하였다. 이것이 일반에게도 침투되어 가족 중심, 조상 숭배, 문중 조직, 선비 사상, 봉건 질서를 이루어 왔다. 또한 불교도 중국, 한국, 일본이 대승불교를 발전시켜 건축과 조형미술만이 아니라 인간관계에서의 자비, 자연과 인간의 조화 그리고 인간과 우주의 순환이라는 불교적 이념을 공유해 왔다. 한국, 일본, 중국은 대승불교를 공유하고 국가를 보호하는 호국 불교를 통하여 대중을 구제하는 불교 사상을 전파하고 대중화했다는 점에서 공통적인 문화유산을 갖게 되었다. 이러한 문화 전통에서 형성된 것을, 성실, 근면, 희생을 근간으로 하는, 말하자면 아시아적 정신(Asian Spirituality) 또는 아시아적 정체성(Asian Identity)이라 한다. 이러한 정신이 일본, 한국, 중국의 산업화를 추진하고 근대 국민국가를 만드는 기반이 되었다. 더 나아가 근대화를 경험한 한국, 중국, 일본에서 새로운 정신 유산으로 조성되어 가는 중이다.

앞에서 필자는 이러한 문화유산을 공통으로 한 새로운 지역 공동체 형성을 동북아시아 문화 공동체라 한다고 밝혔다. 동북아시아 문화 공동체는 지역 공동체의 핵심적 영역 구성을 기본으로 이룩하고, 그 위에 정치 및 경제 공동체가 중심 영역이 되어야 한다. 사안에 따라서는 인접한 타지역과 협력체를 이루는 경우도 있을 것이다. 교역 대상국이 그러하고 원자재 수입처가 그러하다. 이러한 개별 영역에서 협력체를 이루는 것은 동북아시아에 국한된 것이 아니다. 따라서 동북아시아를 넘어 멀리 있는 국가와 연계할 때 방대하게 확산되는 동맹 관계 또는 교역 대상국과의 연계에서 중심이 되는 핵심 영역이 있어야 한다. 이러한 기능을 담당할 지역 공동체로서의 동북아 문화 공동체가 필요한 것이다.

이를 바탕으로 동북아시아의 지역 공동체를 분석하기 위한 안보 정치 공동체를 먼저 검토해 볼 것이다. 현재 어떠한 논의들이 어떻게 진행되고 있는가를 살펴보기로 한다. 그다음은 경제를 기반으로 하는 경제 공동체를 살펴본 후 끝으로 문화 공동체로서의 현상을 분석해 보기로 한다.

제1장

동북아 공동체와 정치, 안보

동북아시아 3개국이 정치적인 목적으로 공동체를 이루는 것을 정치 공동체라고 한다. 한국·중국·일본 동북아시아 3개국은 과거의 오랜 역사적 경험을 통하여 유사한 봉건국가를 유지해 왔다. 이러한 동북아시아는 서구의 제국주의 팽창에 의하여 희생되었다. 이 중 한국은 제2차 세계대전 후 냉전 체제로 진입한 열강의 2대 세력인 미소 대립의 대리전이 된 한국전쟁을 치렀다.

세계 정치 구도는 구소련의 와해로 미국과 소련이 대립하던 냉전 체제는 종말을 고했으나 구소련을 대신하여 등장한 중국이 고도 경제 성장을 거듭한 끝에 이제는 미국과 중국의 2극 체제(2G system)로 넘어가는 양상을 보이고 있다. 다시 말하면 미소의 이데올로기 대립이 미중의 문명 대립으로 양상을 바꾸어 가고 있다는 것이다. 따라서 세계를 양분하던 경계선이 동북아시아 밖으로 나가지 못하고, 동북아시아가 하나의 지역 공동체로 구성되는 데 장애 요인이 되고 있다. 동북아시아를 하나로 묶는 지역 공동체를 형성하는 것에는 다른 지역과 달리 힘들고 어려운 문제가 있다. 그러나 지역의 안보를 위해서는 필연적으로 지역 공동체를 형성해야 한다는 지상명령을 외면할 수 없다. 그렇다면 과연 동북아시아 국가들은 이를 위하여 그간 어떠한 작업을 해 왔으며, 현재 어떠한 상황에 처해 있고, 어떠한 문제에 직면해 있는가를 검토하기로 한다.

1. 정상회담

한 · 중 · 일 정상회담

한국, 중국, 일본의 정상이 처음 만난 것은 1999년 필리핀 마닐라에서였다. 동남아시아 10개국이 이룩한 아세안이 아세안에 한국 · 중국 · 일본 3개국을 초청하여 이른바 '아세안+3'에서 처음 만나 이곳에서 3국 정상이 정상회의를 가졌다. 말하자면 정상들은 아세안의 손님으로 가서 처음으로 모임을 가진 것이다. 이곳 비공식 회의에서 3국의 정상들은 동북아시아의 정치 · 경제 · 사회 · 문화 등 폭넓은 화제를 다루었다. 이것에 관해서는 다음의 아세안+3에서 다시 살펴보기로 한다. 한편 정상들은 2002년부터 이 비공식회의를 공식회의로 격상시키기로 하였다. 그리고 정상회의 이외의 3국의 외교장관회의, 경제 · 통상장관회의, 고위급회의, 국장급회의 등도 개최하기로 하였다. 그러나 3국 정상들은 세 나라만의 정상회담을 갖자는 2002년의 약속을 지키지 못하다가 2005년 12월 말레이시아의 쿠알라룸푸르에서 개최된 아세안+3 회의에서 다시 한국 · 중국 · 일본 3개국의 정상회의를 개최하였다.

그 후 별다른 진전이 없다가 한국 · 중국 · 일본 3개국만의 정상회의가 열린 것은 2008년 일본 후쿠오카 회동에서였다. 이것이 3국 정상의 1차 모임이었고, 2차 모임은 2009년 중국 베이징에서 개최되었다. 베이징에서 열린 3국 정상회담은 3국 정상만의 모임으로는 두 번째이지만 아세안에 의하여 시작된 모임까지 포함하면 10주년이 되는 해였기 때문에 그 의미를 더하여 공동성명을 발표하였다.

공동성명은 한 · 중 · 일 3국의 사이버 사무국을 설치할 것(www.tccs.asia), 대학 간 교류를 활성화할 것, 청년 예술가 대화체를 설립할 것 등 차세대 교류를 강화할 것, 3개국 경제인들이 참여하는 한 · 중 · 일 비즈니스 정상회의를 개최할 것, 한 · 중 · 일 3국 간의 안전 분야의 협력을 강화할 것, 북한 핵 문제를 고려하여 6자회담을 조속히 개최할 것, 국제 금융 경제 위기에 적극 대처할 것, 저탄소 녹색성장을 내용으로 하는 기후변화에 적극 대응할 것 그리고 G20 피츠버그 회의에 이은 한국에서의 G20 개최를 적극 지원할 것 등이었다. 말하자면 한국, 일본, 중국의 정상들은 3국의 정치 · 경제 · 문화 · 환경 등 모든 분야의 협력을 강조하였고, 특히 북한 핵 문제와 차세대에 대한 깊은 관심을 표명하였다.

3국의 제3차 정상회의는 2010년 5월 29일과 30일 양일간 제주도에서 개최되었다. 이곳에서 '한 · 중 · 일 협력 2020년'을 발표하였다. 이것은 앞으로 10년간 추진할 계획을 발표한 것으로 일명 「표준 협력 공동성명」이라고도 한다. 이것을 실천하기 위하여 서울에 3국 협력 사무국을 두기로 하였다. 표준 협력 공동성명에는 특히 과학 혁신 협력을 강조하였다. 그리고 2020년 고용 노동 분야의 협력체를 구축할 것, 치안협의체를 구축할 것, 캠퍼스 아시아 시범사업을 추진할 것 등을 포함하여 장치 공무원 간의 교환 방문을 실시하고, 녹색 경제 세미나를 개최하며, 순환 경제 시범단지 구축을 위한 고위급 포럼을 개최하고, 3국의 외교관 단기 연수 사업 등을 추진하기로 하였다.

이와 같이 한 · 중 · 일 3국 정상은 여러 차례 모임에서 3국 간의 전반적인 문제를 되풀이 언급하였으며, 매번 회의 때마다 약간의 진전을 보였다. 그러나 미래지향적인 교육 문제, 공무원, 외교관의 교환 연수 등 특별한 프로그램을 언급하고도 구체적인 계획을 마련하지 못하여 장기적인 안목으로 협력을 강조했을 뿐이다. 3국의 정상회담이 이러한 성격을 갖는 것은 3국 내에 정치 공동체를 형성할 수 있는 충분조건이 조성되지 않았다는 내적 원인과 3국 정상회담이 아세안+3에 의하여 주도되었다는 환경적 요인에 따른 범위를 벗어나지 못하기 때문이다. 이런 의미에서 3국의 공동체를 구성하자는 한국의 김대중 대통령의 제안도 아세안+3의 항목에서 검토하는 것이 전후 맥락에서 이해하기 쉬우므로 이 사안은 다음에서 보기로 한다.

정상회담을 공동체 형성이라는 조건에서 평한다면 내용 면에서 어느 회의보다 광범위하게 고전적인 정치 · 경제 · 안보 문제 이외에도 환경 문제와 범죄 문제 등 국경을 넘어 협력해야 할 문제를 언급한 것과 차세대 문제를 강조하고, 예술 등 문화 분야를 폭넓게 언급한 점을 주목할 만하다. 그러나 3국의 정상회의에서는 구체적인 안보 문제나 정치 문제 그리고 공동체를 위한 구체적인 방안은 거론되지 않았다.

장관급 회의

정상회담의 연장으로 한 · 중 · 일 외무장관 회의를 개최해 왔다. 제1차 회의는 2007년 한국의 제주도에서 개최되었고, 제2차 회의는 2008년 일본 도쿄에서 개최되었으며, 제3차 회의는 2009년 중국 상하이에서 개최되었다. 외무장관 회의는 여러 번 되풀이되었으나 외무부장관이라는 한계에서 벗어나지 못하였다. 주로 한 · 중 · 일 3국 협력의 방향을 모색하거나 3국 정상회의의 준비 사항을 점검하고, 중요한 지역 문제 또는 국제 문제 등에 대처하는 방법 등을 논의하였다.

장관급 회의의 성과는 2002년 9월 모로코 마라케시(Marrakesch)에서 개최된 한·중·일 정보통신장관 회의였다. 여기에서는 동아시아 문화권에 해당하는 지역 내 통신망 구축을 위한 연구를 추진할 것과 정보망을 위한 개발 협력 사업으로 IPV6에 관한 공동 연구를 실시하기로 하였다. 또한 정보통신장관들은 제3세대 휴대전화에 관한 협력과 정책 대화를 추진할 것 등에 합의하였다. 이 회의는, 특히 2008년 베이징 올림픽을 위하여 IT 협력과 방송에 관한 협력을 추진할 것 그리고 정보통신 분야에서의 아세안+3의 연대를 강화할 것 등에 합의하였다(増田祐司 2004: 138).

장관회담은 실제 정상회담보다 많이 개최되었으나 결국 앞에서 살펴본 2가지 유형으로 나뉜다. 하나는 정상회담을 위한 준비 모임이고 다른 하나는 독자적 영역을 갖는 회의이다. 독자적인 영역으로는 정보통신장관 회의뿐만 아니라 재무부장관, 경제부장 회의가 많았고, 환경부장관 모임, 심지어 노동부장관 모임도 있었으나 이들 회의는 정상회담을 보조하는 것 외의 독자적인 영역이 있다 해도 정부의 기구를 벗어날 수 없었기 때문에 결국 행장부 회의가 되고 말았다.

6자회담

정부 간의 협력을 위한 중요한 회의는 '6자회담'이다. 2002년 당시 미국의 부시 대통령이 북한을 '악의 축'(the axis of evil)이라 하고, 악의 축에 대해서는 신제 공격도 가능하다는 것을 시사하는 발언을 하였다. 이에 대하여 북한은 농축우라늄을 개발하고 핵무기를 개발하겠다는 의지를 표명하였다. 이에 미국은 제네바에서 체결한 북미 합의에 따라 북한에 중유 공급을 중단하는 사태가 발생하였다. 미국과 북한의 관계가 급속히 악화되는 것을 감지한 중국은 북한과 미국의 중개자로 나서 2003년 4월 베이징에서 중 · 미 · 북 3자회의를 가졌다. 이 회의 결과 협의의 대상을 한국, 일본 그리고 러시아까지 확대하여 6개국의 회담을 갖기로 하고, 같은 해 8월 베이징에서 6자회담을 개최하였다. 이것은 대화를 통하여 북핵 문제를 평화적으로 해결하자는 의도에서 모인 국가 간의 협의체였다. 그러나 북한이 비협조적으로 일관하는 태도를 보이더니 마침내 2005년 2월 무기한 참가 중단을 하고 만다. 이에 대하여 미국은 북핵 문제를 UN 안보리에 제출하기로 한다.

만약 6자회담이 단순히 북핵 문제를 해결하는 것에 머물렀다면 참가국들이 회의 결렬 후 미련을 갖는 일은 없었을 것이다. 이후 6자회담 참가국은 6자회담이 동북아시아의 안전보장 문제를 해결할 수 있는 유일 회합이라는 데 의미를 두어 6자회담이 다시 열릴 수 있도록 물밑 교섭을 진행하고 있다.

2. 아세안과의 협력

아세안

1967년 8월 당시 인도차이나 반도가 분쟁과 공산주의의 위협으로 불안할 때 인도네시아, 말레이시아, 필리핀, 싱가포르, 태국, 브루나이 등 6개국의 정상이 반공을 슬로건으로 방콕에 모여 공동 대처를 결의하고 단체를 결성했는데 이것이 동남아시아국가연합(Association of Southeast Asian Nations, ASEAN)이다. 그 후 아세안은 경제 공동체에서 안보 공동체로 발전하더니 다시 베트남, 라오스, 미얀마, 캄보디아가 가입하여 총 10개국이 모인 단체로 발전한다. 아세안은 창립 30주년을 맞이한 1997년 아세안 정상회의에 한국, 중국, 일본을 초청하여 이른바 '아세안+3' 회의를 개최한다. 아세안+3에 방청객으로 처음 참가한 한국, 중국, 일본의 정상들은 정상회의에 소극적인 태도를 보였다.

동아시아 지역 협력 공동선언

아세안+3이 보다 분명한 윤곽을 보인 것은 1999년 11월 28일 필리핀 마닐라에서 개최된 제3회 아세안+3 정상회의이다. 아시아 여러 나라가 통화 위기에 직면했을 때 미국과 IMF는 냉소적이었고, 일본은 적극적이지 못하였기 때문에 한국을 포함한 동남아시아 여러 나라가 IMF의 후원을 받게 되어 이른바 IMF 체제에 들게 된다. 이에 아세안+3 정상회의는 자구책의 하나로 「동아시아의 지역 협력에 관한 공동선언」(Joint Statement on East Asia Cooperation)을 채택하게 된다. 이것은 말하자면 동남아시아와 동북아시아 국가들이 최초로 발표한 공동선언이다. 이 공동선언에는 시급한 경제 문제만이 아니라 정치와 안전보장 등 폭넓은 분야가 포함되어 있으며, 이는 곧 영내 모든 국민의 삶의 질을 향상시키기 위한 지역 협력을 이룩할 것을 천명한 것이다.

동아시아 비전 그룹

1998년 베트남 하노이에서 개최된 아세안+3에서 IMF를 경험한 한국의 김대중 대통령이 '동아시아 비전 그룹'(East Asian Vision Group, EAVG) 설립을 제안하였다. 이 제안이 정상회담에서 받아들여진다. 그 제안은 동아시아의 평화, 번영 그리고 진보를 위한 '동아시아 공동체'(East Asia Community, EASC)를 설립하자는 것이다. 이것은 구체적으로 17개의 단기 사업과 7개의 중장기 사업을 포함하고 있다. 설립 제안이 통과됨에 따라 다음 해인 1999년 서울에서 각국의 학자 2, 3명씩으로 구성된 '동아시아 비전 그룹' 제1차 회의가 개최되었다(이재현 2008:

111).

2000년 싱가포르에서 개최된 아세안+3 정상회의에서 김대중 대통령은 다시 '동아시아 연구 그룹'(East Asia Study Group, EASG)을 제안하였다. 이것은 비전 그룹을 한층 더 구체화한 것으로 한국 · 중국 · 일본 3국의 싱크탱크에 의한 경제협력에 관한 공동 연구를 목적으로 한 것이다. 2001년 11월 브루나이에서 개최된 제5회 아세안+3의 정상회담에는 EAVG의 보고서가 제출되었다. 정상회의는 EAVG 보고서를 채택하고 차후 연구를 계속할 것에 합의한다. 이것은 말하자면 아세안+3의 청사진과 행동 계획을 마련하는 것이다(배긍찬 2008: 52). 2002년 캄보디아에서 개최된 아세안+3 정상회의에서는 동아시아 연구 그룹의 보고가 있었고 이것이 채택되었다. 구체적으로는 동아시아 통합과 협력을 위한 구체적 실천 방안으로 17개의 단기 사업과 9개의 중기 사업 등 총 26개의 협력 사업이 채택된 것이다. 이에 따라 같은 해 서울에서 제1차 동아시아 포럼이 개최되었고, 26개 사업이 추진되기 시작하였다(이재현 2008: 112).

이 중 특히 중요한 것이 17개 사업이다. 이것은 무역 및 투자, IT 산업, 환경보호, 재난피해 방지 및 관리, 에너지 개발 및 이용, 영내 금융안전 증진, 국제 핵융합 실험 및 과학기술 중지, 관광 인프라 개방, 어족 자원의 활용 및 보호, 국가 차원의 다양한 교류 촉진, UN의 역할 강화 및 개혁, EASG 권고조치 이행 촉진, 안보 대화 강화, 초국가적 범죄 예방 및 방지 등이다(배긍찬 2004: 134). 아세안+3에서 김대중 대통령이 제의하여 채택된 비전 그룹과 연구 그룹의 내용은 회원국 간의 구체적인 사안을 내용으로 하고, 다년간에 걸친 연구를 토대로 한 것이기에 모든 회원국이 좋은 반응을 보여 실천으로 옮겨졌다. 그러나 이것은 지역 공동체 형성의 구체적인 사안은 되지 못하였다. 지역 공동체 형성을 위한 전제 조건이 될 뿐이었다.

치앙마이 이니셔티브

IMF에 대응할 수 있는 위기 대처의 조치로 그리고 지역 협력 메커니즘으로 등장한 것이 '아시아 통화기금'(AMF) 설립과 '치앙마이 이니셔티브'(Chiang Mai Initiative, CMI)이다. 이 중 치앙마이 이니셔티브만 살펴보도록 한다.

2000년 5월 태국 치앙마이에서 개최된 재무장관 회의에서는 이른바 치앙마이 이니셔티브가 체결된다. 이것은 IMF 체제를 경험한 한국을 포함하여 동남아시아 국가들이 단합하여 공동 대처를 이룬 것이다. 그간 아세안 국가들과 한 · 중 · 일 사이에서 있었던 양자 간 스와프(swap) 협정을 모든 아세안 회원국으로 확장하는 것이다. 이에 따르면 한국 · 중국 · 일본 3국은 동남아시아 국가인 태국, 말레이시아, 필리핀, 인도네시아, 싱가포르에 대하여 총 365억 달러를 제공하게 된다. 말하자면 경제적 지역주의(Economic Regionalism)를 실현하는 것이 된다(原洋之介 2002: 94). 한편 일본 오부치 게이조(小渕惠三) 수상이 아세안의 경제 위기 극복을 위하여 총액 300억 달러를 제공하겠다는 신미야자와 구상(新宮澤構想)을 제의하였다. 이것은 경제 회복을 위하여 150억 달러를 중 · 장기 자금으로 지원하고, 단기 자금 수요에 대비하여 150억 달러를 지원하는 것으로 총 300억 달러를 지원한다는 내용이다.

2007년 1월 필리핀에서 개최된 아세안+3 정상회의에서는 동아시아 FTA 구축을 위한 심층 연구가 제안되어 아세안+3 정상회의 의장의 성명으로 채택되었다. 한국이 주도한 이 연구는 아세안+3 13개국의 전문가가 향후 3년 동안 이 연구를 수행하고 그 결과를 정상회의에 보고하도록 되어 있다. 이는 그동안 중국이 주도해 온 EAFTA 타당성 연구에 이어 2007년 이후 3년간 한국 주도하에 동아시아 FTA 형성을 위한 분야별 심층 연구가 추진됨으로써 동아시아 경제 통합을 위한 한국의 역할이 다시금 주목받게 되었다(동아시아공동체연구회 2008: 233).

결국 아세안+3는 한국을 포함한 동아시아 국가의 경제 위기를 맞아 치앙마이 이니셔티브를 위시하여 경제 공동체를 향해 한 발 더 내디딘 것이 된다. 특히 일본이 제안한 신미야자와 구상이 더해짐에 따라 동북아시아는 동남아시아와 더불어 경제협력 기구를 형성하는 것이 더 유리할 것으로 전망된다.

한 · 중 · 일 협력에 관한 공동선언

2003년 10월 인도네시아 발리에서 개최된 제5차 한 · 중 · 일 정상회의에서 3국 정상은 역사상 최초로 역사적인 공동선언을 채택한다. 이것이 「한 · 중 · 일 협력에 관한 공동선언」(Joint Declaration on the Promotion of Tripartite Cooperation among Republic of Korea, the People's Republic of China and Japan)이다. 이것은 한 · 중 · 일 3국이 동아시아의 평화와 번영 수호를 목적으로 하고 있다. 이를 위한 방안으로 1) 3국 협력을 유엔 한정 등 보편적 국제규범에 따라 추구한다, 2) 상호 신뢰와 호혜를 바탕으로 포괄적 비제한적 협력을 추구한다, 3) 3국 간 경제계, 학계 및 NGO의 협력과 활동을 권장한다, 4) 3국 협력은 동아시아 협력의 일부로 아세안 통합 과정을 지원한다, 5) 3국 협력은 투명하고 개방적이며 비배타적으로 추진할 것 등을 포함하였다(김재한 2005: 85).

3국 정상은 구체적으로 14개 분야에서의 협력을 다짐하였다. 이것은 1) 무역 및 투자 협력, 2) IT 산업 간 협력, 3) 환경보호 협력, 4) 재해의 피해방지에 관한 협력, 5) 에너지 개발 및 이용에서의 협력, 6) 영내 금융안전에 관한 협력, 7) 과학기술 분야의 협력, 8) 관광 인프라 협력, 9) 어족 자원의 활용과 보존에서의 협력, 10) 교육 · 문화 사업의 협력, 11) 국제 문제에서의 협력, 12) EASG 권고 조치에 관한 협력, 13) 안보 대화 강화의 협력, 14) 전염병과 범죄 방지 협력 등이다(김재한 2005: 86).

3국 정상회의는 3국 정상회의를 정례화하고 3자 위원회(The Three Party Committee)의 설치를 합의하였다. 3자 위원회는 2004년 6월 중국 칭타오(靑島)에서 개최된 제3차 아세안 협력 대화(Asia Cooperation Dialogue, ACD) 회의 기간 중 3국 외무부장관을 수석대표로 하는 회의가 개최된 것이다. 그리고 각국 아세아주국장으로 이루어진 3국 위원회의 사무국장 회의가 2004년 6월 일본 하코네(箱根)에서 개최되어 3국 협력의 제도화가 이루어지게 되었다(김재한 2005: 87).

2009년 태국에서 개최된 아세안+3 정상회의에서 만난 3국의 정상은 한국의 이명박 대통령과 일본의 아소 다로(麻生太郎) 수상 그리고 중국의 원자바오(溫家寶) 총리이다. 이 정상회담은 유엔의 북한 제재 의장 성명을 지지하는 공동 성명을 내기 위하여 모인 것이었다.

동북아시아 3국의 정상회의 그리고 그 후속으로 이루어진 모든 회의는 아세안을 의식하듯 활발하게 진행되고 동북아시아의 결속을 다지는 방향으로 진행되어 왔다. 그러나 동북아시아 3국은 독자적인 영역을 견지하면서도 아세안+3의 범위에서 크게 벗어나지 못하는 실정이다. 특히 지역 안보를 위한 정치적 공동체 형성과는 거리가 먼 것으로 생각된다.

아세안+1

아세안에는 아세안+3와는 별개로 한국 · 중국 · 일본 등 개별 국가와 회합하는 '아세안+1'이 있다. 아세안+1의 한국과의 첫 번째 모임은 발리에서 제5차 회의에 이어 개최되었다. 이 자리에서는 아세안 나라들과 한국 사이의 경제협력의 채널 구축이 논의되었다. 아세안+1은 정상회의만이 아니라 고위 경제관료 회의, 경제장관 회의 등이 후속 조치로 이루어지고 있다.

아세안+1에서 주목되는 것은 한국과의 회의가 아니라 중국 그리고 일본과의 회의이다. 중국은 동남아시아를 화교를 포함하는 중국 경제권으로 생각하고 있다. 한편 동남아시아에 정부개발원조(Official Development Assistance, ODA)를 해 온 일본은 동남아시아를 자기 영향권에 있는 지역으로 생각한다. 때문에 동남아시아의 아세안과의 관계에서 중국과 일본은 심한 대립상을 보이고 있다. 그러므로 아세안 국가들은 오히려 한국과의 아세안+1 회담에서 심리적인 동정을 구하는 상황이라고 한다.

아세안 공동체

아세안 10개국은 별도로 진일보한 공동체 구성을 실현하고 있다. 2003년 파리에 모인 아세안 정상들은 「제9회 아세안정상평화선언」, 이른바 「제2의 파리선언」(Declaration of ASEAN Concord, Bali Concord II)을 채택하였다. 이것은 장차 아세안 지역에서 형성될 공동체는 경제 공동체(ASEAN Economic Community, AEC), 안보 공동체(ASEAN Security Community, ASC)와 사회문화 공동체(ASEAN Socio-Cultural Community, ASCC) 등 3가지 공동체를 내용으로 한다는 것이다.

이것을 재확인한 것이 2004년 라오스 비엔티안에서 개최된 제10

회 아세안 정상회의이다. 여기서 채택된 「비엔티안 행동강령」(VAP)은 아세안이 안전보장 공동체, 정치 공동체, 사회문화 공동체를 내용으로 하는 '아시아 공동체'를 구체화한 것이다, 구체적인 행동지침으로 첫째, 매년 5월에 개최하는 ARF 고급사무관 회의와 7월에 개최하는 ARF 각료 회의를 하나로 통일하여 본회의로 하고, 둘째, 재해 구조단 PKO 그리고 월경 범죄 등을 다루는 회원 간 회합(ISM)을 별도로 설치하며, 셋째, 전문가에 의한 각종 기술 기능자 회합을 두기로 하였다. 이 중 중요한 것이 세 번째로 지적한 전문가회의로 이것을 '트럭 2'라 한다. 반정부 협력체라고도 하는 트럭 2는 동아시아의 싱크탱크(Network of East Asia Think Tanks, NEAT)와 동아시아의 스타 그룹(EASG)을 합친 것이다. 다시 말하면 아세안+3의 싱크탱크이기 때문에 이것을 '지식 공동체'라 한다(進藤榮一 2007: 184).

2004년의 라오스 「비엔티안 행동강령」에는 아세안을 2020년까지 EU와 같은 단일시장인 아세안 공동체(ASEAN Community)로 구축한다는 계획이 포함되어 있다. 이것은 2007년까지 브루나이, 말레이시아, 인노네시아, 필리핀, 싱가포르, 태국 등 6개국 사이에 무역장벽을 철폐하고 통합시장을 구축하며, 2012년까지 미얀마, 캄보디아, 라오스, 베트남 4개국도 합류한다는 계획이었다. 아세안 공동체는 한국, 중국, 일본의 동북아시아 3개국을 제외한 것이지만 그럼에도 동북아시아 3국에 시사하는 바가 크다(김재한 2005: 65).

동북아시아 협력체 추진

2002년 11월 캄보디아에 모인 한 · 중 · 일 정상은 여태껏 이룩한 신뢰 관계를 기반으로 번영을 위한 협력을 강화하는 '안전을 위한 협력을 포함한 폭넓은 3국의 협력 추진'을 표명하였다. 세부적인 협력 내용은 경제무역, 정보통신, 환경보존, 인재양성, 문화협력 등 5개 분야에 중점을 두는 것이다(增田祐司 2004: 138).

2003년 10월 발리섬에서 개최된 제9회 아세안 정상회담에서 일본의 고이즈미 준이치로(小泉純一郎) 총리와 중국의 원자바오 국무원 총리 그리고 한국의 노무현 대통령이 '제2 아세안 콩코드(Concord)'를 선언하였다. 이것은 3국의 경제관계와 무역, 투자, 금융, 운송, 관광, 정치, 안전보장, 문화, 정보통신기술, 과학기술 및 환경보존을 포함한 모든 분야에서 협력을 강화하는 방도를 강구하리라는 것을 확인한 것이다. 이와 같이 동북아시아 공동체를 위한 보다 적극적인 협력체 구성을 위한 작업은 아세안이라는 동북아시아 영외 지역에서 행하는 아세안+3에서 진행되고 있다.

동북아시아에서 공동체를 추구하는 공적인 회의나 민간에 의한 대화에서의 이론 제시나 의견의 개진은 아직 미약한 편이다. 개중에는 한국, 중국, 일본이 국가적 입장에서 서로 양보하는 등의 보다 넓은 공동체 형성을 위한 진지한 의견 개진이 있었으나 정치적 의미의 공동체 형성은 요원한 것으로 보인다.

지역안보회의

지역안보를 위하여 2005년 개최된 제1차 동아시아 정상회의에는 아세안 10개국과 한 · 중 · 일 3개국 이외에 인도, 뉴질랜드, 오스트레일리아 3개국을 포함한 아세안+3+3, 즉 16개국이 참가하였다. 이것은 앞에서 살펴본 것과 같이 일본과 중국의 주도권 경쟁에서 일본이 주장하였던 내용이 관철된 것이다. 일본의 경우 중국의 헤게모니를 중화시키기 위하여 참가국을 인도, 뉴질랜드 그리고 오스트레일리아까지로 확대시킨 것이다. 일본에는 또 하나의 의도가 있었는데 그것은 미국을 옵서버로 초청하는 것이었다. 이것을 통하여 일본은 안보 문제에 관해서는 그것이 동남아시아나 동북아시아라 하여도 미국을 배제할 수 없다는 것을 보여 준 사례가 된다(伊藤成彦 2005: 238).

일본은 아세안+3+3의 16개국 회의를 주장한 데 반하여 말레이시아 압둘라 바다위(Abdullah Ahmad Badawi) 총리는 아세안+3만을 강조하였다. 공동체는 정체성, 전략, 가치관 등 모든 영역에서 관계를 가져야 하기 때문에 그리고 공동체는 경제 부양에 국한되기 때문에 아세안+3이면 충분하다는 것이다. 중국은 이 의견에 동조한다.

이와 같이 아세안+3가 포함하는 안전보장에의 범위를 아세안+3에 한정하자는 의견과 아세안+3+3로 확대하자는 의견이 대립하는 것이 오늘의 실정이다. 이것은 앞에서 언급한 것과 같이 동남아시아에서 중국과 일본이 벌이고 있는 헤게모니 싸움으로 해석할 수 있다. 아세안에 오스트레일리아, 뉴질랜드 그리고 인도가 포함된 것은 중국의 세력 강화를 막기 위한 일본의 생각 때문이다. 반면 중국은 아세안+3를 근간으로 한 공동체를 주장하며 이것을 유지, 발전시킬 것을 주장한다.

아세안 지역안보 포럼

2010년 7월 베트남 하노이에서는 제17차 '아세안 지역안보 포럼'(ASEAN Regional Forum, ARF)이 개최되었다. 모두 27개 회원국의 외상이 참가하였다. 아세안 지역안보 포럼은 아세안이 중심이 된 아시아·태평양 지역 다자간 정부 안전보장 협의회이다. 1994년 태국에서 개최된 제1차 회의에서는 아세안 10개국만이 참가했으나 이번 회의에는 아세안 대화 상대국 10개국(한국, 중국, 일본, 미국, 러시아, 캐나다, 오스트레일리아, 인도, 뉴질랜드, EU) 그리고 기타 7개국(방글라데시, 북한, 몽골, 파키스탄, 파푸아뉴기니, 스리랑카, 동티모르)이 참가하였다. 이것은 정상회의에서 문제시하였던 아세안+3+3보다 더 광범위한 나라들을 포함한 것이 특색이라 하겠다. 아세안+3+3에 더 첨가된 나라가 미국, 캐나다, 러시아 그리고 EU까지 모두 4개국이다. 이것으로 미루어 외무부장관들의 모임에서는 정상회의의 형식적인 선언보다 안전보장의 범위가 넓다는 것을 알 수 있다.

제17차 회의에서는 안보 문제의 내용에서도 막연한 수식어가 아니라 구체적인 현안 문제로 한국의 천안함 사건, 북핵 문제, 아프간 재건 문제, 미얀마 민주화 문제, 이란 핵 문제, 남중국해 문제 등을 다루었다. 이들이 비록 외상회의에서 직접 해결되기 어려운 문제라 할지라도 국제회의가 현안 문제로 다루었다는 점에서 이번 회의가 진일보했음을 알 수 있다.

공동체 형성에 관해서는 동남아시아가 동북아시아보다 적극적이다. 거꾸로 동북아시아는 오히려 동남아시아에 의하여 주도되는 양상이다. 동남아시아가 아세안을 결성하는 등 공동체 형성에 적극적인 것은 위기의식을 동북아시아보다 더 강하게 느끼기 때문이다. 그리고 동남아시아 나라들은 역사적으로 유사한 경험을 하였고 유사한 문제를 갖고 있다. 따라서 어느 한 나라가 지배적인 위치에 있는 것이 아니기 때문에 서로 단결하고 협력하는 것만이 앞으로 살아남을 수 있는 길이라 생각하여 공동체 형성에 적극적이다. 그들이 이룩하려는 공동체의 방향은 경제 공동체와 정치 공동체를 지나 문화 공동체, 운명 공동체로 향하고 있다. 이러한 공동체 형성 과정이 어느 정도 성숙한 단계에 이르자 동북아시아 3개국을 초청하여 아세안+3를 이룩하는 데 주도권을 행사하게 되었고, 동북아시아 3국은 아세안+3에서 수동적으로 정상회의를 시작하여 안보 공동체 · 경제 공동체 구성을 배워 가고 있는 형세이다. 그러므로 동북아시아 나라들도 나름대로 정치적인 협력을 모색해 왔다고 할 수 있다.

3. 정치 간담회

한국, 중국, 일본은 아세안과의 협력에서 활발한 대화와 의견 교환을 하였고, 공동체 형성에도 상당한 의견 접근을 보였다. 그러나 아세안 공동체 형성 과정에서 보는 것과 같이 역시 동남아시아와는 거리가 있다. 이것의 원인은 경제적 협력이나 안보 문제가 아니라 문화적인 차이 때문인 것으로 생각된다. 다시 머리를 돌려 동북아시아에서는 정상회담 이외에 어떠한 대화들이 이루어지고 있는가를 살펴보기로 한다.

아시아 미래 포럼

정치적인 모임의 대표적인 것이 일본이 주관하는 '아시아 미래 포럼'이다. 이것은 일본의 니혼게이자이(日本經濟) 신문사가 주관하는 정치가 또는 정치에 관심 있는 정상급 지도자의 모임이다. 매년 개최되는 아시아 미래 포럼은 아시아의 경제 · 정치 · 외교 등을 폭넓게 토론하는 포럼이다. 일본이 주관하는 이 행사는 동북아시아 3개국에 국한하지 않으며 동남아시아 여러 나라가 포함된다.

아시아 미래 포럼은 아시아의 영향력이 있는 세 명의 지도자가 주도하는 것으로 유명하다. 일본의 나카소네 야스히로(中曾根康弘), 말레이시아의 마하티르 빈 모하마드(Mahathir Bin Mohamad) 그리고 싱가포르의 리콴유(李光耀)가 그들이다. 이들은 회의를 주도하는 영향력뿐만 아니라 주장하는 아시아의 범위가 다른데, 이는 동북아시아나 동남아시아의 공동체 형성에 남다른 의미를 갖는 것이기에 매우 중요하다.

나카소네 야스히로 전 총리는 동아시아 정상회의에 참가한 아세안 10개국과 한국, 일본, 중국을 포함한 3개국, 말하자면 아세안+3에 다시 오스트레일리아, 뉴질랜드 그리고 인도가 참가한 아시아를 언급한다. 그리고 그는 경우에 따라 그 지역 이외에도 러시아와 미국이 아시아 문제에 참가해야 한다고 하였다. 그리고 '석유, 가스 등 자원이 부족한 동아시아의 지역사회에 러시아가 참가하는 것은 중요하고, 막대한 자금력과 시장을 가진 미국을 제외시킬 수 없다'고 하였다. 말하자면 나카소네 야스히로 전 총리는 동아시아 협력체를 구성할 때 참가국에 보다 많은 관심을 두었고 내용에 관해서는 참가자의 의견에 따르는 태도를 취하였다. 이러한 나카소네 전 수상의 입장은 일본을 대변하는 것이고, 특히 안보에 중점을 둔 것이어서 이후 일본 수상들의 발언을 살펴보면 이것을 반복하는 것이 된다.

이와는 달리 마하티르 전 수상은 아세안+3를 중심으로 동남아시아와 동북아시아에 한정된 경제협력체를 만들어야 한다고 주장한다. 그에 따르면 인도는 최근 외국 투자를 받아들여 좀 나아졌으나 오스트레일리아와 뉴질랜드는 동아시아의 사고방식이나 관습에 어울리지 않아 동맹국으로 간주하기 어렵다고 한다. 말하자면 마하티르 전 수상의 동아시아 공동체 구상은 동남아시아와 동북아시아에 국한하는 것으로, 보다 현실성 있는 주장이라고 할 수 있다. 마하티르 전 수상의 주장은 동남아시아를 대변하는 것으로 중국의 동남아 정책이 지지하는 내용이 되고 있다.

리콴유 선임장관은 과거 발생한 전쟁이 일본과 한 · 중 관계에 부정적인 유산을 남겼다고 전제하고 일본의 지도자가 진심으로 반성한다면 양국은 일본과 협력할 것이라고 하였다. 일본의 진실한 반성 없이는 미래에 한국과 중국이 일본의 파트너가 되기 어렵다는 것이었다. 말하자면 리콴유 전 총리의 의견은 공동체 형성의 요건을 중시한 발언으로 그 범위는 동북아시아에 한정된다. 리콴유 전 총리의 의견은 동남아시아보다 동북아시아가 기초가 되어야 한다는 것으로 문화 공동체를 염두에 둔 발상이라 하겠다.

이상 세 사람의 공동체 형성에 필요한 의견은 각기 범위를 달리하고, 나름대로의 정당성을 갖고 있으며, 동북아시아 또는 동남아시아 공동체 형성에 큰 영향을 주는 의견들이다.

아시아 미래 포럼에 참가한 사람들은 동아시아 영내 국가들에서 경제적 상호관계가 북아메리카나 유럽보다 더욱 깊어지고 있다고 하였으며, 경제 이외의 영역인 한국의 드라마나 일본의 애니메이션 등에서 보는 것과 같이 문화적으로도 아시아 영내 주민 간의 교류가 활발해지고 있다고 하였다. 토론자로 참석한 당시 한국의 한승수 총리는 중일 관계의 악화로 동북아시아의 영향력이 약화되고 상대적으로 아세안의 영향력이 증가하고 있다면서 중일 관계의 개선 없이 동아시아의 경제 통합 비전은 없다고 하였다. 말하자면 한승수 전 총리도 지역이나 내용보다 전제되어야 할 조건의 중요성을 간파한 것이다(『중앙일보』 2006. 5. 27).

2008년 5월 도쿄에서 개최된 아시아 미래 포럼의 주제는 '글로벌 공생을 위하여—아시아의 역할'이었다. 이 회의에는 라오스 전 총리 추말리 사야손(Choummaly Sayasone), 태국 부총리 수윗 쿤끼띠(Suwit Khunkitti), 일본 총리 후쿠다 야스오(福田康夫) 그리고 와세다 대학 교수 사카키바라 에이스케(榊原英資) 등이 참가하였다. 이들은 세계 경제에서의 아시아의 역할, 서브프라임 문제가 아시아 경제에 미치는 영향,

영내 자연재해 대책 등을 논의하였다.

후쿠다 야스오 총리는 최근 이명박 대통령과 후진타오 중국 국가주석의 일본 방문을 계기로 한 · 중 · 일은 아시아와 전 세계에 대하여 책임을 공유하게 되었다고 하였다. 그리고 그는 1) 아시아의 지속적인 발전과 네트워크 구축을 위한 평화 협력을 위한 국가의 책임, 2) 아시아 · 태평양 교류를 위한 인프라 육성, 3) 기후변화 문제에 적극 대응하는 저탄소 사회 실현, 4) 동남아시아국가연합(아세안) 공동체의 실현을 위한 지지, 5) 미 · 일 동맹 강화 등 5개 방안을 약속하였다. 그리고 이 포럼은 태국 부총리의 제안으로 자연재해, 에너지, 식량안전 등 3가지 문제에 대하여 아시아가 함께 대응할 것에 합의하였다(『중앙일보』 2008. 5. 23).

이와 같이 아시아 미래 포럼은 동남아시아를 주된 상대로 하는 포럼으로 아세안+3와 유사하나 정부의 정상이 아니라 민간인이 주관하는 것이 특색이다. 그러나 정상이 아닌 수상이나 총리 등 고위 인사들이 참가하는 정상회담에 버금가는 회의체로 동남아시아 정책에 큰 영향을 주는 포럼이라 하겠다. 일본이 주관하는 아시아 미래 포럼은 일본이 얼마나 동남아시아에 관심이 많은지 그리고 동남아시아를 자국의 영역으로 생각하는지를 잘 보여주는 것이기도 하다.

아시아의 평화, 중 · 일 간담회

동북아시아의 평화는 중국과 일본의 태도 여하에 달렸다는 생각을 하는 일본의 정치인들은 일찍이 중국 정치인과 관계를 갖고 모임도 가졌으니 이것이 '아시아의 평화, 중일 간담회'이다. 이 회의는 정부를 대표하는 공식적인 모임이 아닌 고위 관료들이 개인적으로 참가하는 회의체이며 오랜 역사를 가진 모임으로 주목받고 있다.

제1차 모임은 1986년 11월 도쿄에서 개최되었다. 1986년은 유엔이 정한 '유엔평화의 해'였다. 중국과 일본 양국의 정치인과 지식인, 학자, 언론인, 시민활동가 등이 참석하여 격의 없는 의견 교환을 한 회합이었다. 일본 측을 대표한 우스노미야 도쿠마(宇都宮 德馬) 참의원 의원은 대표연설에서 "과거에 있어 일본국이 전쟁을 통하여 중국 국민에 중대한 손해를 끼친 것에 대하여 책임을 통감하고 깊이 반성한다"고 말하였다. 중국을 대표한 장샹산(張香山)은 '평화와 국제 정세에 대하여'라는 주제에서 중국과 일본이 세계 평화를 위하여 협력하여 나아갈 방향을 제시하였다. 말하자면 군축 삭감 등을 통하여 새로운 세계대전을 피하는 동시에 핵무기, 통상무기 등의 군축과 군사비 삭감을 통하여 세계 평화를 유지해야 한다고 하고 동시에 베트남 · 캄보디아 분쟁, 소련의 아프가니스탄 점령 문제, 한반도 문제, 중동 문제 등의 현안 문제들을 평화 5원칙에 따라 해결하기 위하여 중국과 일본이 협력해야 할 것을 주장하였다(伊藤成彦 2005: 190).

1987년 5월 제1기 2차 회의는 베이징에서 개최되었고, 당시 중국 중앙위원회 주임인 덩샤오핑(鄧小平)과 일본 대표 우스노미야 도쿠마 의원이 참가하였다. 이후 베이징과 도쿄를 번갈아 가며 매년 개최하였고 최근까지 제1기 10회의 간담회를 가졌다. 일 · 중 간담회는 일 · 중 공동성명 30주년을 기하여 2002년 6월 제2기 1회 회의를 베이징에서 개최하였다. 일본 측에서는 도이 다카코(土井多賀子)를 단장으로 23명이 참가하였고, 중국 측에서는 리펑(李鵬) 총리가 대표로 참가하였다. 종전과 같이 간담회는 3개의 분과로 나뉘어 제1분과에서는 '일 · 중 국교정상회의 30주년의 회고와 전망'을 주제로, 제2분과는 '아시아의 평화와 안전'을 주제로 그리고 제3분과는 '아시아의 경제정세와 일 · 중 경제협력'을 주제로 하였다(伊藤成彦 2005: 193).

과거의 회고와 전망을 다룬 제1분과에서 중국 대표 주량(朱良)은 일본의 근세사에 있어서의 중국 침략을 신랄하게 비판하였다. 그러나 일본 대표인 사사키(佐佐木) 의원은 난징(南京)대학살이나 일제 강점기에 있었던 중국인, 조선인 강제 연행을 부인하였다. 그뿐만 아니라 그런 입장에서 역사 교과서를 쓰는 것이며, 고이즈미 총리가 중국과 한국 그리고 아시아 여러 나라의 맹렬한 반대에도 불구하고 야스쿠니신사(靖國神社) 참배를 거듭하는 것은 일본의 입장에서는 타당한 처사라 변명하였다(伊藤成彦 2005: 194).

제2분과에서는 '중국위협론'이 거론되었다. 중국 측 주장에 따르면 중국위협론이란 중국의 경제적 발달이 미국에서 위험하다는 생각이고 이것이 일본에 영향을 준 것이라는 것이다. 중국의 경제 발전이 일본에게 위협이 될 수 없는 것이니 이를테면 중국은 일본 경제 규모의 4분의 1에 불과하며, 중국과 일본이 다 같이 세계화의 도전에 직면하고 있기에 오히려 양국은 냉전시대 잔재를 청산하고 공동으로 협력해야 할 것이라고 하였다. 일본도 이에 적극 찬성하였다(伊藤成彦 2005: 195).

제3분과에서는 일본의 핵무장이 거론되었다. 지금껏 일본은 비핵화 3원칙을 잘 유지해 왔으나 최근 반(反) 테러를 구실로 핵무장을 할 가능성을 언급한 것은 크게 유감스러운 일이라고 지적하였다. 또한 일본의 유사법제가 국회에 상정된 것을 지적하며 유감을 표명하였다. 일본 대표도 일본의 문제는 1955년 이후에 출생한 국회의원이 55%가 넘는 것이며, 전쟁에 대한 체험이 희박한 것이라 하였다(伊藤成彦 2005: 198).

일본 측 의견 중에서는 일본 대표 도이 다카코의 발언이 큰 주목받을 만하였다. 그녀는 동북아시아의 집단안전보장을 구축함에 중국과 일본 간의 '부재전의 맹서'(不再戰의 盟誓)도 중요하지만 두 나라 사이의 안전보장시대는 끝내고 중국, 한국, 북한, 일본, 몽골, 러시아, 미국, 캐나다 등 8개국이 부전지역선언을 하고, 일본은 평화헌법정신을 기초로 국제협조주의에 의한 동북아시아와 북태평양에 걸친 부전의 집단안전보장기구를 만들어야 한다고 하였다(伊藤成彦 2005: 199).

다음 해 도쿄에서 개최된 제2기 제2회 중 · 일 간담회 제2분과의 주제가 '일 · 중 관계와 미국 · 아시아 공동체의 전망'이었다. 여기서 중국 측을 대표한 중국사회과학원 일본연구소 부소장인 장진샨(張進山)은 '일 · 중 관계의 곤란을 여하히 극복할 것인가'라는 제목 아래 '경열정냉(經熱政冷)하고 민열관냉(民熱官冷)한' 비정상적인 일 · 중 관계를 정상화하는 방법으로 5가지 방법을 제시하였다.

이것은 첫째, 1972년의 「중일 공동선언」, 1978년의 「중일 평화우호조약」 그리고 1998년의 「평화와 발전을 위한 우호 협력에 관한 중일 공동선언」의 3개 기본 문서에서 확인한 중 · 일 관계의 원칙을 준수할 것, 둘째, 상대방의 입장에 서서 생각하고 중 · 일 우호에의 양호한 환경을 조성할 것, 셋째, 중 · 일 관계에서 이미 이룩한 성과를 견고히 하고 중 · 일 공동의 이익을 확대할 것, 넷째, 민간 교류를 강화하고 우호관계를 신세대에 계속할 것, 다섯째, 전략적인 대화의 수준을 높이고 상호 신뢰를 증대시킬 것 등이었다. 이러한 문제를 제기하면서 장진샨은 "동아시아 지역의 장기적인 안전과 건강하고 질서 있는 발전을 보장하기 위하여 중 · 일 양국은 이 지역의 다른 나라와도 협력하고 긴밀한 네트워크와 새로운 안전보장을 설립하는 공동 행동을 취할 필요가 있다"고 하였다. 즉 동아시아에서의 공동체 형성을 주장한 것이다. 그리고 경제적 협력은 한 · 중 · 일의 FTA 체결에 달려 있다고 하였다(伊藤成彦 2005: 216).

중국과 일본은 동북아시아의 2대 맹주국으로 상호 불신의 뿌리가 깊다. 중 · 일 간담회는 동북아시아의 평화는 중국과 일본이 어떻게 협력하느냐에 달려 있다고 생각하는 중 · 일 양국의 지도자들이 만든 것이지만 중일전쟁으로 시달림을 당한 중국은 좀처럼 일본을 용서하지 못하고 있다. 특히 동남아시아를 무대로 치열한 경쟁을 벌이고 있는 중국과 일본은 중 · 일 간담회를 거듭하면서도 본성을 숨기지 않고 있고, 이에 따라 동북아시아의 공동체 형성에도 어려움이 나타나고 있다.

서울-베이징 포럼, 한 · 중 간담회

한국과 중국 사이에 추진되는 포럼이 '서울-베이징 포럼'이다. 한국 측은 서울국제포럼(이사장 이홍구)에서, 중국 측은 인민화교학회(회장 양원창)에서 주관하며 2년마다 서울과 베이징에서 번갈아 가면서 개최한다. 2010년에 열린 제3회 포럼은 서울에서 개최되었다. '부상하는 아시아시대와 한중 협력'을 주제로 한 이 대회에서 한국 측 대표인 한승주 전 외무부장관은 기조연설을 통하여 "북한은 핵과 미사일 기술 자체를 무기로 완성시키기로 결정하였다"고 하면서 "북한이 협상 단계를 잘게 쪼개어 단계마다 시간을 끌며 더 많은 것을 요구하는 '살라미 전술'을 구상하고 있다"고 하였다. 고려대학 김성한 교수는 6자회담을 거론하면서 6자회담이 진행되는 중에도 북한이 핵실험을 감행하였다고 지적하고, 동북아시아에서도 쌍무(雙務)적인 동맹과 다자 안보 협력이 공존하는 토대를 마련해야 한다고 하였다.

중국 국제문제연구소 위샤오화(虞少華) 연구원은 6자회담의 한반도를 위한 중요성을 강조하면서도 북한의 입장을 옹호하는 발언을 하였다. 즉 한국, 미국, 일본 등이 북핵 위협에 과도하게 대응한 것이 북한을 더욱 불안하게 만들었다는 것이다. 이 말은 북한이 재래식 무기의 불균형에 대한 우려, 흡수 통일에 대한 불안감, 미국의 경제 제재에 대한 공포 등에서 기인한 불안감으로 인하여 핵과 미사일 개발에 더욱 몰두하게 된다는 것이다. 한편 『인민일보』(人民日報)의 쉬바오캉(徐寶康) 고급기자는 6자회담은 북핵 문제만이 아니라 한반도에서의 냉전 유산을 해결하는 데 꼭 필요한 것이라고 하였다.

경제 문제 영역에서 채욱 대외경제정책연구원 원장은 "한 · 중 · 일 자유무역협정(FTA)을 체결하는 것은 제조업 강국인 이들 지역의 과잉생산을 예방하고 산업구조를 조정하는 데도 크게 기여할 것"이라고 하였다. 그리고 "영내 FTA가 해결될 경우 경제 분야에서만이 아니라 영내 긴장 완화나 갈등 해소에 큰 보탬이 될 것"이라고 하였다. 왕위주(王玉主) 중국사회과학원 아 · 태연구소 연구원은 동아시아 경제협력을 방해하는 가장 큰 요소가 중 · 일 사이의 신뢰 문제와 미국의 비우호적 태도라 하였다. 그리고 아세안+6, 즉 아세안에 한 · 중 · 일 이외에 오스트레일리아, 뉴질랜드, 인도를 포함한 것은 동아시아의 협력을 주도하려는 일본 의도의 표현이며, 미국이 중국 주도의 동아시아 지역 협력체를 받아들이지 못한다는 것이다. 따라서 동아시아의 협력 기구는 여러 협력 시스템이 공존하는 다중 구조로 진행될 것이라 하였다 (『중앙일보』 2010. 3. 31).

한국과 중국의 간담회는 동북아시아에서 일본과 중국 관계 못지않게 중요한 관계라 생각하여 지역 공동체 논의에 앞서 완화되어야 할 관계로 보고 있다. 그러나 한국과 중국 사이의 간담회는 역시 북한 문제가 주요 화제이다. 중국은 북한의 입장을 옹호하여 한국 측을 설득하려는 태도로 임하고 한국은 이에 대하여 반발하는 태도를 보이고 있는 것이다.

한국과 중국은 지역 공동체 형성에 앞서 경제적인 협력체 구성을 고려하고 있으나 이곳에서는 일본이 주장하는 협력체의 범위를 무시할 수 없으며, 특히 미국의 영향을 어떻게 수용할 것인가를 공동의 문제로 생각하고 있다.

한 · 중 · 일 30인회

중 · 일 간담회나 한 · 중 간담회보다 체계화된 것이 '한 · 중 · 일 30인회'이다. 이것은 한국, 중국, 일본의 대표 각각 10명이 구성된 것으로 공동대표에 한국의 이홍구 전 총리, 일본의 나카소네 야스히로 전 총리, 중국의 첸치천(錢其琛) 전 부총리가 임명되었다. 또 한국의 중앙일보사, 일본의 니혼게이자이 신문사 그리고 중국의 신화통신과 같은 3국 대표 언론사가 공동으로 후원하였다. '한 · 중 · 일 30인회'를 중국에서는 '동북아 명인회'라 하고, 일본에서는 '일 · 중 · 한 현인회의'라 한다. 30인회 모임은 3국이 갈등이 아닌 화합의 자세로, 과거 회귀가 아니라 미래지향적인 시각으로 3국 공동 번영의 방안을 마련하기 위한 취지와 목적으로 시작되었다.

2006년 서울에서 개최된 제1회 모임에서는 세 나라의 신문사 대표의 발언이 있었다. 신화통신의 총편집장인 허핑(何平)은 3국 국민의 심오한 이해가 동북아시아 지역 발전의 기반이 되어야 한다고 하였다. 중앙일보의 홍석현 회장은 축사에서 3국 정상회담의 정례화, 3국의 FTA 조기 추진, 황해 공동어장 개발, 한자 사전 공동 제작, 청정에너지 공동 개발, 3국의 지적 네트워크 등을 좀 더 구체적으로 언급하였다. 니혼게이자이 신문의 스기타 료우키(杉田亮毅) 회장은 일본 정부에 일본 총리의 야스쿠니 신사 참배로 인하여 악화된 3국의 관계를 상세히 보고하여 정부가 민의를 파악하도록 하겠다고 하였다.

2008년 4월 베이징에서 개최된 제3회 전체 회의 참가자는, 한국은 이홍구(전 총리), 강경식(전 부총리), 김재철(동원그룹 회장), 김기환(서울파이낸셜포럼 회장), 윤종용(삼성전자 부회장), 이구택(포스코 회장), 이어령(전 문화부장관), 이인호(전 러시아 대사), 이장무(서울대 총장), 이희범(한국무역협회 회장), 중국은 첸치천(錢其琛, 전 국무원 부총리), 정훙예(鄭鴻業, 전 중국국제무역촉진위원회 회장), 지바오청(紀寶成, 중국 인민대 총장), 웨이푸성(魏福盛, 중국공정원 원사), 판강(樊刚, 중국개혁기금회 국민경제연구소 소장), 후웨이(胡偉, 상하이교통대 공공사무학원장), 류관쥔(劉冠軍, 베이징작가협회 주석), 쉬허이(徐和誼, 베이징 현대자동차 사장), 덩중한(鄧中翰, 베이징 중싱웨이전자 사장), 양위안화(楊元華, 신화통신 연구원), 일본은 나카소네 야스히로(中曾根康弘, 전 총리), 우라니시 도쿠이치(浦西德一, 토요타 부사장), 니시다 야쓰토시(도시바 사장), 니와 우이치로(丹羽宇一郎, 이토추상사 회장), 사카키바라 에이스케(榊原英資, 와세다대 교수), 고지마 아키라(小島明, 경제연구센터 회장), 우메하라 다케시(梅原猛, 일본문화연구센터 고문), 도야마 아쓰코(遠山 敦子, 신국립극장 재단 이사장), 사카이야 다이치(堺屋太一, 전 경제기획청 장관), 가야 요이치(도쿄대 명예교수) 등이다.

한국 측 기조연설을 한 이홍구 전 총리는 베이징 올림픽 이전에 이미 이 회의는 베이징 개최를 축하하고, 에너지에 관한 3국의 공동 대처를 강조하는 의견을 개진하였고, 금융 부문에서의 공동 대처를 강조하였다. 특히 3국의 공동체 형성에 중요한 것은 문화임을 강조하였다. 중국 측을 대표한 첸치천 전 부총리는 "세계는 새로운 문제와 도전에 직면하고 있다"고 전제한 뒤 "동북아시아 3국은 평등한 대화와 호혜적 협력을 통하여 글로벌 문제와 연대의 도전에 잘 대처할 수 있는 새로운 형태의 국가 관계와 지역 협력 모델을 찾아야 한다"고 하였다.

일본을 대표한 나카소네 야스히로 전 총리는 제1회 서울 회의부터 강조해 온 3국의 정상회담 개최를 재차 촉구하였다. 그는 총리 시절부터 중국 지도자들과 '평화우호', '호혜평등', '상호신뢰', '장기안전'이라는 4가지 원칙을 주장해 왔으며, 3국은 이를 토대로 협력하여 국제기구로서의 동북아시아 공동체 결성에 매진할 것을 언급하였다.

제3차 베이징회의도 종전과 같이 3개 분야로 나누어 진행되었다. 3개 분야는 경제 · 금융, 에너지 · 환경 그리고 문화 · 교육으로 나뉜다. 경제 · 금융 분과에서는 1) 한 · 중 · 일 정상회담의 연례회의 정례화, 2) 한 · 중 · 일 FTA의 조기 체결, 3) 한, 중, 일의 환경기금 조성, 4) 아시아 외화 준비 제도의 조기 확립, 5) 아시아 지역통화 단위를 위한 공동 연구 추진 등을 결의하였다. 에너지 · 환경 분과에서는 1) 지속가능한 에너지-환경에 관한 동북아시아의 포럼 창설, 2) 동북아시아의 혁신적 청정기술을 위한 개발기금의 설립, 3) 한, 중, 일의 기후-환경 변화 연구센터 설립, 4) 한, 중, 일의 공동 전략적 프로젝트 구축, 5) 포스트 교토의정서 협력 체제 확립 등을 결의하였다. 문화 · 교육 분과에서는 1) 한, 중, 일의 문화 공통성 연구, 2) 한, 중, 일의 공동출자 장학기금 조성과 인적 교류 촉진, 3) 농업을 포함한 공동 문화 체험 프로그램 구상, 4) 문화 행사 공동 개최와 협력 등을 결의하였다.

분과토의장에서 주목할 발언을 한 사람은 중국개혁기금회 국민경제연구소 판강 소장이다. 그는 세계 경제에서 핵심적 역할을 하고 있는 G8와 같은 아시아의 주요 8개국의 판을 만들 것을 제안하고, 이것을 국가원수만이 아니라 경제 관련 장관과 중앙은행장이 참여하는 정례적인 회의로서 구성하자고 하였다. 한편 포스코 이구택 회장은 동북아시아 3국이 유럽연합과 같은 시장 중심의 경제협력체를 만들 수 있다고 말하였다. 이희범 무역협회 회장은 에너지 문제를 언급하면서 세계 에너지의 17%를 사용하는 동북아시아 3국이 컨소시엄을 구성하여 러시아의 우랄 산맥 동부 지역과 중앙아시아의 자원 개발에 협력할 것을 주장하였다. 이어령 전 문화부장관은 3국은 서구를 배우는 정도만큼이라도 서로를 배우기 위하여 노력해야 한다고 주장하고, 3국이 공유하는 문화적 자산을 어떻게 서구 문명과 융합시킬 것인지에 대해서도 같이 고민해야 한다고 하였다(『중앙일보』 2008. 4. 29).

부산에서 개최된 제4차 대회에서는 '글로벌 위기를 극복하기 위한 동북아 3국의 지역 협력 모색'을 주제로, 세계 금융 위기를 극복할 수 있는 지혜를 모색하였다. 한국 측 기조연설을 한 이홍구는 "이번 금융 위기는 역사적 대전환기"라 지칭하고 "이것을 극복하기 위한 지혜를 모아야 하는 것 외에 3국 관계를 어떻게 발전시켜야 하는지에 대한 진지한 의견 교환과 정책 조율이 3국 간에 있어야 한다"고 강조하였다. 그리고 그다음에는 평화 추구에 노력하는 나라들이 핵미사일 개발 등으로 동북아의 전략적 균형을 파괴하는 북한을 항구적 예외 지대로 두지 말고 동북아시아 발전에 동참시켜야 한다고 하였다.

앞에서도 밝혔듯 중국 측을 대표한 첸치천은 2008년을 전후한 금융 위기는 국제금융 시스템의 제도적 결함에서 야기된 것이며 어느 나라도 혼자만의 힘으로 해결될 것이 아니라면서 국제 협력이 절실히 필요하다는 것을 강조하였다. 이와 관련하여 그는 1) 각국은 우선 자기 나라의 일을 잘 처리해야 한다, 2) 정부 간의 협력을 강화해야 한다, 3) 영내 동아시아 국가 간의 경제 대화 및 협력을 촉진시켜야 한다. 그리고 4) 공정하고 효과적인 국제 금융 시스템을 건설해야 하는 것 등을 제시하였다.

일본을 대표한 나카소네 야스히로 전 총리는 30인회가 강조해 온 한 · 중 · 일 정상회담이 지난해 12월 실현되었음을 환영한 뒤 한 · 중 · 일 3국 사이의 통화스와프의 규모 확대와 금융 감독 시스템을 공유하고 나아가 중앙은행의 정기적 협의에 의한 정보교환을 추진해야 한다고 하였다. 그리고 아세안+3를 확대하여 인도, 오스트레일리아, 뉴질랜드를 포함한 동아시아 공동체에 미국과 러시아를 포함한 큰 경제협력 기구를 구축해야 한다고 하였다. 그리고 북한 문제와 관련해서는 6자회담도 중요하지만 이보다는 지리적으로 가까운 한 · 중 · 일 3국이 직접 만나 대책을 논의하는 것이 유리하다고 하였다.

이 회의의 환영 만찬에 참석한 홍석현 중앙일보 회장은 100년에 한 번 일어날 정도의 어려운 경제 상황을 맞아 지구촌 모든 사람의 시선이 동방으로 모이는 이 시기에 한 · 중 · 일 3국이 100년 이상 공유해 온 문화적 유전자, 그 잠재적인 기능성을 살려 창조적인 상상력을 발휘한다면 당면한 어려운 국면을 능히 헤쳐나갈 수 있을 것이라 하였다. 특히 30인회는 정상회담과 함께 3국 공동체를 이끌 수레의 양 바퀴가 될 것이라 하였다. 이날 회의에는 김형오 국회의장이 특별히 참석하여 동북아 발전을 위하여 건설적 의견을 모아 달라고 당부하였다. 그는 "영내 협력을 위해서는 서로 다르다는 것을 인정하고, 받아들이는 관용의 정신이 요구된다"며 서로 마음을 열어 아시아 평화-공존의 모델을 꼭 만들어 달라고 당부하였다.

제4차 한 · 중 · 일 30인회는 7개 항의 대정부 제안서를 채택하고 막을 내렸다. 여기서 강조한 것은 아시아통화기금(AMF) 설립을 위한 사무국 설립과 동북아 녹색성장 전략기구 발족 등이다(『중앙일보』 2009. 4. 15). 제5차 30인회는 일본에서 '변하는 세계화와 한 · 중 · 일의 역할'이라는 주제 아래 한국의 이홍구, 일본의 나카소네, 중국의 전 부총리 찡페이옌(曾培炎)이 참가하여 기조발언을 하였다. 이 회의에서 두드러진 발언은 일본 경제산업상 나오시마 마사유키(直嶋正行)가 행한 것으로 그는 3국의 FTA 체결을 강조하고 이의 체결을 위하여 산 · 관 · 학

공동 연구를 제안하였으며, 환경과 기술 분야의 국제 표준화를 위하여 3국이 협력할 것을 강조하였다(『중앙일보』 2010. 4. 19).

한 · 중 · 일 30인회는 각국의 최고위 인사들이 참석하는 만큼 시간이 경과할수록 보다 진솔한 대화와 의견 교환이 이루어지고 비중 있는 의견이 도출되었다. 동북아 공동체로 말하자면 30인회만큼 직접적으로 공동체를 논한 모임이 없을 것이다. 정치 공동체 및 경제 공동체의 범위와 성격 그리고 공동체가 갖추어야 할 내용이 30인회에서 충분히 지적되고 토론되었기 때문이다. 30인회는 상대방을 비방하는 일 없이 미래지향적인 것에 초점을 맞춘 회의였다. 그러나 30인회의 참가자들이 현직 행정의 책임자가 아니기 때문에 의견 진술이 정책에 직접 반영되지 않은 것은 아쉬움으로 남는다.

4. 지역 협력과 대화

정부나 정치인의 모임이 아닌 회의에서도 지역 공동체를 토론하였다. 그중에는 비정부, 비정치인 등 이른바 NGO들의 모임이 많고, 특히 대학이나 연구소에서는 동북아시아를 연결하는 공동체 형성에 관하여 많은 토론이나 연구가 진행되었다. 이들 중 동북아 지역 공동체 형성에 필요한 것과 간접적으로나마 관계되는 것을 추려 보기로 한다.

동북아 지역 공동체 국제학술회의

2003년 11월 국제평화대학원대학의 주관 아래 서울 그랜드 힐튼 호텔에서 개최된 '동북아 지역 공동체 형성을 위한 국제학술회의'는 동북아시아와 관련하여 주목받았다. 행사에 중국 대표로 참가한 중국 사회과학원 동아시아 협력위원회 장원링(張蘊嶺) 소장은 인도네시아 발리에서 개최된 아세안+3 정상회담을 중시하였다. 아세안+3 정상회담은 영내 무역투자와 에너지, 안보, 환경 등을 포괄적으로 협력하는 공동선언이며 그중에서도 한, 중, 일의 동북아시아 3국의 협력이 보다 중요하다고 했기 때문이다. 이들 3개국은 세계 GDP의 20%, 세계 교역량의 12%, 동아시아 GDP의 90%와 교역량의 70%를 점하고 있으므로 우선 동북아시아 3국이 협력체를 이루는 것이 중요하다고 하였다.

일본 대표로 참가한 일본 국제관계포럼 이토 겐이치(伊藤憲一) 대표는 동아시아 영내 국가 간 FTA를 추진하여 2015년까지 완료하자는 의견을 진술하였고, 이것을 기반으로 관세동맹을 체결하여 동아시아경제회의(East Asia Economic Caucus, EAEC)의 창설을 주창하였다. 한국을 대표한 외교안보연구원장 최영진(崔英鎭)은 동아시아의 공동체를 형성하되 이를 미국을 포함하는 안보 국제기구로 만들고 또 동아시아의 안전을 위하여 북한 핵 문제를 해결하는 공동체로 발전할 것을 건의하였다(『조선일보』 2003. 11. 10).

한국, 일본, 중국은 동북아시아의 주역들이다. 각국의 대표 발표자의 주장을 살펴보면 중국은 동북아시아 공동체를 구상하였고, 일본은 그중에서도 경제적인 것에 주안점을 두었다. 한국의 대표는 경제보다 안보에 중점을 두었고, 안보와 관련된 언급에서는 동북아시아에 깊이 관여해 온 미국을 동북아시아 공동체에 포함해야 한다는 의견을 진술하였다. 즉 한국 대표는 동아시아의 안보는 한반도의 안보이며 이것을 위협하는 것이 북핵 문제 해결을 위한 기구의 구성을 주장한 것이다.

동아시아 평화 공동체

비정부, 비정치인 NGO 중심의 지역협의체에 대한 논의 중 대표적인 것이 2003년 8월 베이징에서 소집된 '6개국회담'이다. 이것은 정부간 기구인 6자회담과 달리 시민 대표들의 모임이다. 이 모임의 주제는 '한반도에 평화를—시민에 의한 6자 협의'로 회원들의 패널 토론으로 진행된다. 이것은 한반도에서 남북이 화합하는 평화 없이 동북아시아의 평화가 없고 동북아시아의 평화 없이 세계 평화도 없다는 신념을 지닌 사람들의 모임이다. 이들은 한반도의 평화와 이것을 기반으로 하는 동북아시아의 공동체 출현을 갈망하고 있다(伊藤成彦 2005: 229).

그러나 이 회의에서 주제보다 중요하게 토론된 것은 일본의 반성에 대한 것이었다. 특히 최근 극우로 치닫는 일본의 반성을 촉구하였다. 이 회의는 '동아시아 평화 공동체'를 이룩하기 위한 전제 조건으로 3가지를 일본의 입장에서 제시하고 있다. 첫째, 일본은 제국주의 환상에서 탈피해야 할 것이다. 제국주의 환상이란 강력한 무력이 있으면 안심할 수 있다는 '무력신앙'이다. 그러나 일본은 이 무력신앙으로 인하여 1945년 파멸에 이르렀다. 그에 대한 반성으로 생긴 것이 헌법 9조인 '전쟁과 무력포기의 원칙'이다. 둘째, 일본 헌법 9조를 무력화시킨 미 · 일 안보조약을 파기하는 것이다. 미 · 일 안전보장은 미국 점령의 영구화이고 일본을 식민지화하는 것이면서 아시아에서 고립시키는 것이다. 일본은 자국이 미 · 일 안보조약을 파기하고 자주독립을 이루었을 때만 '동아시아 평화 공동체'에 참가할 수 있는 것이다. 셋째, 일본의 민주주의화에 있다. 일본은, 형식은 민주주의 국가이면서 내용은 미국 지배하의 보수 독재 국가이다. 일본이 이런 체제에서 벗어나 참다운 민주주의 국가가 되어야 '동아시아 평화 공동체'의 일원이 될 수 있다는 것이다(伊藤成彦 2005: 235).

시민에 의한 6개국회담은 한반도 평화를 구실 삼아 일본의 극우화를 비판한 것이고, 한반도 문제를 해결하기 위한 전제 조건으로 일본의 평화를 논한 것이다. 일본의 우경화는 일본을 위협하게 할 것이고, 일본은 미 · 일 안보조약에 종속된 한 독립된 국가가 아니며, 이것을 극복할 때 진정한 동아시아 평화 공동체의 일원으로 참가할 수 있다는 것이다.

동아시아 포럼

아시아 미래 포럼과 유사한 것이 '동아시아 포럼'(East Asia Forum, EAF)이다. 2003년 12월 서울에서 창립총회를 연 이 회의는 아세안+3의 연장으로 매년 개최하기로 하였으며, 2009년 9월 현재 제7회 포럼이 서울에서 개최되었다. 제7회 포럼에는 정부, 재계, 학계 등에서 약 70명이 참가하였다. 한국에서는 권종락 외무부 제1차관, 이경태 한국무역협회 국제무역연구원장 그리고 신윤환 서강대학 교수가 참가하였다. 이곳에서 논의되고 결의된 내용은 1) 동아시아 통합을 위한 EAF의 역할, 2) 세계 경제 위기의 역내 경제협력 심화 그리고 3) 영내 사회문화 경쟁력 강화 등이었다.

동아시아 포럼은 아세안+3 정상회의의 연장선상에 있으면서도 하나의 독립된 회의로 존재하는 특수한 협의체이다. 아세안+3의 연장이기에 정부 관계자가 많이 참석하지만, 독립적이기 때문에 관리는 물론 관리가 아닌 학자나 기업인이 참가한다. 다양한 사람이 참가하기 때문에 같은 주제를 다루어도 보다 자유롭고 심도 있는 토의가 이루어지게 된다. 이 포럼의 특색은 서울 대회에서 나타난 것처럼 동북아시아 통합에 있어 경제를 중요시하는 점이다. 특히 IMF 위기에서 탈피하기 위한 과제로 여러 나라의 협력을 강조하였다. 그리고 이것을 토대로 하여 사회, 정치, 안보를 위한 공동체 형성을 강조하였다.

동북아시아 협력대화

동북아시아에 관한 기구로 '동북아시아 협력대화'(Northeast Asia Cooperation Dialogue, NEACD)가 있다. 이것은 미국 캘리포니아 샌디에이고(San Diego) 대학 부설기관인 '세계분쟁 및 협력연구소'(Institute on Global Conflict and Cooperation, IGCC)가 주도하는 협력체로 1993년 설립 당시 미국, 러시아, 일본, 중국, 한국, 북한 등 6개국의 관리 1명과 학자 1명이 개인 자격으로 참가하였다. 그러나 1년 후 북한의 불참으로 5개국만 모이게 되었으며, 참가자도 나라별로 외무부 관리 1명, 국방부 관리 1명이 참가하는 것으로 바뀌었다.

이 회의의 참가자는 정책을 수행하는 공무원이라 할지라도 개인의 자격으로 참석하는 것이므로 다른 포럼에 비해 보다 자유로운 토론이 이루어진다. 이 모임은 동북아시아 지역 내의 안보 정세를 평가하고, 공동 관심사를 토론하며, 심지어 군사정보까지 교환하는 등 상호 투명성을 증진하여 위기를 예방하려 하고 있다(J. A. van Ginkel 2003: 65).

제1차 회의는 미국의 샌디에이고에서 개최되었고, 제2차는 1994년 일본 도쿄에서, 제3차는 1995년 4월 모스크바에서, 제4차는 1996년 1월 베이징에서, 제5차는 1996년의 9월 서울에서, 제6차는 1997년 4월 뉴욕에서, 제7차는 1997년 12월 도쿄에서, 제8차는 1998년 11월 모스크바에서, 제9차는 1999년 12월 베이징에서, 제10차는 2000년 11월 서울에서, 제11차는 2001년 10월 하와이에서, 제12차는 2002년 4월 도쿄에서, 제13차는 2002년 10월 모스크바에서, 제14차는 2003년 9월 칭다오에서, 제15차는 2004년 4월 샌디에이고에서, 제16차는 2005년

4월 서울에서 진행되었다.

동북아시아 협력대화는 동북아시아 국가들이 주관하는 다른 행사와는 달리 평화를 논의하되 회원국 간에 군사에 관한 사항을 구체적이고 투명하게 토론하는 '국방정보공유실무회의'를 지속해 갔다. 말하자면 이 협력대화는 대화를 통하여 지역 안보를 확실하게 추진해 간 것이다(김재한 2005: 102).

샌디에이고 대학 세계 분쟁 및 협력연구소가 주관하는 6자회담은 북한의 불참에도 꾸준하게 회담 개최를 지속하고 있다. 특히 미국의 연구소가 주관하는 회담이고 참가자도 개인 자격으로 참가하기에 다른 어느 회의보다 자유롭고 진지한 것이 특색이다. 따라서 이 회의의 결정 사항이 한반도에 직접적인 영향은 주지 않더라도 관계국 대표들의 진솔한 토론은 한반도 문제를 고려하는 데 큰 참고가 된다.

아시아 · 태평양 안보협력이사회

말레이시아에 있는 국제전략연구소(Institute of Strategic and International Studies)가 주관하는 아 · 태 원탁회의(Asian Pacific Roundtable)가 있다. 이것을 발전시킨 것이 1993년에 설립된 아시아 · 태평양 안보협력이사회(Council for Security Cooperation in the Asia-Pacific, CSCAP)이다. 이것은 미국, 일본, 캐나다, 오스트레일리아, 뉴질랜드, 태국, 필리핀, 말레이시아, 싱가포르, 인도네시아 등 10개국의 정부 관련 연구소를 중심으로 이룩된 것이다. 여기에는 총회, 국제운영위원회, 실무 그룹, 사무국 등이 있으며, 사무국은 말레이시아에 있다.

아시아 · 태평양 안보협력이사회의 정회원국은 앞서 열거한 10개국 이외에 남북한, 중국, 러시아 등을 포함한 16개국이고, 준회원국은

EU와 인도 2개국이다. 이사회의 목적은 민간 전문가들의 신뢰 구축과 안보 문제에 관하여 연구하는 것이다. 이곳은 북한이 참가한다는 데 중요한 의미가 있다. 그리고 핵 문제를 취급하는 곳이기에 한국의 관심이 큰 회의이다(김재한 2005: 103).

대 테러 지역 센터

2002년 5월 필리핀 팔라완에서 아세안 특별 각료회의를 소집하여 테러 방지책을 강구하였다. 말하자면 이슬람 과격파에 의한 아부 사야프(Abu Sayyaf Group, ASG) 습격 테러 사건이 발생한 직후의 일이다. 이곳에서 「대 테러 공동행동 선언」을 채택하였다. 이것은 아세안이 테러에 대하여 선진국과 공동 행동을 취할 것을 선언한 것이다. 그해 10월 개최된 아세안+3 정상회의에서는 해적, 마약밀수, 인신매매 등의 대책을 강구하였다. 2003년 7월에 개최된 아시아 외상회의에서는 발리에서 202명의 희생자를 낸 패디스 퍼브 나이트클럽 폭탄 테러 사건과 같은 참사에 대비하기 위한 '동남아시아 대 테러 지역 센터'의 설립을 보게 된다(進藤榮一 2007: 193). 2004년 11월에는 아세안+3+인도, 홍콩 등 16개국이 「아시아 해적대책 지역협력협정」을 체결하고 그 본부인 해적대책 정보센터를 싱가포르에 설치하였다. 이것은 2000년 일본이 주도하여 개최한 아시아 지역 해적대책 국제회의와 일본 해상보안청을 포함하여 매년 해적대책 전문가회의를 개최해 오던 것을 통합한 것이다(進藤榮一 2007: 195).

최근 몇 년 사이 안보는 군사적인 안전보장만이 아니라 자연재해 또는 해적이나 테러 그리고 밀수와 같은 국제적인 협력을 필요로 하는 사안들이 중요시되고 있으므로 이를 외면할 수 없다. 이를테면 안보의 개념이 비군사적인 영역으로 확대되고 있는데, 이유는 그 피해를 입은 지역 주민의 현황이 군사적인 영역 못지않게 크기 때문이다. 따라서 국가들이 힘을 합하여 공동 대처해야 하는 매우 중요한 사안인 것이다.

동아시아 기후 포럼

최근에는 안보라는 개념이 확장되어 군사적인 것만이 아니라 기후 등 자연재해를 포함하게 되었다. 제1회 동아시아 기후 포럼(East Asia Climate Forum)이 2009년 5월 서울에서 개최되었다. 이것은 2008년 7월 일본 도야마(富山)에서 개최된 G8 확대 정상회의에서 이명박 대통령이 "동아시아 저탄소 녹색성장을 위한 패러다임 정립과 전략 수립을 위한 동아시아 국가들의 정책 및 경험 공유를 논의하자"는 제안이 계기가 된 것이었다. 이에 따라 아세안 회원국, 중국, 몽골, 중앙아시아 4개국 대표 60여 명과 아시아개발은행(Asian Development Bank, ADB), 유엔환경계획 등 국제기구 대표 그리고 미국, 영국, 일본 등지의 전문가 20여 명 등 도합 170여 명이 참가하였다. 여기서 채택된 것이 '동아시아 저탄소 녹색성장 서울 이니셔티브'(Seoul Initiative for Low Carbon Green Growth in East Asia)이다. 이로써 안보 개념을 군사만이 아니라 자연재해, 기후 조건 등 광범위한 영역까지 넓히는 인식의 전환이 생기게 되었다.

5. 환경 문제

환경오염 문제

인접한 국가 간에 필요한 협력 문제는 인위적인 무역이나 방어에서만이 아니라 자연재해에서 오는 것이 더 심각할 수 있다. 특히 산업화가 심화될수록 대기오염, 수질오염 등의 문제는 더 심해지는 경향이 있다. 따라서 산업화가 어느 수준에 이르면 자연재해를 막으려는 연구와 대책이 나오기도 한다. 한국의 경우 일본과 유사한 양상이며, 특히 새로운 유기화학 물질로 인한 지구 온난화 방지에 주력하고 있다.

문제는 중국이다. 중국은 첫째, 환경오염이 심각하다. 중화학공업에 편중된 생산구조로 되어 있으며, 특히 석탄의 의존도가 높은 나라로서 대기오염과 수질오염이 심각하다. 이산화탄소(CO²) 농도는 일본의 17배이고, 이산화질소(NO_2)의 농도는 일본의 5배이다. 토양 산화, 산림 손실, 사막화, 황사현상 등은 인구 증가, 경지 확대, 석탄 채취, 과도한 방목, 도시-농촌 산림 공생 관계의 파손 등이 원인이 되어 야기되는 문제들이다. 이것의 악순환이 원인이 되어 매년 2,100km²의 땅에서 사막화가 진행되고, 특히 황사현상이 심각한 문제로 지적된다(クラントデサイン 2003: 89). 둘째, 수질오염이 심각하다. 중국은 강수량이 적은 데다 수자원이 편재해 있다. 특히 화베이(華北) 등 동북부는 수자원 부족 현상이 심각한 데다 도시화와 중공업화로 인한 수질오염이 심각하다. 황허(黃河)강이 바다에 이르기 전 내륙하천이 되므로 오염이 심한 것이며, 해양오염도 증가하고 있다. 셋째, 생물 다양성의 감소 현상이다. 산림 채벌과 습지 개발로 인하여 생식지가 소멸된 조류가 증가하고, 이에 따라 아시아에 서식하는 생물 2,700종 중 12%인 323종이 멸종 위기에 처해 있다. 참고로 국가별 멸종 종수를 살펴보면 중국이 78종, 한국이 28종, 일본이 32종, 러시아가 42종이라 한다.

갑작스러운 경제성장과 함께 중국은 에너지 수입국이 되었는데, 2025년에는 세계 제1위의 온실효과 가스 배출국이 될 것이라 한다. 환경 문제에 있어서는 중국이 중심이고, 한국과 일본이 영향을 받는 한

편 이제 세계적인 공동 문제로 대두되고 있다(クラントデザイン 2003: 90).

환경 문제에 대처하는 방안은 첫째, 문제의식을 모든 나라의 주민이 공유하는 것이다. 말하자면 지구가 하나의 지역이라는 운명 공동체 의식을 가져야 한다. 둘째, 환경 문제에 국경이 없고 인접 국가에 파급되는 것도 막을 수 없다. 따라서 조사, 정보 교환, 보건 대책 등에 대하여 인접 국가 간의 유대 협력 강화가 필요하다. 셋째, 재자원의 집결이 중요하다. 공해 방지에 대한 경험 · 지식 · 기술 등을 공유하고, 자금 등에 관한 유효한 조직화가 필수적이다. 넷째, 한국과 일본이 선도적 역할을 해야 한다. 환경 기술, 경제 활동, 이를테면 생산부터 소비에 이르는 동맥 산업과 소비 후 재활용 등의 정맥 산업을 연계하고 상호 순환할 수 있도록 하여 환경 부담이 적은 경제 사회를 만들어 나아가야 할 것이다(クラントデザイン 2003: 94).

환경 문제와 관련하여 국제적인 대처 차원의 첫 모임은 1992년 북한을 제외한 5개국의 환경 전문가가 만든 '환동해 환경협력회의'이다. 이 모임을 통하여 5개국은 환경오염에 대한 정보를 교환하고 이에 대한 정책대회를 추진해 왔다. 1993년에는 한국, 중국, 일본, 몽골, 북한, 러시아 등 6개국이 동북아시아 지역의 환경협력을 위한 고급 사무 차원의 회의를 개최하였으며, 매년 개최하기로 하였다(クラントデザイン 2003: 135).

교토의정서

1997년 12월 일본 교토(京都)에서 국제회의가 소집되어 「교토의정서」가 채택되었다. 이것은 UN의 「기후변동에 관한 협약」 체결국 회의였으며, 회원국은 교토 회의에서 3가지 안건에 합의하였다. 그 내용은 공동실천(Joint Implementation, JI), 개발 매커니즘(Cline Development

Mechanism, CDM), 배출량 취급(Emission Trading, ET) 등이다. 국가가 알아서 이에 대한 기준을 정하여 준수하도록 하는 것이다. 구체적인 내용은 가스 발전 사업, 수력 발전 사업, 풍력, 조력 그리고 쓰레기 소각 이용 등을 구체화하는 것이다(クラントデザイン 2003: 133).

환경협력 프로그램

한국, 중국, 일본의 환경장관 회의가 1999년 1월에 개최되었다. '환경 공동체'라고 하는 이 프로그램은 서로 정보를 교환하고 보다 적극적으로 환경 문제를 공동으로 다루기 위하여 개최되었다. 후에 이것은 몽골, 북한, 극동 러시아 등의 찬동 아래 '동북아시아 환경개발회의'로 발전한다. 이것은 일본이 '유엔환경개발회의'(United Nations Conference on Environment and Development, UNCED) 특별총회에서 표명한 것을 실천하는 것으로, 선진국과 개발도상국이 공동 대처를 위한 자조 노력과 연대를 실천하고 개발과 환경 보존을 위한 지속가능한 개발을 추진하여 국가 간의 안전을 보장하는 것이다. 여기에는 '3R원칙'이 있다. 그것은 1) 폐기물을 적게 하는 배출 억제(Reduce), 2) 쓰다 남은 제품이나 부품의 재활용(Reuse) 그리고 3) 폐기물을 재생자원으로 사용하는 재순환(Recycle)을 말한다. 2000년에 열린 제6회 회의에서는 '동북아시아 환경협력구상'을 채택하고, 산하에 '동북아시아 지역 환경협력프로그램'(NEASPEC)을 설치하였다(クラントデザイン 2003: 124).

환경에 관한 것으로는 교토의정서에 따르는 조치 및 실천 조직 이외에도 한 · 중 · 일 등 아시아 10개국이 참가하는 '동아시아 산성비 모니터링 네트워크'(EANET), 한 · 중 · 일 · 러가 참가하는 해양 모니터링인 '서북태평양 지역 해양행동계획'(NEQPAP), 한 · 중 · 일이 협력하는 '대기오염물질 장거리 이동에 대한 한 · 중 · 일 공동 연구 프로젝

트'(LTP), 철새 보호를 위한 '아시아 · 태평양 지역 철새성 수조 보전전략', 기후변화와 생태계 영향을 연구하는 '아시아 · 태평양 지구변동 연구 네트워크'(APN), 온실효과와 가스 삭감 정책을 위한 '아시아 · 태평양 지역 종합 모델'(AIM) 그리고 한 · 중 · 일 3개국만으로 이루어진 '합동 환경연구 프로젝트', '3개국 환경교육 네트워크'(TEEN) 등이 있다(クラントデザイン 2003: 126).

이러한 협력기구 이외에도 1992년 개최되어 한 · 중 · 일 · 러 · 몽 5개국이 참가한 '동북아 환경협력회의'(Northeast Asian Conference on Environment Cooperation, NEACEC), 1993년 5개국+북한의 6개국이 참가한 '동북아 환경협력고위급회의'(Meeting of Senior Officials on Environmental Corporation in Northeast Asia), 1994년 열린 '한 · 중 · 일 · 러의 북서태평양 보전실천계획'(Northwest Pacific Action Plan, NOWPAP), 1999년 열린 '한 · 중 · 일 3국 환경장관회의'(Tripartite Environmental Ministers Meeting among China, Japan and Korea, TEMM), 2005년 열린 한 · 중 · 일과 미국, 오스트레일리아, 인도 등 6개국의 파트너십(Asia-Pacific Partnership on Clean Development and Climate) 등이 있다(김재한 2005: 198).

산업화가 진행되면서 오염 문제는 더욱 심각해지고 대기오염, 수질오염 등은 기후 조건처럼 한 나라가 혼자 해결할 수 있는 문제가 아니다. 이웃한 나라 간의 협력이 절실하게 되어 오염 문제는 지역협력체의 주된 사안이며, 안보의 중요한 항목이 되었다. 이것에 더하여 마약 문제, 테러 문제 등에 이웃 나라들이 협력해야 한다. 이렇듯 새로이 부상하는 지역안보 문제는 오히려 고전적인 국방 문제보다 더 심각한 것이 될 수 있다. 즉 지역안보 문제의 내용이 바뀌어 가고 있으며 확대되고 있는 것이다.

6. 동북아시아의 안보 문제

동북아시아 3국은 고전적인 안보 문제를 포함하여 최근 전개되는 환경 문제, 기후 문제 등을 포함한 넓은 의미의 안보 등을 위하여 동남아시아뿐만 아니라 동북아시아에 해당하는 러시아, 몽골 등은 물론 멀리 중앙아시아 북태평양 지역까지 범위를 확대하며 많은 조약과 협정을 맺으며 중복적인 네트워킹을 하고 있다. 그만큼 안보라는 개념이 확대되었고 안보를 위한 장치가 많이 마련된 것이다. 그러나 고전적 의미의 안보 문제는 냉전 시대를 크게 벗어나지 못하고 있으며, 더욱이 군사동맹을 통한 안전보장은 오히려 시간이 갈수록 복잡한 양상을 보이고 있다. 이에 관한 동북아시아 3국의 실상을 살펴보기로 한다.

한국의 위험

동북아시아의 안전보장 사안에서 가장 핵심이 되는 지역이 한반도이다. 한국은 중국, 러시아와 수교를 한 후 백방으로 안전보장 장치를 구축해 가고 있으나 북한은 구태의연하게 무력 통일을 내세우고 있다. 따라서 남북한의 휴전협정을 평화협정으로 바꾸는 초보적인 작업도 이루지 못하는 실정이다.

북한은 오늘까지도 적화통일이라는 한국전쟁 당시의 기본 정책을 포기하지 않고 있으며, 우방국인 소련이 와해되고 우방국인 중국의 변화에도 아랑곳하지 않고 오로지 적화통일의 야욕을 고수하며, 국민이 도탄에 빠져 아사 직전에 이르렀음에도 오로지 군비 확장에 전념하고 있다. 나아가 핵무기를 보유하게 되어 이제는 한국만이 아니라 자유세계를 위협하는 위험한 나라가 되었다. 특히 최근 북한이 핵을 개발하고 미사일 발사 실험을 하는 등 한반도에 상존하는 전쟁 위협이 고조되고 있어 한국은 동북아시아 안보에 대한 관심과 기대는 어느 나라보다 강하다.

김대중 대통령이 아세안+3에서 보다 적극적으로 동아시아의 협력을 강조한 것도 이러한 한국 사정을 잘 보여 준 것이다. 노무현 대통령이 초기부터 동북아시아 안보 공동체의 중심 국가는 반드시 한국이어야 한다는 주장을 하고, 대통령 자문기관으로 '동북아시대위원회'를 설치한 것도 이런 차원에서 해석해야 할 것이다. 노무현 대통령은 한 발 더 나아가 한국이 동북아시아의 허브 국가 역할을 해야 한다고 강조하였다.

한국이 이러한 발상을 하게 된 것은 한반도의 평화적 통일이라는 목표와 중국과 일본의 역학 관계에서의 중립적 역할을 동시에 고려했기 때문이다. 한국인들은 한반도에서 위험한 상황이 발생하게 되면 중국과 일본이 즉각 개입하게 되어 다시 한반도에서 청일전쟁이 야기될 것이라는 시각을 갖고 있다. 2년 전 한반도에 주둔하고 있던 미군이 동두천에서 평택으로 이동, 배치될 것이라는 발표가 나오자 중국과 일본에서 군 배치를 달리했던 것을 한국인들은 잘 기억하고 있다. 따라서 한반도 자체의 문제만이 아니라 현재 한반도를 둘러싼 두 나라인 중국과 일본을 조정하는 하부 국가로서의 한국이 필요한 것이다.

일본위협론

제2차 세계대전 후의 한국전 특수로 재기한 일본은 시간이 갈수록 동북아시아만이 아니라 세계정세에 발언권을 강화해 가고 있다. 일본의 안전보장은 태평양을 사이에 둔 미국과의 동맹관계를 유지, 발전하는 차원에서 1차적인 공동체를 형성하는 것이다. 말하자면 일본의 가장 중요한 안정보장은 미 · 일 동맹이다. 그리고 일본은 이것을 기반으로 하여 동아시아에서 정치적, 군사적으로 중국을 압도하기 위하여 노력을 거듭하고 있다.

오래된 이야기지만 1969년대 발표한 '나카소네형 아시아 · 태평양 분할론'이 있다. 이것은 나카소네 수상이 주관하는 연구회에서 일본 외교정책의 하나로「일 · 중 양국 간의 부전의 서(不戰의 誓)」를 공지한 것이다. 이를테면 중국이 아시아 대륙을 지배하고 일본은 아시아 도서부와 태평양을 지배하자는 일종의 밀약이라 할 수 있다(武者小路公秀 2003: 23).

일본은 1990년 국제 공헌의 명목으로 정치적 · 군사적 역할을 경제력에 걸맞게 증대한다는 의미에서 평화헌법 9조를 폐기하고「자위대 평화유지군(PKO) 협력법」을 제정하였다. 여기에는 국제사회에서 경제 강국에 걸맞은 역할을 수행하겠다는 구실을 내세워 '종합 국력'에서 미국 그리고 중국과 맞서는 자기 몫을 차지하겠다는 의도가 있다. 일본은 현재 세계 제2위의 군사대국이고 아시아 지역에서는 미국 배치 병력의 1.5배의 병력 규모를 가진 나라이다.

1996년 일본은 미국과 '미 · 일 안보공동선언'을 체결한다. 이는 일본 주변에서 무력사태가 발생할 경우 자위대가 미군을 후방 지원한다는 내용의 주변사태법이다. 이어 1997년에는 신가이드라인, 1999년에는 주변사태법, 2001년에는 테러대책특조법을 제정한다. 2001년 미국에서 9 · 11 사태가 발생하자 일본은 2002년 유사법제 3법안을 통과시킨다.「무력공격 사태 대처법안」과 「안전보장회의설치법 개정안」 그리고 「자위대법 개정안」이 그것이다. 전시체제법이라고 하는 유사법제의 핵심인「무력공격 사태 대처법안」은 집단적 자위군 행사를 위하여 헌법까지 개정할 수 있는 법안이다. 이것은 미국이 2001년 10월 작성한 미군 지원 체제 요구인 「아미타지 보고서」를 뒷받침하는 것으로 이제 일본은 인도양과 이라크까지 자위대를 파견할 수 있게 되었다.

그러나 이러한 군국주의화보다 더 위험한 것은 일본이 과거를 반성하지 않고 피해자에게 사과하지 않는 것이다. 일본이 사과하지 않고, 미안해하지 않으며, 보상하지 않는 것을 '일본의 3불(不) 태도'라 한다. 일본은 과거 중국이나 동남아시아 여러 나라에서 일으킨 대학살 사건이나 군과 기업의 불법행위나 범죄행위를 모두 방치하거나 무언으로 일관하고 있다. 이를테면 1932년의 핑딩산(平頂山) 학살 사건, 1937년의 난징(南京)학살사건, 1942년의 싱가포르 화교 학살 사건, 1942년의 필리핀 바탄(Bataan) 반도에서 있었던 죽음의 행진 사건, 1943년 타이멘(泰緬) 철도 건설 노동자 학살 대사(待死) 사건, 1944년 하나오카(花岡) 사건 등이다. 이에 대한 배상 문제 해결이 없다면 아시아의 전후 문제는 끝난 것이 아니다(武者小路公秀 1997: 99).

한국과 중국은 일본 총리의 야스쿠니 신사 참배를 몹시 못마땅하게 생각한다. 야스쿠니 신사가 일본 국수주의자를 신봉하는 곳이기 때문이다. 1869년 건립된 이 신사는 메이지유신의 봉신자를 봉안하고, 특히 소화(昭和)년 간의 대외 침략전쟁에서 사망한 군인을 봉안하고, 태평양전쟁 A급 전범 도조 히데키(東條英機)를 '소화의 순국자'로 봉안하고 있기 때문이다. 일본의 역대 수상들은 개인의 자격 또는 수상의 자격으로 참배를 강행하고 있는 것이다(武者小路公秀 1997: 111). 무엇보다 일본이 위험시되는 중요한 요소는 태평양전쟁을 미화하고 찬양하는 것이다. 평론가 하야시 후사오(林房雄)는 『대동아전쟁 긍정론』과 『속대동아전쟁 긍정론』을 펴내면서 대동아전쟁을 영국과 미국의 식민지주의에 반대한 '동북아 해방전쟁'이라고 주장한다(武者小路公秀 1997: 104).

A급 전범인 마쓰이 이와네(松井石根)의 수행원이라는 다나카 마사아키(田中正明)는 1983년 『제군』(諸君)이라는 잡지 9월호에 기고한 「난징대학살의 허구」라는 글에서 난징대학살이 허구라고 주장하였다. 당시 자민당 중의원 의원인 이시하라 신타로(石原慎太郎)는 「노라고 말하는 일본」이라는 글에서 난징대학살은 중국인이 위조한 것이라고 하였다. 이를 통하여 일본의 우익 세력이 중국에 대한 침략전쟁이나 태평양전쟁의 발생에 대한 중대한 문제를 변명하거나 감추려고 노력하고 있음을 유추할 수 있다(武者小路公秀 1997: 105).

더구나 일본은 전후 처리를 미지근하게 하고 있고, 나아가 1990년 이후 장기적 경제 침체의 상황에서 '보통국가', '강한 일본 건설'을 외치며 우경화하고 있다. 그것도 자기표현을 야금야금하는 식으로 하고 있는데 이것을 '모자이크 작업'이라 한다. 그러나 일본은 이로 인하여 우방으로부터 신임을 얻지 못하고, 오히려 일본을 위험시하고 있다. 일본의 가장 기본적인 문제는 아시아 여러 나라에 군림하는 자세인데 그 배후에는 천황제 국가라는 체제가 있다. 말하자면 일본은 천황을 중심으로 근대화를 추진한 국가이고, 아직 국민국가가 아니라 천황의 나라 '신의 나라'(神國)라는 개념을 버리지 못하고 있다. 이것이 이웃나라와 공존할 수 없는 장애의 하나이다.

이와 같이 최근 일본이 미국을 배경으로 보이는 모습과 태도를 '일본위협론'이라 한다. 일본이 바라보는 동북아시아 공동체는 협력이나 공동 번영을 위한 것이 아니라 제2차 세계대전 이전으로 돌아가 일본이 동북아시아를 지배하고 더 나아가 동남아시아 그리고 태평양 전역을 영향권에 넣으려 하는 의도의 일환으로 보인다.

중국위협론

중국은 1978년 12월 개최된 중공 중앙 제11기 3중 전회에서 개혁개방 정책을 시작한다. 이로써 중국은 '사회주의 시장경제'를 실시하여 경제 발전을 도모하기 시작하였고, 주변국은 인구 대국이 경제 대국으로 전환하는 위력과 속도에 경각심을 가질 정도로 성장하였다. 중국은 다시 경제 대국에서 군사 대국으로 전환하려 하고 있다. 이를 '중국위협론'이라 한다.

이웃 나라들이 중국에 대하여 위협을 느끼는 것 중의 하나는 중국 판도(版圖) 내 소수민족을 대하는 태도이다. 중국은 영내 소수민족의 자치를 허용하지 않는다. 중국은 신장웨이우얼(新疆維吳爾) 자치구에서 티베트와 타이완까지 포함하는 청나라의 판도를 계승하여 유지하는 나라이다. 청나라의 판도 기준에서 볼 때 중국은 구미 제국과 일본 등에 침략을 당하였고, 반제국주의 전쟁에서 승리한 공산당 정권이 정당성을 갖는 것이기에 자국 내 소수민족의 독립을 반대하는 것이다(青山保 外 7人 2002: 12).

동북아시아의 안보 문제에 대하여 중국은 한국과 의견을 같이할 수 없다. 중국은 사방이 국경인 나라이며 한반도와 일본을 포함한 중국의 동부는 중국 전체 영토의 4분의 1에 불과하다. 즉 중국은 북방, 서방, 동방, 남방으로 나뉜 34개 국경 지역에서 다자간의 외교를 전개하고 있는 것이다. 그리고 사면이 미국에 포위된 형세이기도 하다. 최근 미국은 몽골과 가까워졌고, 중국에 대한 포위를 사방에서 더욱 강화하고 있다. 중요한 영역의 하나가 중국의 서방 지역이다. 중국은 러시아, 카자흐스탄, 키르기스스탄, 타자흐스탄과 더불어 1996년 '상하이협정'을 체결한다. 이것은 민족과 국경분쟁을 공동으로 예방하고 관리하려는 목적 아래 결성된 것이지만, 이면에는 이 지역에 대한 미국의 패권 침투를 저지하려는 것이다.

다음 해인 1997년 모스크바에서 개최된 중 · 러 정상회의에서 중국은 러시아와 병력상호삭감협정을 맺는다. 러시아와의 군축을 통하여 우호를 다지는 한편 옛 소련과 맺었던 동맹 같은 협력 관계를 확인하는 것이기도 하다. 이를 통하여 중국 북방에 있는 참가국 5개국은 국경 지대 100km^2 이내의 병력을 부분적으로 철퇴하며 주둔 병력을 2만 5,000명까지 삭감할 것, 4만 명 이상 규모의 군사훈련을 금지할 것 등에 합의하였다.

중국은 다시 러시아와의 '오십 대 오십 원칙'의 방법에 따라 국경 문제를 해결하였다. 말하자면 아무르(Amur)강의 우수리스크[중국명 헤이샤쯔(黑瞎子島)]섬과 아무르강 지류인 아르군(Argun)강의 타라바로프[중국명 인룽(銀龍)]섬을 중국에 넘김으로써 국경 분쟁을 끝낸다.

2001년 우즈베키스탄이 상하이협정에 참가하여 이것은 '상하이협력기구'(SCO)로 발전한다. 상하이협력기구는 중국 서부에 위치한 5개국 이외에 몽골, 인도, 파키스탄이 회원국으로 참가하고 이란이 옵서버로 참가한다. 상하이협력기구는 집단적인 안보 체제 이외에 월경 범죄, 마약 단속 등에 합의하고 더 나아가 자원 에너지 협력을 강구하는 기구로 변하여 간다(進藤英一 2007: 154).

중국의 동방 정책이란 북한을 둘러싼 6자회담을 말한다. 중국은 2003년 8월부터 6자회담을 주관하여 북한 문제 논의에서 주도권을 행사하고 있다. 즉 중국의 동부 지역 문제에서 중국이 중점을 두는 것은 북한을 보호하는 것이다. 중국의 남방 정책은 '신안전관'에 입각하여 실시된다. 중국은 신안전관에 입각하여 1999년 베트남과의 국경선과 통킹만(Gulf of Tonking)에서의 영해선을 확정하여 응분의 양보를 보이고 이를 확정하는 협정을 체결한다. 중국은 이에 앞서 '아시아 ·

태평양 안전협력회의'(Council for Security Cooperation in the Asia Pacific, CSCAP)에 참가하여 다국간 협력 외교에 동참하고 아세안의 아시아전략국제문제연구소(ISIS)가 주도하는 광역 안전 대화기구에도 참가하여 활동을 전개한다.

한편 중국은 2001년 아세안과 자유무역협정에 서명하고, 2002년에는 '남중국해(南中國海) 행동선언'에 서명하여 같은 지역 내 분쟁의 평화적 해결과 무력 불사용 등에 동참한다. 그리고 2003년 10월에는 중국과 인도 간 '동남아시아 우호협력조약'(The Treaty of Amity and Cooperation in Southeast Asia, TAC)에 서명하고 아세안과는 전략적 동반자 관계를 갖는 '공동선언'을 주도한다. 이것은 비동맹, 비군사, 비배타성을 강조하는 것이다(進藤英一 2007: 156).

특히 후진타오는 화해사회(和諧社會) 운동과 공자학당(孔子學堂) 건설을 통한 문화 정책을 시행하였는데, 이것을 패권 외교가 아니라 왕도 외교라 하였다. 중국은 2003년 50여만 명이 시위를 벌인 홍콩 민주화 시위가 있었던 홍콩과 마카오에 우주인인 양리웨이(楊利偉)를 보내 중국의 위력을 과시하고, 우주선 신주(神舟) 5호 발사에 성공한 후 홍콩의 명동이라는 코즈웨이 베이(Causeway Bay) 타임스퀘어에서 대환영대회를 가졌다. 중국은 중화문화의 자존심을 되살려 중국 중심의 판시니카(Pan Sinica, 범중국)의 세계정신을 부활하려 하였다.

한편 장쩌민(江澤民) 시대에는 사회주의 이데올로기에 저항하는 것을 애국주의 이데올로기를 강조한 애국주의 교육요강을 작성하여 국민을 고무시켰다. 전후 50주년을 맞아 '항일전쟁 캠페인'을 전개하면서 애국주의를 강조하였으며, 무엇보다 공산주의 이념과 모순되는 자본주의 경제를 도입하여 10%의 부유층을 유지하는 모순과 불만을 애국주의로 무마하려는 사회적 문제를 안고 있다. 이것을 무마하는 방법의 하나로 대국주의를 강조하는 것이다. 이렇듯 중국은 중화라는 민족문화의 아이덴티티에 의한 민족주의와 중화인민공화국이라는 국가 민족주의를 강화하여 나아가고 있다. 그러한 중화주의 부흥이 경제성장과 더불어 더욱 가열되는 상황에서 중국은 미국과 더불어 G2로서의 임무를 수행하고 있다. 그러나 동남아시아에서 중국 힘의 성장은 이웃한 나라인 한국과 일본에 위협이 되고 있다.

이와 같이 타협을 불허하는 중국과 일본위협론을 가장 통렬하게 의식하는 나라는 한국이다. 왜냐하면 동북아시아를 영향권에 넣으려는 중화주의를 내세운 중국과 동북아시아에서 강국의 기능을 수행하려는 일본 모두 그 뜻을 이루기 위해서는 한국을 자기 영향권에 넣어야 하기 때문이다. 따라서 한국을 자국의 영향권에 넣으려는 중국과 일본은 통일된 한국을 원하지 않으며, 통일되더라도 통일된 한국이 자기들의 영향권에 있어야 한다고 생각한다. 도쿄대학 강상중 교수의 한반도 영세중립국론은 이러한 조건과 환경을 고려해 나온 것이다.

7. 3국 도서 영유권 문제

동북아시아 3국이 안보를 위시하여 협력을 논할 때 문제가 되는 것이 도서(島嶼) 문제이다. 말하자면 일본과 러시아 간 북방 4개 섬 귀속문제, 한국과 일본의 독도 영유권 문제 그리고 중국과 일본 사이의 조어(釣魚島)도(일본명 센카쿠 열도, 중국명 댜오위다오) 귀속 문제가 그것이다. 이를 둘러싼 각국의 감정 대립이 심화되고 있다.

일본 북방 4개 섬 문제

일본과 러시아는 1875년 조약을 맺어 쿠릴(Kuril) 열도는 일본에, 사할린(Sakhalin)은 러시아에 귀속하기로 하였다. 그 후 러일전쟁에서 일본이 승리하자 일본은 전리품으로 사할린 열도 중간을 경계선으로 하여 남부 사할린은 일본에 양도하고, 쿠릴 열도 하보마이(齒舞) 제도는 일본령으로 확인하였다. 제2차 세계대전이 끝나고 일본은 사할린 남부 전부를 러시아에 돌려 주고, 쿠릴 열도에 대한 권리를 포기하였으나 1951년 '샌프란시스코 강화회의'에서 하보마이와 시코탄(色丹)섬을 러시아에 양보할 수 없다고 하였다. 이에 러시아는 강화조약에 서명하기를 거부한다. 이것이 분쟁의 근원이 된 것이다.

1955년 이후 계속된 일본과 러시아의 교섭에서 일본이 강화조약에서 주장한 지시마(千島) 열도의 에토로후(擇促)섬과 구나시리(國後)섬은 해당되지 않는다고 하여 일본과 러시아 간 반환 섬 문제는 4개로 확정 지어진다. 러시아의 고르바초프가 일본을 방문했을 때에는 두 섬의 반환을 약속한 1956년의 「일 · 소 공동선언」을 재확인하는 것조차 불가능하였다. 그 후 옐친 대통령도 1993년 일본을 방문하여 「도쿄선언」을 하였으나 4개 섬에 관한 것은 해결을 보지 못한 채 퇴진하였다. 뒤를 이은 푸틴 대통령이 일본의 모리 요시로(森吉朗) 수상과 만나 이룩한 공동성명에서 2개 섬을 러시아가 반환하기로 약속하였으나 일본측 교섭 추진자였던 외상 도고 가즈히코(東鄉和彥)의 실각으로 무산되고 말았다. 여러 번 시도에도 불구하고 아직 하나도 해결되지 못한 채 시간이 경과되고 있다(和田春樹 2004: 100).

한 · 일 독도 문제

한국과 일본 간 문제가 독도 문제이다. 일본에서는 독도를 다케시마(竹島)라 하고 일본령이라 주장한다. 독도는 일본 오키(隱岐)섬에서 157.5km 떨어져 있고, 한국 울릉도에서는 87.4km 떨어진 바위섬이다. 독도는 본래 무인도이지만 부근의 어장이 유명하여 일본이 17세기 한국에 교섭하려 했으나 거절을 당한다. 그 후 일본은 러일전쟁 시 일본의 내각회의에서 일방적으로 독도를 본국 소속이라 하였으며, 이것을 시마네(島根)현이라는 자기 나라의 현에 속하는 것으로 표시하였다.

한국은 당연히 자기의 영토로 생각하여 1952년 영해를 발표한 이승만 라인에도 독도를 포함하였다. 1954년 2월 일본 정부는 다시 다케시마가 일본에 속하다고 주장하였으나 한국 측에서는 이를 일축하였다. 한국은 자기 영토인 독도에 무인등대를 건립하고 무전시설을 설치하였으며, 1997년에는 500톤급 선박이 정박할 수 있는 접안시설을 설치하였다(和田春樹 2004: 101).

2004년 한국에서 독도 우표를 발행하자 일본 외상이 우표 발행 중지를 요청하였다. 이에 관하여 양국 네티즌들은 서로 혈전을 계속하여 중요 사이트를 집중적으로 공략하였다. 이로 인하여 서버 마비 상태에까지 이르니 이것을 '사이버 임진왜란'이라 하기도 한다(OK Times 2004(1): 55).

중 · 일 조어도 문제

일본의 규슈(九州)섬과 중국의 푸젠성(福建省) 사이에 일본명으로는 센카쿠(尖閣) 열도라 하고, 중국명으로는 댜오위다오(釣魚島)라 부르는 섬이 있다. 1785년 일본인 하야시 시헤이(林子平)가 작성한 『삼국통람도설』(三國通覽圖說)에도 댜오위다오는 중국 영토로 표시되어 있다.

청일전쟁에서 일본이 대만을 양도받고 대만을 식민지로 하면서 1900년에 댜오위다오를 센카쿠 열도(尖閣列島)로 표시하였다. 제2차 세계대전이 끝나고 일본은 대만을 중국에 귀속시켰으나 오키나와(沖縄)를 점령하고 있던 미국은 센카쿠 열도를 사격장으로 이용하였다. 일본이 센카쿠 열도의 영유권을 최초로 주장한 것은 미국이 위임통치하던 1970년 류쿠(琉球) 입법원이 제출한 '센카쿠 열도 영토방위에 관한 요청결의'를 통해서이다. 그러나 중화인민공화국은 1971년 이에 대하여 댜오위다오 제도가 중국의 영토임을 주장한다. 이와 같이 중국과 일본의 대립이 명확하였으나, 1972년 중국과 일본이 합의한 「국교정상화를 위한 중 · 일 공동성명」은 이 사안을 다루지 않고 있다(和田春樹 2004: 103).

동중국해(東中國海)에 위치한 센카쿠 열도 5개 섬 중 일본은 우오쓰리시마(魚釣島, 중국명 댜오위다오), 기타코지마(北小島, 중국명 샤오베이다오) 그리고 미나미코지마(南小島, 중국명 난샤오다오) 3도의 민유지 차입계약을 체결하고 입찰권을 등록하였다. 이에 2003년 1월 외무부 대변인 장치웨(章啓月)가 이곳은 1992년 중국이 영해법에 의하여 중국의 영토로 한 것이기에 일본의 차입은 무효라 하였다.

2004년 3월 센카쿠 열도에 중국인이 상륙하는 사건이 발생하였다. 이에 시비가 생겨 중국의 청년들이 일본대사관 앞에서 일본 국기를 태우는 사건이 발생한 데 이어 2005년 봄 중국에서 대대적인 반일 데모가 발생하였다. 이곳은 무엇보다 심각한 영토 문제를 가진 지역이며, 첨예한 문제로 대립하고 있는 지역이다. 중국과 일본이 각기 소유권을 주장하는 열도의 총면적은 7km^{2}에 지나지 않으나 그 주위 20만 km^{2}의 해저에 석유 자원이 있어 서로 양보하지 않는 것이다(武者小路公秀 1997: 115).

일본은 3개 지역에서 도서 소유권을 두고 러시아, 한국 그리고 중국과 치열한 경쟁을 벌이고 있다. 이들 도서 문제에 경제적 이권이 걸려 있기에 서로 양보하지 않고 있으나, 일본이 한국의 독도와 중국의 댜오위다오에 대한 소유를 주장하는 것은 무리가 있는 억지이다. 이러한 억지 주장이 3국의 화해와 협력으로 가는 길을 가로막는 장애 요인이 되고 있다. 특히 국민감정을 촉발하는 위험한 사안이 되고 있다. 따라서 도서 문제는 한국과 일본, 중국과 일본 사이에서 해결되어야 할 시급한 것이다.

소결

동북아시아 핵심 국가인 한국, 중국, 일본이 정치적으로 공동체를 형성해야 한다는 당위적인 명제 앞에서 정치계를 위시한 학계, 문화계 등에서 공동체 형성의 필요성을 강조하고, 정치인들의 모임에서 그리고 정상회담에서도 동북아시아 공동체의 필요성을 논하고 있다. 그러나 최근까지도 구체적으로 실현되지 못하고 있는 실정이다. 오히려 더욱 악화되는 양상을 띠고 있다.

기후 문제, 환경 문제, 마약이나 테러 문제 등 국제적인 협력이 필요한 사안에서 동북아시아는 범위를 넘어선 광범위한 영역에서 협조를 이루고 있다. 안보 문제에서 동남아시아를 포함하고, 나아가 필요에 따라 더 넓은 태평양 범위까지도 포함하는 안전보장협약이 이루어지고 있다. 그러나 동남아시아의 아세안 국가들이 그동안 안보 공동체 구성에서 동북아시아 국가들을 배제하였다. 말하자면 정치적인 공동체 형성은 동북아시아 자체에서 해결하라는 암시를 주는 것이다. 정치 공동체에 한하여 한국, 중국, 일본을 포함하는 동북아시아가 하나의 공동체를 그것도 스스로 해결해야 한다는 것을 이웃한 지역에서 암시하고 있는 것이다.

동북아시아 안보를 중심으로 한 정치 공동체 형성 노력도 다른 지역 못지않게 각종 집회나 회의를 통하여 거론되고 있다. 정상회담에서도 2008년 마닐라에서 행한 3국 협력에 관한 공동선언이나 2009년 베이징에서 개최된 3국 정상회의에서처럼 동북아시아의 안전보장 문제, 경제협력 문제, 교육협력 문제, 저탄소 녹색성장 문제 등 폭넓고 심도 있는 문제가 제기되었다. 특히 30인회와 같은 모임은 3국의 정상이 모인 정상회담보다 더욱 구체적으로 공동체 형성의 방법과 내용 그리고 절차까지 토의하고 있다. 이를테면 정치권에서는 정치 공동체를 구성할 충분한 토의가 있었고, 구체적인 내용도 검토되었던 것이다.

그러나 동북아시아의 정치 공동체가 이러한 집회들이 요구하는 것처럼 이루어지지 않는 것은 한국, 중국, 일본에 존재하는 각국의 민족주의와 영내 국가 간의 심리적인 거리 때문이다. 일본 식민지 제국주의에 희생된 한국과 일본 침략을 당한 중국은 서구 열강의 제국주의에 희생된 것보다 일본에 대한 더 강한 적개심을 갖게 되었다. 즉 한국과 중국은 일본이라는 이웃한 배반자의 침략이라는 이중적 반항의 대상이 된 것이다.

이러한 일본이 해방 후 전개된 반세기의 역사에서도 침략에 대한 반성이나 사과 없이 다시 동북아시아만 아니라 동남아시아를 포함한 전 동아시아의 패권을 누리려 하고 있다. 이것은 과격한 민족주의의 표출이며 침략주의 근성을 버리지 못한 파렴치한 태도가 아닐 수 없다. 따라서 동북아시아 정치 공동체를 형성해야 하는 당위성에 앞서 먼저 해결되어야 할 문제가 일본의 과거사와 관련한 타민족과 국가에 대한 진실한 반성과 사과이다. 진정한 사과와 전후의 보상 없이는 공동체 형성이 이루어질 수 없다. 일본은 독일을 본받아 전후 처리를 깨끗이 마무리하여야 한다.

일본이 이웃 나라에 대하여 솔직하지 못한 것은 이웃 나라들을 올바로 파악하지 못하기 때문이다. 해방 후 반세기를 지나면서 식민지였던 한국은 물론 중국도 현대 국가 건설과 산업화를 일본보다 늦게 이룩하였기 때문에 아직도 농업사회에서 산업사회로 전환하는 과정에 있고, 전제국가에서 국민국가를 형성하는 사회적 변혁을 추진하는 중에 있다. 말하자면 한국과 중국은 아직 사회개혁, 경제 발전, 근대화와 세계화 등에서 해결해야 할 많은 과제를 안고 있다. 그러나 독립 쟁취와 사회개혁을 통하여 이룩된 국가관이나 경제 발전을 통하여 획득한 자부심이 있으므로 이들의 민족주의에도 일본의 민족주의 못지않은 강한 힘이 들어 있는 것이다. 일본은 이것을 이해하여야 한다.

동북아시아에서 정치적인 공동체를 형성하는 또 하나의 걸림돌은 중국이다. 세계 강대국으로 성장한 중국은 세계 무대에서만이 아니라 동북아시아 지역 내에서도 일본과 사사건건 경쟁과 대립을 일삼는다. 근세사 동안 중국은 일본에 너무 많은 시달림을 당하였다. 중국은 일본과 대립하고 경쟁을 일삼으면서 아시아에서의 패권자가 되기를 원하고 있다. 중국은 인구로 보나 면적으로 보나 패권 국가가 될 자격이 있다고 생각하는 것이다. 여태껏 중국은 주변 국가를 과거의 시각으로 바라보며 봉건시대의 책봉과 조공제도에 입각한 상하 질서를 연상하여 대국의 꿈을 버리지 못하고 있다. 그러나 중국의 상대인 한국과 일본은 물론 동남아시아 여러 나라는 서구 문명을 흡수 소화하여 이미 인류 보편적 가치에 따른 민족 문제와 인권 의식을 갖고 있다. 말하자면 중국은 민주화한 이웃 나라의 눈높이에 맞추어 공동체 형성에 동참해야 하는 것이다.

동북아시아의 정치 공동체 형성의 주체가 될 중국과 일본은 양보 없는 경쟁과 대립을 일삼고 있다. 일본은 일본대로 안보 정책의 책임자 역할을 하고자 하고, 중국은 중국대로 패권을 향유하려고 한다. 동북아시아에는 이들을 중개할 제3자가 필요하다. 그래서 동북아 지역의 공동체 형성에서 한국의 역할은 그 무엇보다 중요하다. 영내에 한정했을 때의 양분된 세계 질서인 과거와 크게 달라진 것이 없다. 오히려 일본과 중국의 대립은 미국과 소련의 대립 못지않게 한반도에 큰 영향을 주는 형국이다. 한국이 러시아 그리고 중국과 수교를 하고 경제면에서도 서로 상당한 접근을 보이고, 정치적으로도 협력을 강화하여 우방인 것으로 보이지만 남북한 대립에 있어서만큼은 러시아와 중국은 역시 북한 편에 선다. 경제적인 이익은 다른 문제이다. 정치적인 문제에서 북한의 조건이나 상황이 어떻든 중국과 러시아는 북한 편에 서는 것이다. 따라서 오늘날 볼 수 있는 한반도에서 4강의 대립은 이데올로기의 대립이 아니라 국익의 대립인 것이다. 국제 정치에서 모든 나라는 자기네 이익을 최대한 추구하고 있음을 잘 보여 주는 것이 한반도 문제이다.

따라서 한국의 중개자 역할은 남북이 통일된 이후에나 충실히 수행할 수 있는 문제이다. 남북통일 문제를 비롯하여 동북아시아 공동체 결성을 가장 바라는 나라가 한국일 것이다. 한국은 근세사에서 가장 처참한 식민지 생활을 경험하였고, 냉전 체제의 희생자 중에서도 가장 심한 희생을 강요당했기에 동북아시아의 안보 공동체를 누구보다 원하고 있다. 따라서 한국은 국책으로까지 동북아시대위원회를 구상하였고, 정상회의나 정치적 간담회에도 여느 나라 못지않게 적극적으로 참여하고 있다. 특히 강하게 무장하여 호시탐탐 남침할 기회를 노리는 호전적인 성격의 같은 민족이 한반도의 반쪽을 점령하고 있기 때문에 한국 자체의 생존을 위해서도 공동체 형성을 간절히 희망하고 있다.

동북아시아 3국이 중심이 되어 정치 공동체를 이룩해야 하는 것이 지상명령이라면 일본의 진실한 반성과 사과가 선행되어야 하고, 중국이 더욱 자중해야 한다. 이러한 토대 위에서 3국의 정상회의를 계속 개최하되 일정한 목표를 세우고 단계를 설정하여 회의를 추진해야 한다. 정상회의를 포함한 정부 기구는 30인회와 같은 비정부 회의 기구를 빠짐없이 포용하는 의미에서 정부와 비정부 기구를 망라하는 새로운 기구를 구성해야 한다. 이 새로운 기구는 동북아시아 공동체를 위한 기구를 말한다. 새로운 기구에서 개진되는 모든 의견을 수렴하여 동북아 공동체 구성의 자료로 삼아야 한다.

동북아시아 공동체를 구성하는 데 가장 중요한 작업은 동북아시아 공동체를 위한 새로운 민족주의를 창출하는 것이다. 근세사에서 한국, 중국, 일본은 각기 어려운 환경과 조건에서 민족주의를 자기 생명과 같이 지켜 왔다. 그리고 중국이나 한국은 근대국가를 완성하는 단계에 있으므로 아직 국가를 향한 민족주의가 필요하다. 그러나 한국과 중국, 일본은 이러한 민족주의를 한 차원 높여 동북아 공동체를 향한 민족주의로 승화시키려는 노력이 필요하다. 이러한 노력에 한국, 중국, 일본의 모든 지식인이 동원되고 모든 정치인이 합심해야 할 것이다.

동북아시아를 논할 때 고려할 국가가 냉전 시대 세계를 양분했던 미국과 러시아이다. 소련의 체제는 붕괴되었으나 공산 진영에서 차지하는 비중을 따지면 러시아는 역시 초강대국의 지위를 유지하고 있다. 공산 진영에서 변한 것이 있다면 그것은 중국이 초강대국으로 부상한 것이다. 자유 진영에서 미국에 준하는 초강대국으로 부상한 곳은 일본이다. 말하자면 미국과 소련이 양분하던 판도는 그대로 있으면서 공산 진영에서는 중국이, 자유 진영에서는 일본이 강대국으로 부상하여 세계적인 영향력을 발휘하고 있다. 동북아시아의 한국 입장에서 말하면 양 진영이 그대로 존재하여 분단된 한국에 영향을 주고 있으며, 오히려 과거 2국 간섭이었던 것이 현재는 4국 간섭으로 되었다. 따라서 안보와 관련하여 문제 삼아야 할 나라가 2배로 증가한 셈이 된다.

한국, 중국, 일본의 동북아시아 3국이 서로 손쉽게 자극하는 것이 도서 문제이다. 특히 중국과 일본의 댜오위다오(釣魚島)를 둘러싼 문제는 심각하다. 2010년에도 중국의 어선이 일본의 경비정과 충돌하는 사건이 발생하였고, 이에 격분한 중국인이 일본에 크게 저항하였다. 그리고 일본이 양보하는 것으로 수습이 되었다. 3국의 도서 문제는 역시 일본이 문제를 야기하고 이것을 정치적으로 이용하려 하는 데 있다. 그러나 도서 문제는 일본과 한국 그리고 중국이 냉정하게, 역사적으로 잘 고찰하면 풀지 못할 것이 아니다.

동북아시아의 집단 안전보장을 위하여 무엇보다 선행되어야 하는 것이 안보를 중심으로 한 정치 공동체 형성이다. 한반도 문제를 해결하기 위해서도 그리고 중국과 일본의 패권 경쟁을 완화하기 위해서도 정치 공동체는 필수적이다. 정치적인 사안이 복잡하여 공동체 형성의 길이 순탄하지 않다면 더욱 손쉬운 측면에서 접근할 수 있는 경제 공동체 형성을 서둘러야 할 것이다.

제2장

동북아 공동체와 경제

1. 경제적 조건

영내 국가들

하나의 지역 공동체를 논할 때 가장 손쉽게 접근하여 논의할 수 있는 영역이 경제 영역이다. 경제는 실리를 추구하는 현실적인 면이 강하기 때문에 합리적이고 미래지향적이다. 그러므로 지역 공동체를 논할 때 경제부터 시작하는 것이다. 미국의 NAFTA가 그러하듯 유럽의 EU도 경제를 기반으로 시작하였다.

한국, 중국, 일본을 포함하는 동북아시아는 방대한 영역을 포함하면서도 지리적 인접성과 문화적 공통성 등으로 경제 공동체를 형성하는 데 유리한 조건을 갖추고 있다. 동북아시아 국가들 사이에 비록 경제 수준의 차이가 있음에도 유사한 경제 체제를 갖고 있으며, 유사한 방향으로 나아가고 있어 상호 경쟁하면서도 협력을 도모하고 있다. 한국, 중국, 일본의 경제 규모를 합하면 7조 달러 규모로서 이는 세계 경제의 25%를 차지하는 것이며, EU나 NAFTA보다 약간 작은 편이다. 그러나 수출 규모가 1조 달러이고, 인구가 14억 명이기 때문에 동북아시아는 경제적으로 무한한 잠재력을 갖고 있다.

경제적 협력체 또는 공동체 논의에서 문제되는 것은 영내 국가 간의 경제력 격차이다. 일본과 같은 고도 성숙 경제 국가가 있고, 한국과 같은 후발 경제 강국이 있으며, 그 뒤를 이어 추격하는 중국이 있기 때문이다. 국민소득의 예를 보아도 2000년을 기준으로 하면 일본은 3만 달러이고, 한국은 2만 달러, 중국은 3,000달러가 된다. 인구로 말하자면 세계 최대인 12억 6,000명의 중국, 1억 2,000명의 일본 그리고 한국이 4,800명이다. 기술과 자본 영역을 보아도 막강한 일본과 그에 준하는 한국, 그 뒤를 따르는 중국이 있다. 이러한 경제적인 격차와 각국의 발전 수준 등이 경제 공동체 형성의 장애 요인이 되기도 한다. 말하자면 영내 국가들이 하나의 자유 무역권을 형성하게 되면 자국에 손해가 되면 되었지 득이 되지 않을 것이라는 생각, 더 나아가 손해를 볼 것이라는 불안감으로 인한 중국위협론 또는 일본위협론이 대두되고 있다. 이러한 불안감이 있기 때문에 손쉬운 경제 영역에서도 공동체 형성에 어려움을 겪는다.

더 나아가 한국, 중국, 일본은 오늘날 최첨단 기술에서 양보 없는 경쟁을 하고 있다. 이를테면 미국에 실리콘밸리가 성립되자 바로 뒤따라 일본에 도시바(筑波), 한국에 대덕(大德), 대만에 신주과학공업단지(新竹科學工業園地) 그리고 베이징에 중관춘(中關村) 하이테크 과학기술구가 설립되었다. 말하자면 동북아시아 나라들은 중공업화 단계의 격차나 금융계 자생력을 초월하여 최첨단 기술과 세계 최첨단에서 경쟁을 일삼고 있는 것이다.

2. 경제협력 구상

동북아시아가 경제적인 협력을 위한 경제 공동체 구상을 시작한 것은 중국에 자유시장 경제권이 편입하면서 그리고 어느 정도 경제적인 성장을 이룩한 1990년대 중반 이후의 일이다. 특히 동남아시아를 포함한 동아시아가 IMF 위기를 맞으면서 여론화가 더욱 고조되었다. 여러 회의 중에서 대표적이고 중요한 것만 추려 보기로 한다.

동북아 경제권 협력방안

한국, 중국, 일본을 묶는 지역 공동체 안(安)의 효시는 1989년 베이징에서 개최된 '동북아 경제권 협력방안 문제 세미나'이다. 이때 중국 대표는 'D-N-U 횡적 연방'을 주장하였다. 'D'는 경제가 발달한 일본을 말하고 'N'은 신흥공업국인 한국을 말하며 'U'는 후진인 중국, 러시아, 북한을 말한다. 동북아시아에는 사회주의와 자유주의라는 두 개의 다른 체제가 있고 D-N-U가 보여 주는 것과 같은 세 개의 다른 경제 발전 수준이 있으나 동북아시아에는 자원, 경제, 기술의 상호 보완성이 있고 다른 지역에 비하여 큰 개발 잠재력을 가진 곳이라 하였으며, 이것을 잘 이용하면 공동체 형성에 유리하다는 것이었다. 이를테면 일본, 한국, 중국이 산업발달의 다른 단계에 있으나 이것이 오히려 상호 협력하는 데 유리한 조건이 되어 경제 공동체 형성에 유리하다는 것을 언급한 것이다(오용석 1993: 137).

아시안 이코노믹 패널

'아시안 이코노믹 패널'(Asian Economic Penal, AEP)은 아시아 경제

전문가들이 모여 2001년 결성한 정책 연구 단체이다. 이것은 한국의 대외경제정책연구원, 일본의 게이오 대학(慶應大學) 21세기 센터, 미국의 컬럼비아 대학 어스인스티튜션(The Earth Institution) 등 3개국 연구소가 주동하여 매년 두 차례 연구 결과를 발표하기로 한 것이다. 동남아시아에서 경제 위기를 맞자 미국 브루킹스 연구소가 여기에 합류하였다. 이 패널은 1997년의 금융 위기를 계기로 한 · 중 · 일 3국이 더욱 단합하여 경기부양책을 강구할 것을 권하고, 금융 위기 극복을 위한 7가지 방안을 제시하였다.

7가지 방안이란 첫째, 한 · 중 · 일 3국이 금융 위기 공동 대처 선언을 할 것, 둘째, 3국 간 대규모 통화스와프를 체결할 것, 셋째, 동북아시아에서 새로이 구성되는 스와프 체결에 IMF가 개입하지 못하게 할 것, 넷째, 동북아시아 스와프 체결 시 SOC의 적극적인 투자 등으로 재정 지출을 늘릴 것, 다섯째, 유동성 확대를 위한 금리 인하에 공조할 것, 여섯째, 화폐가치의 안전을 위하여 공동으로 대처할 것, 일곱째, 재무부와 중앙은행 등이 참가하는 고위급 회의를 열 것 등이다. 이를테면 동북아시아가 IMF 위기를 계기로 동북아시아에 새로운 통화 관리 체계를 구축하고 동북아시아 3국이 보다 적극적인 협력을 강조한 것이다(『중앙일보』 2008. 11. 11).

후쿠오카 정상회의

2008년 12월 13일 일본 후쿠오카(福岡)에서 개최된 한 · 중 · 일 3국 정상회담은 금융 위기라는 경제적인 외압에 공동 대처하기 위한 것이다. 회의를 끝낸 정상들은 「3국 동반자 관계를 위한 공동성명」을 발표하였다. 그리고 이 회의는 3국 간의 협력을 업그레이드하기 위한 각종 장치들도 마련하였다. 각종 장치 중 중요한 것은 첫째, 1999년 이후 줄 곧 '아세안+3' 회의 기간 중 열렸던 3국 회의를 3국의 영내에서 매년 개최하기로 한 것이다. 둘째, 정상회의만이 아니라 장관 · 차관급 채널도 확대할 것에 합의하였다. 그리고 셋째, 이 정상회담 바로 전 발표한 3국 통화스와프를 향후 더욱 확대할 것 등에 합의하였다. 이에 더하여 한국과 일본은 정상회담 개최를 문제가 있을 때만 하는 것이 아니라 평소 자주 갖기로 하였다. 한국과 중국은 정상회담을 통하여 북한 문제에 공동 대처하기로 하였다. 즉 동북아시아 3개국은 경제 위기에 대처하기 위하여 정상회담 개최를 정례화하는 데 합의하였고, 아세안+3 범위 내에서 개최하던 정상회담을 독립체로 발전시켰으며, 정상회담에서 경제 문제만이 아니라 경제 외적인 문제도 다루기로 한 것이다 (『중앙일보』 2008. 12. 15).

아시아 개발 포럼

경제 공동체 포럼의 대표적인 사례가 2002년 11월 서울 신라호텔에서 개최된 제4차 '아시아 개발 포럼'이다. 이 포럼은 아시아개발은행 주축으로 1998년 시작되었다. 당시 포럼에서는 한국의 부총리 겸 재정경제부장관 전윤철이 기조연설을 하였다. 이는 1990년대 말 발생한 것과 같은 경제 위기가 재발할 경우 영내 국가들의 신속한 공동 대응을 위하여 투자, 무역, 금융 분야에서 협력 채널을 결성하자는 것이다. 그리고 아세안+3 정상회의를 동아시아정상회의(East Asia Summit, EAS)로 전환하고 동아시아에 자유무역지대를 설립하여 단계적으로 추진해 나아갈 것을 제의하였다(『한겨레』 2002. 11. 5).

동아시아를 포함한 아시아 경제 공동체 형성에 큰 계기가 된 것은 1997년 발생한 아시아 통화 위기이다. 이를 기하여 아시아가 단합해야 한다는 목소리가 높아졌다. 이러한 내용의 첫 번째 발언이 1998년

10월에 있었던 '미야자와(宮澤) 이니셔티브'라 하겠다. 1999년의 싱가포르 경제연대교섭도 이런 것이었다. 2002년 서울 포럼에서도 동북아시아 단결을 호소하였다. 그리고 이번 회의에서는 동남아시아에서 논의된 자유무역지대 형성 방안을 동북아시아로 확대하여 동북아시아와 동남아시아를 하나의 공동체로 묶자는 의견이 특징으로 꼽혔다.

아시아 경제 공동체 포럼

동북아시아를 하나의 경제 공동체로 묶자고 하는 국제회의 가운데 가장 규모가 큰 것이 2009년 11월 서울에서 개최된 '아시아 경제 공동체 포럼'이라 생각한다. 아시아 경제 공동체 재단의 주관 아래 '함께 만드는 하나 된 아시아'를 주제로 개최된 이 포럼에는 2가지의 주제 발표가 있었다. 하나는 기 소르망(Gay Sorman)의 '아시아 세기를 향하여'(Toward the Asian Century)이고 다른 하나는 김지하의 '하나가 여럿에게 가는 길'이다.

3일간 개최된 이 포럼에는 한국 참가자 17명을 위시하여 중국 대표 10명, 일본 대표 6명, 미국 대표 6명 그리고 유럽 대표 7명 등 도합 5개국에서 46명의 학자, 정치인, 경제인, 언론인 관료 등이 모여 발표회와 공동토론회를 가졌다. 아시아 경제 공동체 포럼은 경제 포럼이라 경제 문제에 관한 발표가 주를 이루었으나 경제를 넓게 해석하고 경제와 관련된 문제로 정치, 안보, 환경, 도시, 산업, 에너지, 과학기술, 문화 등 광범위한 문제들을 다루었다.

여러 토론자가 참가했던 대표적인 토론회는 아세안 전 사무총장인 옹켕용(王景榮)이 주관하고 5명의 토론자가 참가한 정치 토론, 동아일보 전 사장인 김학준의 주관 아래 5명이 참가한 '동북아 경제 공동체를 위한 정치 지도'라는 토론, 전 인도네시아 대사인 이선진이 주관하고 6명의 토론자가 참가한 '경제 통합의 문제', 한국개발연구원 임형식이 주관하고 4명의 토론자가 참가한 '세계 금융 위기에서의 아시아 경제' 토론회였다.

이들 토론회를 종합해 보면 첫째, 경제 문제를 중시하는 이 포럼은 경제적인 통합과 협력이 동북아시아의 평화와 번영의 전제 조건이지만 경제 문제도 사회 문제, 정치 문제와 더불어 넓은 시야에서 보아야 한다는 것이 주된 결론의 하나였다. 둘째, 경제 문제나 정치 문제를 거론할 때에는 동남아시아를 동북아시아와 같이 또는 혼동하여 언급하고 대상으로 삼지만 동아시아 문제에서만큼은 동북아시아가 주동해야 한다는 것이다. 말하자면 이 회의의 특성은 동북아시아가 주동이 되어 동아시아의 경제 · 정치 · 사회 · 문화 등 모든 면을 주도하고 문제를 해결하되 특히 동북아시아 3국의 책임과 의무를 강조한 것이다.

3자 위원회

중국은 동북아시아 3국의 회의가 회의로서 끝나는 것을 지양하고 실천 시항을 보다 구체직으로 의논할 수 있는 기구로서 '3자 위원회'를 제안하였다. 이를 통하여 연구와 기획을 조절하고 진전 사항을 보고하기로 한 것이다. 3자 위원회가 추진하려는 구체적인 과제는 항공의 자유화 사업, TKR(시베리아횡단철도)와 TSR(한반도종단철도)를 연결하는 철도 사업, 동북아시아의 에너지 협력 사업, 한 · 중 · 일 FTA 추진 사업, 한 · 중 · 일 간의 프로축구 교류 사업, 한 · 중 · 일 문화 콘텐츠 산업교류협정 추진 사업 등이다. 이와 같이 3자 위원회는 경제는 물론 문화 사업도 강조하였다.

문화 사업인 문화 콘텐츠에는 영화, 애니메이션, 출판, 게임, 만화, 음반 등 폭넓은 내용이 포함된다. 따라서 3자 위원회에서는 현대의 대중문화 전반을 포함한 상호 협력과 교류를 제안하였다. 경제 영역인 FTA에 있어서 중국은 경제적 자신감에서 비롯된 주도권을 갖고 있으므로 아세안과 먼저 접촉하여 체결하기를 희망한다. 이러한 중국의 이니셔티브에 정치적 거부감을 가진 일본은 FTA 협력보다 투자협정 체결을 먼저 하자는 입장이다. 한국은 일본 의견에 대해서도 그리고 중국 안에 대해서도 소극적이다(배긍찬 2004: 134).

이상의 것들을 종합하면 그간 짧은 기간이지만 한국, 중국, 일본을 포함하는 경제 공동체 내지 협력체를 위한 포럼이나 회의 등이 많이 논의되었다. 회의는 대략 경제적인 협력체의 중요성을 강조한 것들이다. 경제적인 것을 고려하여 동북아시아에 국한하지 않고 동남아시아를 포함한 넓은 범위에서 문제를 다루는 경향이 있었으나, 중요한 것은 확대된 내용의 범위가 넓을수록 동북아시아의 핵심적 영역이 오히려 강조되었다는 점이다. 따라서 경제 문제를 주제로 한 것이기는 해도 동북아시아 3국의 공동체 형성에 한발 다가서게 되었다.

3. 지역협력

동북아시아의 공동체 형성의 이론이나 의견도 중요하지만 실제 행해지는 것은 더욱 중요하다. 동북아시아 공동체 형성과 관련한 협력사항에는 다음과 같은 대표적인 것들이 있다.

동해권경제연구회

동북아시아에 있는 지역협력체의 효시는 1967년 일본 니가타시(新

潟市)가 중심이 된 동해권경제연구회(일본에서는 동해를 일본해라 함)이다. 후지마 다케오(藤間丈夫)가 주창하여 조직된 이 연구회는 100회를 거듭하면서 성장해 왔다. 이곳에서 주장한 바를 요약하면 첫째, 일본의 우라(裏)일본을 오모테(表)일본과 같이 하여 지역 격차를 없애도록 하는 것(일본은 태평양에 연한 면을 오모데일본이라 하고 동해에 면한 북쪽을 우라일본이라 하여 구별하고 우라는 뒤떨어진 곳, 오모데는 발달한 곳으로 인식하고 있다.), 둘째, 동해를 토대로 하여 아시아로 재진입할 것, 셋째, 동해를 동서의 교류의 장으로 할 것 등이다.

말하자면 동해를 내해로 하는 동북아시아의 경제권 건설을 목표로 하여 동해를 둘러싼 지역이 서로 같이 발전하자는 것이었다. 이것은 회의 협의체이지만 앞에서 살펴본 동북아시아 지역협력체와는 달리 보다 구체적인 것이 특징이며, 100여 차례 개최되면서 상당히 구체적인 사항을 협의하고 연구해 왔다(和田春樹 2004: 71).

일 · 소 연안시장회

니가타시가 중심이 된 집단에 '일소연해시장회'(日蘇沿海市長會)와 '일소우호 무역촉진 동해 연안도시회의'가 있다. 전자는 1970년 조직된 것으로 일본 동해의 연안 26개 일본 도시와 동해에 연한 러시아 도시 16개가 참석하는 회의체이다. 후자는 1972년 조직된 한국과 일본 사이의 연안도시회의이며, 이에는 일본 항구도시 20개와 한국에서 6개 도시가 참가하고 있다. 두 회의에는 도시의 시장이 참가하는데, 그런 만큼 회의 내용도 구체적이어서 어떤 문제가 있는지, 이것을 어떻게 해결하는지 등을 논의한다. 무엇보다 이들 회의의 사안은 도시 간의 교역과 시민들의 왕래인 관광이 주류를 이룬다. 국경을 넘는 물류와 인적 교류를 원활하게 하여 지역 간의 협력을 강화해 나아가자는 것이다.

환동해 지방정부 국제교류

1993년 시마네현(島根縣)을 중심으로 한 자치체 모임이 개최되었다. 이것이 발달하여 1994년 돗토리현(鳥取縣)의 주관으로 한국의 강원도 도지사, 중국의 지린성(吉林省) 성장, 러시아 연해주의 주지사가 초대되어 개최되었을 때 '환동해권 지방정부 국제 교류 및 협력의 서미트'가 되었다. 2000년에는 몽골의 중앙현이 참가하는 등 지방정부 국제회의로 자리를 굳혀 가고 있다(和田春樹 2004: 74).

환동해 거점도시회의

2009년 개최된 제5회 환동해 거점도시회의에서는 회의에 참가한 10개 도시가 「포항선언」을 하였다. 10개 도시란 한국의 포항, 동해, 속초, 일본의 니가타(新潟), 사카이미나토(理漆), 요나고(米子), 돗토리(鳥取), 중국의 훈춘(琿春), 옌지(延吉), 투먼(圖們) 시이다. 이들은 국제 항로의 개설, 상임사무국 설치, 공동 연구, 물류, 에너지, 복합 수송 체계 구축 등에 합의하였다.

환동해 경제권

일본은 1988년 '환동해 경제권'을 주장하였다. 이것은 일본의 환일본해학회가 주창한 것으로 동해에 연한 지방자치단체들이 협력하여 지역 내 국가들의 자원, 노동력, 기술력, 경제력을 융합하여 경제, 정치, 안보의 협력을 이룩하는 지역협력체를 구상하자는 안이다. 특히 지역 내의 대학 또는 연구소가 중심이 되어 국제회의를 열고 공동 연구와 공동 조사 등으로 지역 발전을 도모하자는 것을 주장한다(坂田幹

男 2000: 19).

환황해 경제권

중국은 1989년 1월 국가계획위원회 산하 경제연구소에서 '황해 경제권'을 발표하였다. 이것은 중국의 발해만 유역과 한국의 서해안을 포함하고 더 나아가 대만과 홍콩까지 포함하는 경제권으로 중국에서는 랴오닝(遼寧)성, 허베이(河北)성, 산둥(山東)성, 장쑤(江蘇)성의 4개 성을 포함하면서 한국은 포함하되 일본을 배제시킨 것이 특성이다.

중국은 황해 경제권을 확대하여 중국과 한국 그리고 일본을 포함하는 '환황해 경제권'을 구상하였다. 이것은 중국과 한국이 중심이 되는 것으로 한국의 인천국제공항, 부산 신항, 광양만을 포함하고, 중국의 다롄(大連) 신항, 일본의 기타규슈(北九州)시와 후쿠오카(福岡)시를 포함하는 구상이다. 이것은 1997년 IMF 위기를 맞아 주춤하였으나, 2002년의 한일 월드컵 공동 개최를 계기로 많은 중국 관광객이 한국과 일본을 찾게 됨에 따라 인적 교류를 통한 환황해 경제권의 가능성을 다시 한 번 보이기도 하였다.

동북아 경제협력권

환황해 경제권을 더욱 확대한 것이 '동북아 경제협력권'이다. 중국은 헤이룽(黑龍江)성의 하얼빈(哈爾濱)을 중심으로 랴오닝성, 지린성 등 이른바 동북 3성과 내몽골을 포함하는 동북 지역, 베이징 · 톈진(天津) · 허베이성 · 산둥성을 포함하는 허베이 연안 지역, 상하이 · 장쑤(江蘇)성 · 저장(浙江)성을 포함하는 화동(華東) 연안 지역에 다시 황해와 동해를 포함하는 동북아시아의 경제협력 지대를 포함시키고 더 나아가 한국, 일본, 몽골 그리고 러시아의 동부 시베리아를 포함하는 '동북아 경제권'을 구상하였다. 이렇게 될 때 이곳은 면적 1,600만 km^2, 인구 5억을 포함하는 경제권이 형성된다. 이곳에는 중국 인구의 30%가 있으므로 저렴하고 양질의 노동력을 풍부하게 제공할 수 있다. 더욱이 중국 석유 매장량의 81.3%, 석탄 매장량의 66.4%가 매장되어 있고, 전력 생산량의 45.4%가 보관되어 있는 이 지역은 자원 공급지의 기능까지 갖추고 있다고 한다(김성훈 외 1992: 36).

동북아 경제협력권에서 중국이 중점을 두는 곳은 다롄과 훈춘 지역이다. 중국 정부는 다롄을 동북아 해운센터로 하기 위하여 2010년까지 270억 위안(4조 500억 원)을 투자할 예정이다. 훈춘은 두만강 하구에 있는 도시로 두만강개발계획에서 중국의 거점인 곳이다. 이곳에서 동해로 진출하기 위하여 러시아의 자르비노와 포시에트의 두 항구를 49년간 조차했으니, 자르비노항은 훈춘에서 71km, 포시에트에서 43km 떨어진 곳에 있다.

베세토 벨트

한국에서 주장하는 동북아 경제 공동체론 가운데 베세토 벨트(Beseto Belt)가 있다. 베세토는 베이징(Beijing)의 'Be', 서울(Seoul)의 'Se' 그리고 도쿄(Tokyo)의 'To'를 합한 것이다. 근거리에 있는 베이징, 서울, 도쿄를 연결하면 그 사이에 일본은 오사카, 한국은 부산, 중국은 톈진이 들게 된다. 베세토 벨트에는 인구 1억이 거주하고 있으며, 금융기관과 자본, 산업 시설과 생산력, 인구와 소비 시장 등 세계에 유례없는 산업 지대이자 금융의 중심지이며, 두뇌가 몰려 있는 곳이다. 금융의 중심지였던 런던과 현재 금융의 중심지라 하는 뉴욕도 베세토 벨트와 같은 배수지는 없다.

베세토 벨트는 한국, 중국, 일본이 하나의 경제 공동체를 형성할 수 있는 좋은 조건을 가지고 있다. 이것을 통합하면 금융을 위시한 경제와 산업의 중심지가 되고, 각종 회의를 할 수 있는 만남의 중심지가 될 수 있는 큰 소비 시장이기도 하여 세계 문물의 중심지가 된다는 것이다. 그러나 베세토 벨트는 하나의 가설일 뿐이어서 지역 공동체 형성에 관한 구체적인 실행 내용은 나오지 않았다.

아시아 · 태평양 경제협력체

한국이 관여해 온 국제기구의 하나가 '아시아 · 태평양 경제협력체'(Asia-Pacific Economical Cooperation, APEC)이다. 이것은 1989년 필리핀, 인도네시아, 말레이시아, 태국, 싱가포르, 브루나이, 미국, 캐나다, 오스트레일리아, 뉴질랜드, 한국, 일본 등 12개국이 오스트레일리아 캠버라에서 발족하였다. 그 후 회의를 거듭하면서 회원국이 증가하였다. 12개국 이외의 베트남, 멕시코, 칠레, 페루, 파푸아뉴기니, 중국, 홍콩, 대만 그리고 러시아를 참가시켜 21개국을 포함하는 기구가 되었다. APEC은 이와 같이 동남아시아, 북아메리카, 남아메리카 등을 포함한 지역 공동체로서 논의 주제를 경제에 국한하기로 하였다. APEC은 미국을 중심으로 한 경제의 세계화를 추진하려는 것이다(伊藤成彦 2005: 249).

APEC의 제1차 정상회의는 1993년 미국의 시애틀에서 개최되었고 이곳에서 아 · 태 공동체 구상(APEC Vision Statement)을 발표하였다. 제2차 정상회의는 1994년 보고르에서 개최되었고 무역자유화 목표 연도를 결정하였다. 제3차 정상회의는 1995년 일본 오사카에서 개최되었고 무역투자 자유화의 기본 지침을 발표하였다. 제4차 정상회의는 1996년 필리핀 수빅에서 개최되었고 무역자유화의 구체적 실행 방안을 결의하였다. 제5차 정상회의는 1997년 캐나다 밴쿠버에서 개최되었고 분야별 조기 자유화 추진 방안을 결의하였다. 제6차 정상회의는 1998년 말레이시아 쿠알라룸푸르에서 개최되었고 경제 위기 극복을 위한 경기부양책 추진에 합의하였다, 1999년 뉴질랜드 오클랜드에서 개최된 제7차 정상회의에서는 APEC 10년간의 회고와 전망을 논의하였다. 제8차 정상회의는 2000년 브루나이 반다르스리브가완에서 개최되어 세계화 방향을 모색하는 토의가 진행되었다. 제9차 정상회의는 2001년 중국 상하이에서 개최되었고 반테러에 관한 합의를 이루었다. 제10차 정상회의는 2002년 멕시코 로스까보스에서 개최되었고 반테러 성명을 발표하는 것과 더불어 북한 문제를 별도로 논의하였다. 제11차 정상회의는 2003년 태국 방콕에서, 제12차 정상회의는 2004년 칠레 산티아고에서, 2005년 제13차 정상회의는 부산에서 개최되었다. 부산 회의에서는 선진국은 2010년까지, 개도국은 2020년까지 실시하기로 했던 무역투자 자유화를 중간 점검하였다(김재한 2005: 95).

APEC에는 3대 원칙과 2대 지주가 있다. 3대 원칙이란 개방적 지역주의(open regionalism), 자발성 원칙(voluntarism), 컨센서스 합의 방식(consensus)이다. 2개 지주란 무역투자 자유화 및 원활화(Trade and Investment Liberalization and Facilitation, TILF)와 경제기술협력(Economic and Technical Cooperation, Ecotech)이다. APEC은 참가국의 인구, 면적, 교역량, GDP 모두에서 세계 최고이지만 지역적인 협력체로 발전하기에는 방대하고 회의 내용에서도 선언과 원칙 합의만 있을 뿐이어서 지역 공동체로 발전하기 어려운 상황에 있다. 그러나 한국은 이를 간과할 수 없는 중요한 지역회의이다(김재한 2005: 96).

APEC을 제외하고 앞에서 언급한 지역협력체는 크게 두 종류로 나눌 수 있다. 하나는 환동해 경제권이고 다른 하나는 환황해 경제권이다. 환동해 경제권은 일본이 주장하는 것이고 환황해 경제권은 중국이 주장하는 것이다. 환동해 경제권은 역사가 길고 더욱 구체적인 연안 도시 간의 협력 또는 연안의 성이나 주 사이의 연락을 도모하여 실제 행해지는 물류와 인적 교류가 행해지는 것이다. 이에 비하여 환황해 경제권은 역사가 짧고, 아직 실현 단계에 들어서지 못하고 있다. 환동해 경제권은 일본의 우라, 말하자면 상대적으로 낙후된 지역인 동해에 면한 일본 지방정부를 부흥한다는 목표 아래 실시하는 것이고, 동해를 둘러싼 범위에서 일본이 맹주로서의 기능을 수행하겠다는 것이다. 이에 비하여 환황해 경제권은 동북아시아의 맹주를 꿈꾸는 중국이 중국의 북부, 한국, 일본, 몽골, 러시아의 시베리아와 극동 지역을 포함하여 세력권을 확장하겠다는 의도가 있는 계획이다.

4. 동남아시아와의 관계

경제를 논할 때 동북아시아에 속하는 중국이나 일본은 앞의 1장에서 살펴본 것과 같이 동남아시아인 아세안을 고려하지 않을 수 없다. 그것은 중국이나 일본이 아세안과 특수한 관계에 있기 때문이다.

중국과 아세안

'아세안+3'에 참가한 한국, 중국, 일본의 세 정상은 이곳에서 처음으로 정치적인 공동체 논의를 시작하였으나 실제로 중국은 아세안을 중국의 협력체로 생각하여 일찍이 아세안과의 FTA 체결을 추진해 왔다. 아세안과 중국은 2012년까지 FTA를 체결하기로 합의하였다.

중국이 아세안에 관심을 갖는 것은 전 세계 화교 3,500만 명의 78%가 동남아시아에 분포되어 있기 때문이다. 화교는 수적으로만 큰 것이 아니라 경제력도 대단하다. 동남아시아 화교는 유동자산이 2조 억 달러가 되니 이것은 중국 GDP의 2배이다. 여기에 화교가 보유하고 있는 주식자본 1조 5,000억 달러를 합하면 화교의 자산은 3조 5,000억 달러가 되는데 이는 일본의 GDP 규모와 유사하다고 한다. 실제 화교의 상권은 미국, EU에 이어 세계 3위를 차지한다. 아시아 1,000개의 대기업 가운데 동남아시아의 화교 기업은 517개이고, 자산이 5억 달러 이상인 화교 자산가가 150명이며, 세계 10대 갑부에 드는 화교는 4명이나 된다. 화교의 경제력을 살펴보면 다음과 같다.

	대만	홍콩	태국	말레이시아	인도네시아	싱가포르	필리핀	계
30억 이상	4	5	4	3	3	-	1	27
20~29억	2	4	15	1	3	1	3	29
10~19억	12	9	11	3	6	4	4	49
6~9억	3	7	3	2	4	-	-	19
3~5억	46	20	12	15	6	3	4	112
1~2억	35	19	1	11	-	6	8	80
계	102	64	46	35	22	14	20	309
합계 자산액	613	633	670	285	346	138	173	2,858

출처: OK Times 2003. 2. p. 46. [단위: 달러, 명]

중국은 막강한 경제력을 가진 화교를 외면할 수 없다. 중국이 문호를 개방하고 시장경제에 돌입한 것도 화교의 자본을 유인하기 위한 것이고, 화교를 자국의 영향권 안에 넣음으로써 막대한 부를 소유하게 된다. 따라서 중국은 아세안과 FTA를 서두르지 않을 수 없다.

일본과 아세안

일본은 제2차 세계대전 시 동남아시아에 진출하여 그곳의 식민지 종주국을 내쫓고 이른바 대동아공영권을 주창한 과거가 있다. 해방 후에도 일본은 1960년대부터 아시아, 태평양에 중점을 둔 다양한 지역주의 정책을 폈다. 1980년대 중반 '플라자 합의'(Plaza Accord) 이후 급격한 엔고를 극복하기 위하여 아시아 지역에 집중적인 투자를 하였고, 동남아시아 국가들과의 무역, 금융, 투자 등 상호 경제활동을 통하여 동남아시아 나라들과 경제를 지역화하면서, 특히 정부 간 협력인 공적개발원조(Official Development Assistance, ODA)를 통하여 말레이시아와 태국 등을 지원하고 동남아시아 나라들을 영향권 내에 두게 되었다. ODA란 원래 수혜국의 도로, 항만 등 인프라 정비에 공적 자금을 사용하고 교육, 인재 양성에 기여하며 수혜국의 시민적 활동을 증진하기 위한 것이다. 그러나 일본은 일본 물품의 구매를 유도하고 무엇보다 ODA를 일본 경제권의 확장에 이용하였다(김기석 2008: 162).

일본은 1990년대 초부터 '지적 공헌론'을 내세우면서 IMF, IBRA, ADB 같은 국제금융기구에 영향력을 강화하기 시작하였다. 2008년 현재 일본은 세계 최대의 외환보유국이고 세계 최대의 ODA 지원국이다. 일본은 단지 금전적 기여뿐만 아니라 일본식 발전 모델을 확산하고 이를 통하여 국제 경제 질서의 규칙과 수립에 영향력을 행사하게 된다(김기석 2008: 167).

1997년 아시아 경제 위기 당시 일본은 아시아 통화기금(Asia Monetary Fund) 창설을 제안하고 아세안+3의 제도화에 공헌하였다. 말하자면 '치앙마이 이니셔티브'를 주도하고 위기 극복을 위한 자금을 지원하였으며, 통화 위기 재발 방지를 위한 아세안 역내 장치를 제도화하였다(김기석 2008: 162).

일본은 2003년 12월 「도쿄선언」(Tokyo Declaration)을 통하여 동남아시아 국가들과 「경제연대협정」(Economic Partnership Agreement, EPA)을 선언하더니 2004년에는 필리핀, 2005년에는 말레이시아, 태국 그리고 2007년에는 브루나이, 인도네시아와 EPA를 체결하였다. 이와 같이 일본은 일본 나름으로 동남아시아 나라들과 경제적인 수직 구조를 이루면서 동남아시아를 일본의 영향 아래 있는 지역으로 보는 것이다. 따라서 동남아시아에서 일본과 중국은 피할 수 없는 대결 양상을 띠게 된다(김재철 2008: 151).

한국의 중국 진출

한국은 중국이나 일본과 같이 동남아시아 지역과 직접적인 관련은 없으나 중국에 진출하여 동북아 경제 공동체 형성에 간접적으로 일익을 담당하고 있는 셈이다. 한국은 1991년 베이징에 대표부를 설치하였으며 1992년 무역협정과 투자보장협정을 체결하고 같은 해 8월 24일 중국과 정식 수교를 하였다. 중국은 한국과의 지역적 인접성과 문화적 유사성, 산업 보완성을 통하여 급속한 신장을 보였다. 중국은 원자재를 보급하는 곳이고 저임금 등의 이유로 한국 기업이 중국 내에 급속히 확산되어 갔다. 처음에는 발해만 지역인 산둥성, 톈진시, 랴오닝성 등에 한국의 투자가 집중되었으나 상하이시, 장쑤성, 저장성 등 이른바 화동 지역으로 확산되어 갔고, 다시 홍콩 주변인 주장(珠江) 삼각주 지대인 광둥성, 그 후에는 조선족이 다수 거주하는 동북 3성으로 확대되어 갔다. 처음에는 한국의 중소기업이 진출하더니 이어 삼성, LG, SK 등 재벌기업이 진출하여 제2의 본사를 중국에 건설하고 현지에 관한 연구, 개발, 생산 그리고 마케팅을 하게 되었다. 특히 한국은 베이징 올림픽 이후 서부대개발(西部大開發) 계획에 참여하고 내수 확대를 위한 재정 정책 등에 참여하여 인프라 건설, 소비수요 급증에 대비한 전략을 추진하여 갔다(增田祐司 2004: 131).

한국 기업은 연해 도시 진출에 이어 중국의 중서부 지역인 쓰촨성(四川省)으로 진출하고 있다. SK는 삼양사와 합작으로 폴리에스터 생산공장을 건설하였다. 이외에도 쓰촨성 성도인 청두(成都)에 진출한 한국 기업은 고랭지에서 한국 고추를 재배하여 일본에 수출하고, 송이버섯을 재배하여 한국과 일본에 수출하는 스카이 인더스트리얼이 있다. 구체적으로 살펴보면 200만 달러의 돼지 사료 임가공업체인 제일제당이 있고, 돼지가죽을 이용한 의류생산업체인 진광산업이 있고, 쓰촨성의 청두와 충칭(重慶)을 거점으로 고속버스터미널을 운영하는 대우와 금호가 있으며, 프린터 잉크 생산을 하는 면양가애막전자재료유한공사가 있고, 지능형 교통관제시스템을 운영하는 특로과유한책임공사가 있다(『한겨레』 2003. 1. 16).

2003년 통계에 따르면 중국에 진출한 한국인이 약 20만 명이라 하며 베이징의 왕징신청(望京新城)은 한인 거주구로 이름난 곳이고 한국 지상사 주재원 가족과 유학생들은 아시안게임 선수촌과 우다커우(伍道口)에 주로 거주한다고 한다(『통일한국』 2003년 7월호, 67). 한인 기업이 가장 많이 진출한 곳은 산둥성의 칭다오(靑島)이다. 처음에는 임가공업이 진출한 데 이어 제조업이 진출하였고 차츰 유통, 물류, 금융 등 서비스도 진출하고 주유소, 롯데마트, 운행, 조선, 자동차, 전자 등이 진출한 이곳은 한국 경제 동맥이 중국으로 이어지는 곳이라 한다. 2008년 이명박 대통령이 중국을 방문하면서 이곳에 들렀다(『중앙일보』 2008. 5. 23).

LG는 1995년 LG전자유한공사를 설립한 후 후이저우(惠州), 베이징, 상하이, 톈진, 난징, 창사(長沙) 등 북부 지역에 19개 연락소를 세우고 24개의 사무소를 두었다. LG는 이곳에서 설계, 제조, 판매, 서비스 등을 모두 중국 내에서 해결하고 부품의 70~80%를 현지에서 조달하게 하였다. 삼성의 경우 미국을 잇는 제2의 마켓을 중국에 설치하였으며, 특히 전자 부문은 매년 20%씩 매출 규모를 확대하여 2005년에는 145억 달러를 목표로 하겠다고 하였다. 삼성은 베이징에 커뮤니케이션 센터를 설립하였고, 텐진에 연구 개발 설계 센터를 설립하였다(增田祐司 2004: 133).

한국과 중국 사이의 교역도 급신장하여 갔으니 1992년 63억 달러에서 2009년 1,409억 달러로 22배 증가하였다. 한국의 대중(對中) 무역 의존도도 20.5%가 된다. 한국은 2003년 미국을 제치고 중국의 최대 수출 대상국이 되었고, 2004년에는 최대 교역국, 2007년에는 일본을 제치고 중국의 최대 수입 대상국이 되었다. 한국의 대중 투자는 1992년 2억 600만 달러이었던 것이 2010년 상반기에는 누계 458억 7,000만 달러로 223배 증가하였다. 한국에서 진출한 기업은 신고한 것만 2만 101개이고, 비신고 건수까지 합하면 3만 9,982건이다. 한국 기업의 대(對)중국 진출은 한국과 중국 간의 교역과 산업 시설에서만 중요한 것이 아니라 동북아시아 경제권 형성, 동북아시아 경제 공동체 형성의 효시가 되는 중요한 것이라 하겠다.

5. 국지 경제권

환황해 경제권을 주장했던 중국이 현재 진행하고 있는 경제 지역은 세 곳이 있다. 즉 홍콩, 광둥성을 중심으로 한 화난(華南) 지역, 상해와 그 주변을 포함하는 화둥(華東) 지역 그리고 베이징 중관춘(中關村)을 중심하여 베이징과 텐진(天津)을 포함하는 화베이(華北) 지역이다.

화난 지역을 주(珠)3각 지대, 화둥 지역을 장(長)3각 지대 그리고 화베이 지역을 징진익당(京津翼唐) 지역이라고 한다. 화난 지역은 노동집약적 산업 지대, 화둥 지역은 기술집약적 산업의 중심 지대 그리고 화베이 지역은 지식집약적, 소프트 하이테크 산업 지대라 한다. 그 외에도 황해 경제권, 동남아를 포함한 대(大)메콩권 그리고 동북아 경제권이 있다(增田祐司 2004: 108).

화난 경제권

화난 경제권은 광둥성, 푸젠성, 장시성, 홍콩을 하나의 경제권으로 묶는 지역이다. 이곳은 봉제 산업과 IT 산업의 기지로 중국 전체 GDP의 60%를 점유하는 곳이다. 상하이 중심의 창강(長江) 델타와 홍콩·광저우(廣州) 중심의 주장(珠江) 델타는 메갈로폴리스(Magalopolis)로 유명하다. 말하자면 대규모 시장으로 생산지인 동시에 소비지이고, '세계의 공장'인 동시에 '세계의 시장'이며 가전제품, 휴대전화 그리고 자동차의 소비 시장이기도 하다(增田祐司 2004: 41).

홍콩, 마카오와 인접한 광둥성을 포함하는 주강 삼각주의 경제 규모는 한국 전체와 유사하다. 광둥성 정부는 2009년 4월 「주강 삼각주 개혁발전계획」을 발표하였다. 그 내용은 2020년까지 이 지역의 국내총생산(GDP)을 한국보다 앞서게 하겠다는 것이었다. 이곳은 선전(深圳)에서 자동차로 1시간 떨어진 곳인 둥관(東莞) 사이의 고속도로가 막히면 세계 컴퓨터 생산의 70% 가량이 차질을 빚는다고 할 정도로 컴퓨터 부품업체가 많이 모인 곳이다. 이곳은 또한 피혁, 완구, 봉제 등의 가공 제품의 세계적인 산지이기도 하다(『동아일보』 2009. 6. 24).

화둥 경제권

거대 도시 상하이는 인접한 저장성과 장쑤성을 포함한 창강 삼각주의 중심지이다. 이곳은 쑤저우(蘇州), 난징, 항저우(杭州) 등 16개 도시를 포함하는 거대한 광역 경제권이다. 화둥 지역의 중심인 상하이는 교통의 중심지이며 공업 지대이다. 상하이에는 바오산(宝山) 제철소가 있는데 일본, 독일 등에서 시설이 도입되어 최신예 하이테크 시설에 의한 플란트 기술 수준이 세계 정상급인 곳이다. 특히 중국 3대 호수의 하나인 장쑤성 타이호(太湖) 일대에 펼쳐진 창강 삼각주는 경제의 중심지로 꼽힌다. 이 지역의 인구는 1,280만 명이고, GDP는 1만 860달러로 중국 전체에서 베이징에 이어 종합 순위 3위에 오른 수치이다. 한국과 비교하면 약간 뒤지는 정도이다.

2006년 즈음하여 타이호 수면에 녹조 현상이 나타나자 당국에서는 이 호수 인근의 화공 · 염색 공장 2,150곳을 일거에 퇴거시켰다. 그리고 타이호 환경보호를 위하여 1,085억 위안(한화 약 14조 7,500억 원)의 예산을 투입하여 관광 산업과 연계된 서비스 산업 기지로 만들고 있다. 중국의 유니버셜스튜디오는 이곳에 '삼국성'을 건설하여 영화 제작의 중심지로 한 관광 · 레저의 클러스터로 육성하고 있다. 계획에 따르면 타이호 주변에 수상 레저 시설, 고급 리조트, 생태 환경 공원이 세워질 예정이다.

산업 기지였던 저장성 우시(無錫)시는 '젊은 산업 기지'에서 '세련된 서비스 도시'로 변신 중이다. 저장성 이우(義烏)시는 도시 자체가 거대한 시장이다. 도심에는 의류, 속옷, 양말, 안경, 화장품, 통신기기 등 품목별로 엄청난 크기의 도매시장이 들어서 있다. 그 중심이라 할 수 있는 국제상무성(푸텐 시장)에 들어서면 그 규모에 압도된다. 이곳에서는 16가지 산업에 41만 종이 거래된다. 전 세계 잡화류의 30%가 거래되고 성탄절 관련 상품의 80%가 이곳을 거쳐 간다고 한다. 그리고 전 세계 컴퓨터 마우스의 50%, 휴대폰 10대 중 3대도 이곳에서 만들어진다. 창강 삼각주의 교역 규모는 중국 전체에서 46.0%를 차지하는 277억 달러에 달하고, 세계 500대 다국적기업 중 400여 곳이 창강 삼각주에 진출해 있다.

상하이 옆에 있는 쑤저우공업원구(蘇州工業園區)에는 여의도의 85배 규모의 공업단지가 형성되어 있다. 삼성전자, 노키아, 지멘스, 필립스 등 세계적인 최첨단 정보기술(IT) 업체들이 이곳에 입주해 있지만 공해 시설 등은 전혀 없다. 관계자의 말에 따르면 이곳은 환경과 지속가능성을 고려하여 전자통신, 정밀기계, 바이오산업, 신(新)재료 등 신기술 산업의 비중을 전체의 80% 이상으로 유지한다고 한다. 중국은 이제 흑묘백묘론 시대를 지나 지속가능하며 안정적인 발전을 모색하는 녹묘론(綠猫論)시대, 이를테면 쥐를 잡되 색깔도 중시해야 한다는 의미의 시대, 즉 질을 생각하는 시대로 진입한 것이다(『한국일보』 2006. 6. 15).

화베이 경제권

인구 2,100만 명의 베이징권은 톈진(天津)만이 아니라 인접한 탕산(唐山)을 포함하는 광역권으로 인구 4,400여 만 명의 거대 광역권을 형성하여 종합 순위 2위권에 오른 곳이며, 한국의 경인권을 뒤쫓는 곳이다. 이 지역의 GDP는 2009년 현재 미화 6,786달러이다. 중국 정부는 베이징을 문화와 3차 산업의 중심으로, 톈진을 물류와 제조업 중심으로 개발하고 있다. 중국은 베이징과 상하이에 국립연구기관을 설립하고 동남아 경제권과 동북아 경제권을 통합하는 '동아시아 경제통합권'을 구상하고 있다.

광시북부만 경제구

중국의 연해 남서부를 묶는 경제권으로 광시북부만 경제구(廣西北部灣經濟區)가 있다. 이것은 난닝(南寧), 베이하이(北海), 친저우(欽州), 팡청(防城) 등 4개 도시를 포함하는 지역으로 동쪽으로 광둥성, 서쪽으로 윈난(雲南)성, 서북쪽으로 구이저우(貴州)성, 북쪽으로 후난(湖南)성, 남쪽으로는 북부만으로 엮는 하이난(海南)성과 바다 사이 그리고 서남쪽으로 베트남과 인접한 연강(沿江), 연해(沿海), 연변(沿邊)으로 이루어진 특별 지역이다. 이곳은 화난 경제권, 서남 경제권, 아세안 경제권과 접하여 있다(고소송 2009: 115).

이곳 광시북부만 경제구의 발전 계획을 보면 항구와 도시 화물의 집중 분산을 도모하는 운반 체계로서의 인프라를 구축하고, 정유 · 전력 · 철강 · 전자 등의 물류를 원활하게 하며, 티에산(鐵山)항, 친저우(欽州)항, 팡청(防城)항 등 3대 연해 산업 단지를 건설하고, 친저우 보세항(free port) 지역, 핑샹(凭祥) 변경 종합 보세 지역, 팡청항과 난닝 보세 물류센터 등 세관 특수 감독 지역을 설립할 것으로 되어 있다. 이곳은 중국이 동남아시아에 진출하기 위한 교두보로 건설하는 곳이기도 하다(고소송 2009: 116).

둥베이 3성 개발

중국 대륙의 화난 지역, 화둥 지역 그리고 화베이 지역 외의 제4지역으로 둥베이(東北) 3성이 주목을 받는다. 이곳은 중국의 연해 지역이 만주 지역으로 발달하기 이전까지 원(原) 중국의 공업 지대였다. 특히 원자바오 총리는 이 지역 개발에 관심을 기울여 2003년 '동북 지역 등 노후공업기지의 진흥 전략에 관한 약간의 의견'을 발표한 데 이어 2005년 '동북 노후공업기지의 대외개방 확대 실시에 관한 의견'을 발표하는 등 개발에 주력할 것을 언급하였다. 이곳에는 개혁 개방 전까지 국유 기업의 3분의 1이 있었으며, 특히 철강, 화학, 중장비, 군수산업 등 중화학 공업의 중심지였다. 이곳의 GDP는 중국 전체의 20%를 차지할 정도였지만 연해 지구가 발전함에 따라 2002년 11.1%, 2004년 9.3%까지 하락하는 등 낙후한 지역이 되어 버렸다. 중국 정부는 이곳에 100개 항목의 프로젝트를 추진하기 위하여 610억 위안을 투자할 계획이다. 이곳은 중국 동북부 개발만이 아니라 북한과 러시아 그리고 한국 등 주변 국가는 물론 일본과 미국의 개발까지 겨냥한 사업을 추진하려는 것이다(원동욱 2009: 140).

구체적인 발전 계획으로는 첫째, 장비 제조업, 원자재 조업, 농산물 가공업 등 비교 우위 산업을 육성하고 둘째, 세제 우대, 둥베이진흥은행을 설립하며 도로, 철도, 공항, 항만 등 교통 물류 도시 기초 인프라를 확대하며, 이에 따른 지원 시스템을 구축하고 셋째, 둥베이 3성 간 협력을 위한 프로젝트 및 주변 국가와의 경제협력 개발 사업을 추진하는 것이 제시되어 있다(원동욱 2009: 145).

둥베이 지역 개발이 지원되는 곳은 의농평원(宜農平原), 의목초원(宜牧草原), 삼강평원(三江平原), 송눈평원(松嫩平原), 송요평원(松遼平原) 등을 포함한 광활한 곡창지대와 목축지대가 있는 곳이고, 중국 산림 면적의 절반인 의림산지(宜林山地), 흥안령(興安嶺) 백두산 지역 등을 포함한다. 이곳은 매장된 광물 등의 풍부한 자원을 가지고 있다. 이 지역에는 50개의 항구가 있으며, 교통 물류 인프라가 비교적 잘 구축되어 있다. 철도, 도로 등이 몽골, 러시아, 북한을 연결하는 지역이다(원동욱 2009: 142).

이곳에 '5점 1선 연해경제벨트'를 구축하여 5개의 공업 지역인 다롄창싱다오임항공업구(大連長興島臨港工業區), 잉커우임해산업기지(營口

臨海産業基地), 진저우만연해경제구(錦州灣沿海經濟區), 단둥산업단구(丹東産業團區), 다롄좡허화위안커우공업단구(大連庄河花園口工業團區) 등을 연결하는 연해도로 인프라를 구축하고 대외 개방을 확대하게 된다. 이에 따라 25개 항만과 228개의 공업단지 그리고 133개의 관광지가 하나로 연결되는 것이다(원동욱 2009: 148).

육지 개발계획으로는 "창(長春)-지(吉林)-투(豆滿江) 개발개방선도구 전 지역을 연결하는 고속도로를 건설하는 한편 옌(延吉)-융(龍井)-투(圖們)의 연변조선족자치주 도시들은 국가급 대외개발도시인 훈춘(琿春)과 연계하여 개발하고, 지린과 옌지 사이에 고속도로를 개통하고, 창춘과 지린 사이에는 철도를 건설하여 이곳을 몽골을 포함한 동북아시아 경제권으로 발전시키자는 것이다. 한편 '종합보세구역계획'을 가진 쑤이펀허(綏芬河)와 러시아 연해주를 연결하여 중 · 러 경제협력과 교류 확대 등을 세우고 있다(원동욱 2009: 147).

둥베이 3성 개발의 연장은 북한의 나진 선봉지구 개발계획과 연결된다. 중국은 훈춘에서 취안허(圈河) 그리고 원정을 경유하여 나진항에 이르는 도로를 건설하고, 러시아는 나진과 하산을 잇는 철도를 부설하기로 하였다. 그리고 나진항의 1부두는 중국이, 3, 4부두는 러시아가 개발하기로 하였다. 이로써 중국은 북한 개발에 주도권을 잡은 것이 된다(원동욱 2009: 152).

이상에서 살펴본 지역 경제권은 중국 나라 안의 지역권이다. 중국은 워낙 광활한 나라이기에 국가 내에 몇 개의 광역 경제 구역이 있고, 그 하나하나가 한국과 맞먹는 경제권을 이루고 있다. 특히 중국의 둥베이 3성 개발은 극동러시아와 북한을 영향권에 넣는 경제 개발계획인데, 이로 인하여 북한을 동북 4성이라고 하는 말까지 나오게 된 것이다. 따라서 동북아시아 경제 공동체를 거론할 때에는 중국의 방대한 지역에서의 경제권을 고려하고 이들을 하나의 경제권으로 엮는 고민이 수반되어야 할 것이다. 현재로서는 중국의 화난 경제권, 화둥 경제권, 화베이 경제권 그리고 둥베이 3성 경제권이 각기 독립적인 발전을 거듭하고 있다. 이들이 한국과 일본의 경제권과 어떻게 조화로운 발전과 협력을 이룰 것인가, 동북아시아 경제권 형성에 어떻게 협력하게 할 것인가를 고민해야 할 것이다.

6. 외세 충격

동북아시아가 경제적으로 단합하려는 기세를 보인 것은 외부로부터의 충격에 인한 것이다. 이것은 1997년에 있었던 외환 위기, 이른바 'IMF 위기'와 2008년 미국에서 발생하여 전 세계가 영향을 받은 '미국발 경제 위기'이다.

IMF 위기

동북아시아를 포함하여 동아시아에서 가장 큰 충격이 있었다면 그것은 IMF 위기일 것이다. IMF(International Monetary Fund)란 국제통화기금을 말한다. 따라서 IMF 위기란 재정의 위기를 당한 나라들이 IMF의 후원을 받은 것이다. 1996년 태국에서 시작하여 삽시간에 한국, 인도네시아, 말레이시아 그리고 필리핀 등 5개국으로 930억 달러의 외국인 자본이 유입되고, 바로 이어 1997년 120억 달러가 유출되었다. 단기간 내에 해외로 유출된 1,050억 달러의 외국 자본은 5개국의 국민총생산의 11%에 해당하는 것으로, 이로 인해 국가의 재정 위기가 온 것이다. 1997년 8월에는 태국이 172억 달러를, 10월에는 인도네시아가 400억 달러를 IMF에서 대여받았다. 이어 10월 홍콩, 11월 한국이 IMF로부터 550억 달러를 대여받았다. 말하자면 아시아 5개국이 IMF에 의존하게 된 것이다.

통화 위기가 닥치면서 아시아 여러 나라는 긴박한 상황에 휩싸이게 된다. 갑자기 빈민이 발생하고 실업이 증가하였다. 정부의 긴축재정으로 유아, 노인, 장애인들에 대한 서비스가 저하되어 갔다. 한국도 이러한 대세의 예외가 아니었다. 이에 따라 각국은 긴축정책, 고금리 통화 및 환율 정책을 시행하였으며, 금융 산업과 기업의 구조 조정, 무역, 투자 및 자본의 자유화 요구 등이 있었다, 통화 경제 위기를 당한 한국에서는 김대중 대통령이 금융, 재벌 기업, 공공 부문 그리고 노동의 4개 분야 대개혁을 단행하는 한편 1999년 11월 '통화 위기 극복 선언'을 한다. 이것은 경제구조 전반의 개혁이며 IT 산업을 중심으로 경제 재생을 일으킨 것이다. 아시아 경제 위기의 직접적인 원인은 각국 정부가 마이크로 경제 정책에 실패한 것인 만큼 국제 단기 자금을 무질서하게 사용한 것이 원인이 된다.

그러나 더욱 중요한 원인은 각국 경제의 구조적 또는 제도적 모순에 있었다. 그 원인으로 들 수 있는 것은 첫째, 권위주의적 정치 체제이다. 정치가 전제주의 적이고 이것이 경제에 깊이 관여하고 있어 경제 운영이 비경제적이었다. 둘째, 경제도 발달하지 못한 상태에 있었고, 특히 주식시장이 제 기능을 다하지 못하고 사채시장 의존도가 높았다. 셋째, 상업은행도 비합리적인 연고에 의한 융자로 경제적인 기능을 다하지 못하였다. 넷째, 기업경영도 은행 차입에 과다하게 의존하였다. 다섯째, 기업의 소유와 경영이 분리되지 않은 가족 경영이었다. 여섯째, 종신 고용으로 대표되는 폐쇄적이고 경직된 노동시장이었다. 이들을 '뒤진 아시아적 재제도' 또는 '유교적 자본주의'라 한다

(末廣昭 2001: 41).

통화 위기 이후 아시아의 경제계는 반성하고 체제의 변화를 도모하였다. 이른바 개발주의에서 시장주의로 전환하게 된다. 이것은 첫째, 경제 운영의 기본 단위가 나라가 아니라 외국 자본을 포함한 기업이라는 것, 둘째, 육성해야 할 벡터는 제조업이 아니라 금융, 물류, 정보, 서비스 산업이라는 것, 셋째, 정부의 역할은 경제 개입이 아니라 사회 인프라 정비나 경제 사회적 이해의 조정, 구조 개혁을 위한 모니터링의 기능에 한정한다는 것, 넷째, 나라의 경쟁이 아니라 기업 간의 경쟁이어야 한다는 것이다. 이것이 시장주의를 표방하는 새로운 경제 지평이고 이것을 '구미식 자본주의'라 한다(末廣昭, 2001: 41).

한국이 IMF 통제에서 빨리 벗어날 수 있었던 하나의 요건이 IT 산업이다. 한국의 IT 산업은 1990년 초반만 해도 싱가포르나 말레이시아보다 뒤떨어졌다고 평가하였다. 그러나 1995년 한국은 '초고속 정보통신망 구축계획'을 수립, 추진하였으며 1999년 정보화의 종합적 국가 비전인 '사이버 코리아 21'을 수립하여 세계 10위 내의 IT 선진국을 향하여 매진하였다. 특히 제2진진사인 '하나로 통신'을 조성하여 통신 산업의 경쟁을 강화해 갔다. 그 결과 한국은 세계 최첨단 ADSL 보급국, 즉 프로드하드 선진국이 된 것이다. 2002년 한국의 정보통신부 발표에 의하면 현재 프로드하드 가입자가 4,700만 명의 20%인 921만 명으로, 한국이 프로드하드 보급률의 세계 제1위가 된 것이다(增田祐司 2004: 127).

중국은 직접 IMF 위기를 당하지 않았으나 경제 위기 이후 WTO에 가입하면서 경제면에서 부상하게 된다. 말하자면 동아시아 지역화의 무게 중심이 일본과 아세안에서 중국으로 넘어갔다. 구체적으로 말하면 금융의 중심이 도쿄, 홍콩, 싱가포르에서 서울, 상해, 싱가포르로

축을 이동한 것이다. 그간 미국의 압력으로 좌절되었던 일본의 아시아 화폐기금(Asian Monetary Fund)이 경제 위기 극복의 방편으로 부상하고 아세안+3이 정례화하게 된다. 특히 경제 위기의 반복을 막기 위하여 통화 융통(Currency Swaps) 제도를 마련한 젬마이 이니시어티브가 큰 의미를 갖게 된 것이다.

나아가 아세안에서는 아시아채권기금(ABF)을 마련한다. 2002년 10월에 개최된 동아시아경제수뇌회의에서 태국의 탁신 수상이 태국 중앙은행의 구상에 따른 '아시아채권시장'(ABM)의 창설을 주장한다. 이에 따라 2003년 6월에는 '동아시아 오세아니아 중앙운행 역원 회의'(EMEAF)가 개최되고 이곳에서 가맹국 11개국을 결정한다. 가맹국 중앙은행은 외화 준비 일부를 갹출한 기금 10억 달러를 조성하고 이것을 국제경제은행(BIS)이 구매하는 방식으로 이룩한 것이다. 11개 가입국은 일본, 한국, 중국, 홍콩, 태국, 싱가포르, 말레이시아, 인도네시아, 필리핀, 호주, 뉴질랜드 등이다(進藤榮一 2007: 45).

이때부터 실제로는 지역 내의 경제 교류와 경제적인 협력을 도모하는 지역주의가 생긴다. 그리고 국가가 아닌 NGO, NPO 등 지역 주민 사회의 목소리가 고조되기 시작하는 것도 이때부터이다. 그러나 금융 제도 개혁이나 경제 개혁의 주최는 역시 국가가 되었고, 국가는 수출 증대를 위하여 경제를 회복하고, 특히 IT 산업의 육성을 서둘렀다. 즉 IT가 국가 경쟁의 중심이 되어 IT 혁명을 추진하기 위한 법률 정비, 막대한 통신 시설 건설, 기술 개발을 위한 거액의 투자들이 이루어지고 있다(末廣昭 2001: 43).

IMF 위기는 경제구조의 재편을 단행하면서 아시아적 약점으로 지적받는 집단주의, 인간중심주의 이를테면 '유교적 자본주의'를 벗어나 새로운 경영과 산업구조, 새 인간주의, 시장주의, 결과주의, 이를테면

'구미식 자본주의'로 전환하는 계기가 된 것이다. 무엇보다 중요한 것은 IMF 위기를 계기로 동북아시아가 경제 공동체 형성에 한발 다가선 것이다(增田祐司 2004: 126).

미국발 경제 위기

2007년 미국의 소수 미연방은행 규제자와 월 스트리트(Wall Street) 투기꾼이 저지른 통화관리의 실수가 전 세계 수십억 인구의 생활을 교란한 사건은 동아시아 모든 나라를 그 영향권에 들게 하였다. 특히 동북아시아 3국에 미친 영향은 막대한 것이었다. 세계 성장축의 역할을 하던 중국의 성장이 -8%, 한국이 -2% 그리고 일본이 -4%로 하락하였다.

여기서 탈출하기 위하여 각국은 스스로 경제구조에 대한 반성을 하게 된다. 이는 2가지로 요약할 수 있는데, 하나는 기축통화인 달러의 발행처인 미국의 혼란으로 인하여 외환시장에 불안이 생긴 것이고, 다른 하나는 이로 인한 실물경제가 위축된 것이다. 이에 따라 각국은 인플레이션을 낮추고 신용을 통제하며 복지 비용을 낮은 수준으로 관리하는 노력을 기울이게 된다. 한국은 더 합리적인 길을 선택해야 하고, 중국은 은행신용에 역점을 두고, 일본은 공공 소비를 장려하기에 이른다. 그러나 미국발 경제 위기 또한 기회가 될 수 있다. 그 가능성이란 첫째, 3국이 보유하고 있는 외환고가 상당하다는 것이다. 중국이 2조 달러, 일본이 1조 달러 한국이 2,000억 달러로 한국이 적다 해도 국제 기준으로 보면 높은 편이다. 3국이 단합한다면 통화스와프 제도를 통하여 위기를 극복할 수 있다.

앞에서 살펴본 것과 같이 2000년 치앙마이에서의 아세안+3 수뇌회의는 통화스와프 제도를 채택하였다. 이것은 9년이 지난 2009년 태국 푸켓에서 열린 아세안+3 재무장관회의에서 다자간 통화스와프 협정으로 바뀌었다. 총액 1,200억 달러를 한 · 중 · 일 3국이 80%를 그리고 아세안 10개국이 20%를 분담하기로 하였다. 이는 무엇보다 일대일의 협상인 CMI과 달리 일정한 자금 지원 조건만 충족되면 기금 규모에 따라 빌릴 수 있다.

여기서도 중국과 일본은 주도권을 갖고 경쟁을 벌이고 있다. 우선 3국의 배분을 놓고 중국은 외환보유액을 기준으로 하자는 데 대하여 일본은 국내총생산(GDP)을 기준으로 하자고 한다. 또 협력의 범위에 있어 일본은 호주와 인도를 포함하자고 하고 중국은 호주의 참가를 불허한다고 한다. 더 중요한 것은 중국이 이번 기회에 달러를 기축통화 체제로 하는 기본 틀을 바꾸자고 하는 반면 일본은 여전히 달러로 해야 한다는 것이다. 그리고 중국이 아시아 국가끼리 교역할 때 사용할 아시아 단일 통화를 만들자는 의견에 대하여 일본은 반대하였다. 결국 미국발 경제 위기를 계기로 일본과 중국의 주도권 경쟁이 더욱 명확해진 것이다.

이 사건으로 미루어 보아 아시아 나라들은 여전히 수출보다 성장에 기여하지 못하고 있으며, 경제는 아직 서구 의존성이 강하다는 것을 알 수 있다. 동아시아는 현재도 서구 따라잡기를 위한 경제 모델을 이루고 있으며, 기술 또한 그러하고, 서구의 상표를 선호하고, 통화 체계 또한 서구 지향적이다. 경제 영역뿐만 아니라 미국의 생활 양식이 세계를 지배하고 있다. 특히 생산방식은 자본주의로부터 마케팅 기법에 이르기까지 전 영역에서 그리고 전 세계적으로 미국이 우위에 있다는 것을 알 수 있다.

7. 경제 공동체 방안

경제협력체

경제면에서 한국, 중국, 일본 3국이 어떻게 협력 관계를 발전시키느냐 하는 것은 동북아시아 공동체 형성의 기장 중요한 핵심적인 문제가 될 것이다. 따라서 동북아시아 공동체를 주장하는 사람들은 으레 동북아시아 3국의 경제협력체로서 FTA 협정의 추진을 언급하고 있다. 중국 주룽지(朱鎔基) 수상의 두뇌라고 하는 중국사회과학원 교수인 호안강(胡鞍鋼)은 2001년 '일 · 중 · 한 자유무역협정'의 구상을 제안하였다. 동아시아는 세계에서 인구가 가장 많은 곳이고, 일본을 제외하면 경제성장률이 가장 높은 지역이며, 무역 신장도 상당히 높으나 무역의 자유화가 죽어 있는 형편이다. 이 지역에서 일 · 중 · 한 그리고 홍콩이 자유무역협정인 FTA를 체결한다면 아시아의 경제와 무역이 활성화할 것이고 블럭 활성화가 추진될 것이며 이들 간의 일체화가 추진되며 블럭화도 촉진될 것이다. 그러나 한국, 중국, 일본의 경제 발전 단계와 산업화의 격차가 심하고 어려움이 있을 것이므로 각별한 노력을 기울여야 할 것이라 하였다(原洋之介 2002: 105).

이와 같이 동북아시아의 구성원인 한국, 중국, 일본은 경제 공동체 형성의 조건으로 FTA를 언급하고 있는 것이다. 중국의 입장은 동북아 경제권에 일본, 한국, 중국의 동북 3성과 몽골, 동부 시베리아를 포함하는 큰 영역을 구상하고 있다. 이 지역 내 나라들의 경제적인 격차가 오히려 협력에 유리한 조건이 되어 수직적인 분업을 이룰 수 있다고 한다. 그리고 민간 경제 교류를 추진하되 정부 간의 협의체로 발전시키고, 한발 더 나아가 경제협력이 정치적 협력으로 발전할 수 있다고 한다.

3국 FTA

한국 · 중국 · 일본 동북아시아 3국이 경제 공동체를 이룩하는 지름길은 3국이 FTA를 체결하는 것이다. 그러나 앞에서 살펴본 바와 같이 동북아시아 지역에서 지역적 협의체는 구성되고 있으나 아직 국가적 차원의 FTA는 요원한 것으로 보인다. 한 · 중 · 일 3국을 필두로 한 동북아 지역의 전 세계 대비 생산 비중은 2000년 현재 21%에서 2020년 30%로 증가할 것으로 전망한다. 특히 세계 제2위 경제 대국인 일본의 경제가 다시 살아나고 있으며, 세계 공장으로서 중국이 세계 소비 시장으로서의 가치가 높아지고 있다.

그러나 1999년 필리핀 마닐라에서 시작된 한 · 중 · 일 정상회의가 정례화하면서 협력의 논의가 시작되었다. 논의의 가시적인 성과는 2004년 7월 삿포로에서 개최된 IT 장관회의에서 '정보통신 상설협의회'를 결성한 것이다. 3국 간 물류 분야 협력도 유망하다. 2004년 한국과 중국이 정기적인 정보 교환을 위하여 '한 · 중 물류협력회의'를 구성하였다. 한국과 중국 간의 협력이 성과를 거두면 일본도 참가할 것이다.

자원과 에너지 분야에서는 3국의 경쟁이 치열하나 한 · 중 간에는 원전 기술 이전, 자원 공동 개발, 석유 공동 비축 시설 등은 어느 정도 협력 관계가 이루어지고 있다. 3국 간의 협력 관계를 논의할 때, 한국과 중국 간의 협력은 적극적이지만 일본과의 협력은 중국과 일본의 상호 견제가 심하여 한국이 주도권을 갖고 추진해야 한다.

가장 큰 문제는 3국 간의 기술 격차이다. 산업은행이 조사한 바에 의하면 한국의 기술 수준을 100이라 할 때 중국은 76.5이고 일본은

110.5가 된다. 산업은행은 3국 간 기술 경쟁력 실태 조사 결과 일본은 고급 기술이 필요한 핵심 부품과 소재 산업 중심, 한국은 중급 기술이 필요한 중간재 생산 위주 그리고 중국은 저급 기술이 필요한 소비재 생산구조로 특화하는 상황을 보이고 있으며, 기술 경쟁 관계는 점차 심화될 것으로 전망하였다(『매일경제』 2005. 1. 4).

문제는 한국과 일본의 FTA가 체결되고, 한국과 중국의 FTA가 체결된 이후에 3자가 방법을 모색하는 것이다. 3국의 민간 연구소에서는 가능성을 타진하기 위한 공동 연구를 2003년부터 시작하였다. 문제는 중국과 일본 관계이다. 양국의 견해 차이가 워낙 심하여 공통점을 찾기 어렵다. 그러나 한국이 중국과 일본의 갈등을 해결하는 중재자의 역할을 할 수 있는 조건을 갖추고 있다.

미국에서 시작된 금융 위기는 수출 의존도가 강한 동북아시아 3국에 지대한 영향을 주었다. 이번 위기에서 벗어난다 하여도 이전과 같이 미국과 유럽 등 기존 선진 경제에 대한 수출에 희망을 기대할 수 없다. 외부의 위기로 긴급성과 절박성을 3국이 다 같이 느끼고 있다. 경제 활성화를 위하여 구미 시장에 대한 대안으로 동북아 시장으로 눈을 돌릴 필요가 있는 것이다. 이 지역은 국내총생산 기준으로 세계 2위, 4위 그리고 11위의 나라가 몰려 있는 곳이고, 수입 시장만 보아도 한 해 1조 9,000억 달러 규모이다. 지금의 글로벌 위기가 한 · 중 · 일 3국을 가깝게 밀어붙이고 있는 것이다.

한 · 중 · 일 3국은 서로 가장 중요한 무역 상대가 되어 있다. 최근 특히 2000년 이후 상호 교역이 급속히 늘어나 한국의 1위와 3위 교역 상대가 중국과 일본이고, 중국의 2위와 3위 교역 상대가 일본과 한국이며, 일본도 제1, 제3 순위의 교역 상대가 중국과 한국이다. 여타 선진국에 비하여 상대적으로 높은 한 · 중 · 일 무역 장벽(2006년 기준 한국의 평균관세율 6.6%, 중국 9%, 일본 2.8%)에도 불구하고 3국 민간 기업들이 서로의 경제 활력에 이끌려 경제협력과 통합을 심화시켜 온 것이다. 그러나 한 · 중 · 일 3국 간의 역내 교역 비중은 24.0%이고, 미국의 NAFTA는 41.8% 그리고 EU는 67.9%이다. 따라서 동북아시아 나라들의 역내 교역을 더 늘릴 필요가 있다.

20세기 말부터 세계적인 FTA 붐 속에 한 · 중 · 일은 각기 FTA를 추진해 왔다. 한국은 칠레 등 4개국, 중국은 6개국, 일본은 3개국과 FTA를 체결하였고, 현재도 각기 다른 나라들과 활발한 교섭이 진행 중이다. 이것은 규모와 활력 면에서 세계 경제를 좌우하는 서로를 외면한 채 동북아 영외 국가와만 FTA를 추진해 온 것이다. 3국 간의 FTA에 관한 관심이 없었던 것은 아니다. 2003년 3국의 정상회의를 통하여 산학 공동 연구를 하기로 합의하였다. 그 결과 3국의 공동 연구는 "3국 간에 FTA를 체결하면 3국 공히 승리자가 된다"라고 하였다. 한국의 경우 무역이 최소한 10% 늘고 성장률이 5.14% 보태지고, 중국은 무역이 12% 이상 늘고 성장률이 1.54% 보태지고, 일본도 무역이 5.2% 이상 늘고 성장률이 1.2% 보태진다고 하였다.

그러나 3국의 FTA 논의가 제자리에서 한발도 진전되지 못하는 것은, 역사 문제, 체제의 차이 등 종래의 걸림돌도 있지만, 3국이 모두 같은 수출 지향적 상장 모델을 가지고 있다는 것이다. 3국은 산업 내 무역보다 마찰 가능성이 높은 산업 간 무역을 중심으로 하는 상호 무역 구조로 되어 있다. 한국은 중국에 비하여 농업, 일본에 비하여 부품, 기계 부문이 취약하고, 중국은 한국과 일본에 비하여 중화학, 기술 집약, 서비스 부문이 취약하다. 일본은 한국과 중국에 비하여 농업 부문이 취약하여 상호 개방에 걸림돌이 되고 있다.

중국의 부상에 대하여 한 · 일의 경계심, 특히 일본과 중국 간의 주도권 경쟁 심리 또한 동북아 FTA의 걸림돌이 되고 있다. 한 · 중 · 일 FTA에 추진력을 보태기 위해서는 첫째, 현재 추진 중인 쌍무 간 FTA를 동북아 FTA의 촉매로 삼아야 할 것이다. 한 · 일 또는 한 · 중 어느 것이나 FTA가 성립되면 그것이 촉매가 되어 다른 상대방과의 FTA도 속도를 얻게 될 것이다. 둘째, 투자 협정을 통한 무역 활성화로 FTA를 향한 공동체 의식을 키워 나아가야 한다. 3국 간 투자 협정을 통하여 경협 심화에 물꼬가 터지면 3국의 국민이 경제통합의 실익을 체험하게 되고 그것이 바탕이 되어 이익 공동체 의식이 농후해질 것이다(『중앙일보』 2009. 4. 10).

한 · 일 FTA

한국과 일본이 FTA를 성립시키면 관세 제로의 결과 인구 1억 7,000만 명에 달하는 지역으로 GDP 4조 6,000억 달러, 세계 GDP의 17%를 점하는 단일 시장이 동북아에 탄생하게 된다. 2003년 12월 22일 서울에서 시작한 한 · 일 FTA는 외통부의 김현종 통상교섭조정관을 위시하여 한국에서 40명, 일본에서 30명이 참가하였고, 상무무역분과, 비관세분과, 서비스무역투자분과, 기타 무역 이슈, 분쟁해결분과, 경쟁협력분과 등 6개 분과를 설치하기로 합의하였다. 한 · 일 FTA 협상은 2개월마다 서울과 도쿄에서 교대로 개최하기로 하여 2차는 2월 23일부터 25일까지 도쿄에서 개최되었다. 현재까지 한국과 일본은 양자 간 FTA를 체결하기 위하여 회합을 거듭하고 있다. 양국 정부는 이미 투자 협정 체결로 이에 따른 외국인직접투자(Foreign Direct Investment, FDI)에 관한 해결을 보았다. 이것은 지적소유권의 보호, 인증 등의 FDI 확대에 의한 필은정책의 조정과 시행 등을 수행한다. 이러한 무역 투자 협정만이 아니라 사람을 포함한 포괄적 협정이 될 것이다(增田祐司 2004: 162).

한 · 일 관계는 협력 관계라기보다 경쟁 관계에 있다. 그 대신 한 · 일 간은 경제만이 아니라 산 · 관 · 학 등 다양한 통로를 통하여 협정 체결의 가능성이 높은 곳이기도 하다. 한 · 일 FTA가 성립될 경우 한국은 첫 2년간 60억 9,000달러의 무역수지 적자를 보게 될 것으로 전망하나 중장기적으로는 30억 달러 이상의 개선이 있을 것으로 전망한다. 구체적으로 한국에서는 농산물의 수출이 호조를 보일 것이지만 자동차, 기계, 철강, 전자 등에서는 일본 제품의 한국 시장 점유율이 증가될 것이라고 예측한다(『조선일보』 2003. 10. 13).

2004년 12월 일본 가고시마에서 한국과 일본 정상이 만나 그해 말까지 협상을 마무리하는 데 원칙적으로 합의했으나 워낙 견해차가 커서 예정된 시간에 타결을 보지 못하고, 오히려 그해에 한 · 일 FTA 협상이 중단된다. 원인은 일본 측에 있다. 한국은 99%의 개방을 요구하고 공산품은 95% 개방하기를 희망했으나 일본이 수용하지 않았으며, 일본은 농산물 50%의 개방을 요구했으나 한국은 농산물 90%의 개방을 주장하였다.

그러나 일본도 한국도 오히려 다른 나라와의 FTA 협정을 서두르고 있었다. 한국의 경우 2006년 4월 아세안과 상품자유화협정에 서명하고 서비스, 투자 완화 협정을 서두르고 있으며, 2010년에는 EU와 FTA를 체결하고 미국과는 의회 비준만 남겨 놓고 있다. 한편 일본은 싱가포르와 FTA를 맺고 멕시코와 FTA 교섭을 시작하였다. 캐나다와도 협상을 시작하였으며 유럽자유무역협정국(EFTA) 그리고 인도와도 협정을 교섭하는 등 동시다발적 FTA 전략을 추진 중이다. 미국과의 FTA를 중국이나 일본보다 먼저 한국이 추진한 것은 한국의 경제적 위상에 큰 영향을 주는 것이기도 하다.

한국은 일본과 FTA를 체결할 준비를 하고 있다. 조만간 이것이 성립되면 한국은 다섯 번째 FTA 국가를 가진 것이 되고, 가장 힘겨운 상대를 맞이하게 된다. 그러나 일본은 경제적 우위를 유지하기 위하여 전력을 다할 것이며 한국은 이것에 맞서 경제력을 키워 나아가는 데 게을리해서는 안 된다. 일본 또한 한국이 중요한 동반자이지만 가장 힘든 경쟁자라는 것을 인식하고 있다.

한 · 중 FTA

한 · 중 FTA는 중국이 서둘고 있다. 2007년 4월 한국을 방문한 원자바오 총리의 일성이 바로 한 · 중 FTA 구축 방안을 마련하는 것이라 하였다. 중국과는 달리 한국은 신중한 태도이다. 애당초 분석과는 달리 한 · 중 FTA는 실익이 적고, 오히려 한국 경제에 부담을 줄 수 있다는 분석이 힘을 얻고 있다. 특히 농산물에서 우려가 크다. 중국의 농산물 시장을 개방한다면 한 · 미 FTA와는 비교되지 않는 충격파가 한국 농촌을 덮칠 게 뻔하다.

중국의 소비 시장에서도 우리의 먹을 것이 생각보다 많지 않을 것이다. FTA 체결로 소비제 관세가 낮아질 경우 우리 시장만 내주는 것이 된다. 중국 제품이 국내에 들어올 경우 중견 기업도 차이나 쇼크를 받을 수 있다고 본다.

한 · 중 FTA에서 한국이 가장 큰 이익을 볼 것으로 기대되는 분야가 자동차 산업이다. 약 25%에 달하는 높은 자동차 관세를 피할 수 있기 때문이다. 그러나 여기에도 함정이 있다. 자동차 부품의 주요 수입원인 중국 진출 외국 자동차업체들이 현지화를 위하여 부품을 중국 시장에서 조달하려는 경향을 보이고 있다는 것이다.

제조업 분야에서도 문제가 있다. 상품 교역은 우리가 이득을 챙길

수 있을 것으로 여겨져 왔던 분야이다. 그러나 이것마저도 실익이 별로 없다는 분석이 나오고 있다. 교역 구조의 특성에서 비롯된 문제이다. 지난해 한국의 대중국 수출 중 약 76.8%는 반제품 부품 등의 중간재였다. 이들 수출품은 대부분 중국에서 가공 조립되어 제3국으로 수출된다. 중국의 관세는 평균 4.2% 수준으로 오히려 우리나라의 대중국 중간재 수입 관세 4.4%보다 낮다. 상대적으로 볼 때 우리는 이득이 적다는 것이다. 그렇다고 마냥 미룰 수 없는 것이 우리의 고민이다. 중국은 우리나라 수출의 20%를 차지하는 최대 수출 시장이자 최대 투자국이다. 중국 시장 없이는 성장을 담보할 수 없다. 한편 중국은 FTA 체결을 위한 압박의 강도를 높이고 있다. 단순한 경제적 이득을 넘어 정치 외교적 차원에서 접근하고 있기 때문이다(『중앙일보』 2008. 4. 18).

중국에 진출한 한국 기업이 양국의 경제를 주도해 왔으며 이것은 주로 투자와 무역이 연동된 구조였다. 중국에 진출한 한국 기업체가 한국 본사로부터 중간재(부품, 반제품)를 수입하는 행태이다. 한국의 대중국 수출품 중 80%가 중간재로 구성된 점이 이 같은 상황을 잘 설명해 준다. 중국 진출 투자업체는 한국에서 수입한 부품을 중국에서 가공하여 미국이나 유럽 등으로 수출(일본은 국내로 역수출)한다. '한국-중국-서방'으로 연결되는 3각 무역 구도가 형성된 것이다.

이 구도에 이상이 발생하고 있다. 2003년 한때 48.7%에 달했던 한국의 대중 중간재 수출 증가율이 2004년부터 꺾이기 시작하더니 2006년에는 8.4%로 한 자리 수에 머물렀다. 한국의 대중국 수출 증가율 역시 2003년 최고치(47.8%)를 기록한 뒤 하락세로 돌아섰다. 승승장구하던 대중 무역흑자는 2006년과 2007년 계속 감소하였다. 한국으로서는 '중국에서 벌어 일본에서 발생한 적자를 메우는 교역수지'가 점점 버거워지고 있는 것이다.

한 · 중 생산 분업 구도가 흔들리는 근본 이유는 중국의 기술 추적에 있다. 이제까지 중국 진출 투자 기업들은 중간재를 기술 수준이 높은 한국에서 들여왔다. 중국에서는 구할 수 없었기 때문이다. 그러나 지금은 다르다. 중국 기업의 기술 향상 및 다국적기업의 대거 중국 진출로 중국에서도 기술 부품을 쉽게 구할 수 있게 된 것이다.

베이징에 진출한 현대자동차의 경우 진출 초기였던 2002년 부품의 조달 비율은 약 40%(금액 기준)에도 못 미쳤다. 그러나 지금은 90%에 이른다. 노재만 법인장은 "중국에서 조달하는 부품의 기술 수준은 이미 한국 제품과 다르지 않다"며 "굳이 한국 부품을 쓸 이유가 없다"고 말한다. 부품 구도가 무너지는 또 다른 이유는 '무단 철수'로 상징되는 중국 내 경영 여건 악화 및 이로 인한 중간재 수요 감소이다. 중국 진출 기업의 무단 철수는 대중 수출 증가율 둔화와 무관하지 않다.

중 · 미 통상 마찰도 한 · 중 생산 분업에 영향을 준다. 양평섭 대외경제정책연구원 중국팀장은 "위안화 평가절상, 중 · 미 통상마찰 등으로 중국의 미국에 대한 수출 여건이 악화되고 있다"며 "이는 중국 진출 투자 기업의 수출 악화 및 중간재 수요 감소로 이어져 결국 한국의 대중국 수출에 부담을 준 것"이라고 말한다.

한국과 일본이 쉽게 FTA 협상에 응하지 못하는 것과 같이 한국과 중국 사이에도 심각한 문제가 있어 한 · 중 FTA가 쉽게 거론되지 못하고 있다. 하물며 한 · 중 · 일 3국의 FTA 문제는 더욱 복잡한 함수를 지니고 있어 지역적 인접성에도 불구하고 한 · 중 · 일 3국은 FTA 파트너로 멀리 있는 나라들과 교섭 중에 있는 것이다.

영내 교역 문제

또 하나의 영역이 3국 국가 간의 교역이다. 한국, 일본, 중국은 이웃하고 있으면서 대내 교역 비중이 유럽의 EU나 미국의 NAFTA에도 못 미치는 것을 보았다. 그러나 이번 부산 30인회에 참가한 경제 전문가들은 언젠가는 3국이 '협력할 것'이라 한다. 그 이유는 3국이 수출 대상국으로 하는 미국과 유럽이 쇠퇴해 간다는 것과 3국이 뭉치지 않으면 살 수 없다는 조건 때문이라 한다(『중앙일보』 2009. 4. 9).

한국 · 일본 · 중국 3국의 경제지수를 보면, GDP가 한국이 9,695억(1.8%), 중국이 33,823억(6.1%), 일본이 43,790억(7.9%) 도합 87,307억(15.8%) 달러이고, 외환보유고가 한국이 2,012억(세계 6위), 중국이 19,460억(1위), 일본이 10,306억(2위) 도합 31,778억 달러이며, 수출액이 한국이 3,714(2.7), 중국이 12,186(8.7), 일본이 7,143(5.1) 도합 23,044(16.5)달러이고, 수입액이 한국이 3,568(215), 중국이 9,559(6.7), 일본이 6,222(4.4) 도합 19,350(13.6)달러이다. 그리고 인구가 한국이 4,846(0.7), 중국이 132,863(19.9), 일본이 12,797(1.9) 도합 150,506(22.6)명이 된다. 따라서 한국, 중국, 일본이 협력하면 어디에도 뒤지지 않는 경제 공동체를 형성할 수 있는 것이다(『중앙일보』 2009. 4. 9).

동남아시아도 그렇지만 특히 한국과 일본이 가진 공통된 문제의 하나가 식량 문제이다. 한국과 일본은 식량 자급률이 낮은 나라들이다. 이들 나라는 공업화가 상당한 수준 이루어진 나라이고, 공업화로 도시 주변의 우량 농지가 택지화하여 경작지가 부족한 위에 식량 소비의 다양화를 이루어 쌀 소비는 감퇴하였으나 육류 소비량이 증가하고 있다. 기간작물인 쌀의 생산은 과잉이나 사료 곡물을 수입하고 있는 형편이다. 한국의 경우 쌀 이외의 곡물 2,400만 톤을 수입하는 나라이다. 중국은 식량 수출국이지만 조만간 한국 및 일본과 유사하게 식량 수입국이 될 것이다. 중국이 식량 수입국이 되면 동북아시아 경제는 심각한 문제에 봉착한다. 이것을 미연에 방지하기 위해서도 한국과 일본은 중국과 더불어 역내 식량 문제를 심도 있게 연구하고 공동 방안을 모색하는 것이 시급하다.

경제와 직결되는 문제는 아니지만 동북아시아 여러 나라가 경험하는 공통된 문제의 하나가 인구 문제이다. 그중의 하나가 산업화로 인한 인구의 도시 집중 현상이다. 동아시아 나라들에서 진행되어 온 도시화로 인한 도시인구의 비율은 다음과 같았다.

국가	1950년	1960년	1970년	1980년	1990년	2000년
중국	12.5	16.0	17.4	19.6	26.2	34.3
북한	31.9	40.2	54.2	56.9	59.9	62.8
일본	50.3	62.5	71.2	76.2	77.4	78.9
한국	21.4	27.7	40.7	56.9	73.8	86.2

출처: 嵯峨座晴夫 2002: 64. [단위: %]

농가 경제의 겸업화 내지 농촌인구의 도시 이주 현상은 일본의 경우 1960년대와 1970년대, 한국의 경우 1970년대와 1980년대에 이루어졌다. 인구 문제에서 심각한 것의 하나가 인구의 고령화 현상이다. 한국과 일본의 고령화 현상은 미국과 유럽 여러 나라와 유사하며 고령화 이후에 고령사회는 한국이나 일본이 미국이나 유럽 나라보다 빠르게 진전되고 있다. 인구 문제는 중국이 초기부터 우려하여 자녀 한 명 낳기 운동을 전개해 왔다. 그러나 중국도 산업화와 더불어 인구의 도시 진출 그리고 인구의 노령화가 급속하게 진행되고 있다. 따라서 인구 문제도 한국, 일본, 중국이 같이 고민해야 할 문제의 하나이다(北原淳 2002: 30).

지역 은행

지역 공동체를 구성하는 데 중요한 항목이 지역 은행을 갖는 것이다. 아시아통화기금(AMF)은 과거 치앙마이회의에서 시도된 적이 있으나 아직 본격적인 추진이 이루어지지 않고 있다. 이것 외에도 고안되었으나 실제로 완성을 보지 못한 것으로 아시아개발은행(ADB)과 동북아개발은행(Northeast Asia Development Bank, NEADB)이 있다(김재한 2005: 195).

이러한 은행 이외에도 일부 시민 단체에서 시작한 모임이 있다. 이를테면 1998년 일본 요나고시(米子市)에서 시민 단체로 이루어진 '개발금융전문가회의'가 있었다. 2000년에는 중국 톈진에서 9회째의 전문가회의를 소집하고 이때 톈진시가 전문가회의 본부의 유치 의사를 밝힌 바 있다. 제10회는 2001년 창춘에서 개최되었고 이곳에서도 창춘시가 전문가회의를 유치할 의사를 표명하였다. 그리고 2002년에 개최된 제11회는 앵커리지에서 개최되었고 이곳에서 '동북아시아 개발금융 워크숍'을 설치하였다. 그러나 국제기구 NEADB의 반대로 전문가회의가 은행으로의 발전을 계속 저지당하고 있다(東京財團 2003: 3).

금융에서 반대 의견을 가진 일본과 중국이 미국 지향에서 공동운명체를 형성하기도 한다. 이를테면 미국채(債)를 가장 많이 사는 나라가 일본과 중국이다. 한편 미국 시장은 일본과 중국의 최대 수출국이기도 하다. 이것이 일본이나 중국의 경제성장을 가능하게 하고 있다. 따라서 일본과 중국은 미국채의 중요한 구매자가 되기도 한다. 말하자면 금융을 통하여 일본, 중국, 미국은 공동운명체를 이루기도 하는 것이다(小原雅博 2005: 274).

동북아시아의 경제 공동체 형성을 위한 노력은 상당히 진전을 보이고 있으나 실무 차원에서는 크게 진전된 것이 없다. 그러나 미국채

구매에서 보는 것과 같이 중국은 중국 나름으로 일본은 일본 나름으로 아시아 은행 또는 동북아시아 은행의 주도권을 행사하고 경제 공동체의 주권을 행사하려 한다.

8. 한·중·일의 경제적 특성

동북아시아 나라들은 동북아시아 경제협력체를 구상하면서 헤게모니 문제로 오히려 목적을 흐리고 있다. 그것은 동북아시아 나라들이 유사한 경제구조로 되어 있기 때문이다. 말하자면 동북아시아 국가들은 보완적 관계보다 경쟁적 관계를 맺을 수밖에 없는 경제적 구조를 가진 것이다.

정부 주도형

일본을 위시하여 한국 그리고 중국의 경제 발전 양상은 모두 공통된 점을 보이고 있다. 그 특성의 첫째는 정부 주도형이라는 것이다. 선진국이라는 일본이 그러했듯이 한국 역시 예외가 아니며, 현재 진행 중인 중국 또한 이 유형에서 벗어나지 못하고 있다. 둘째는 동북아시아 나라들의 경제 발전은 계획 선도형의 혼합 경제 체제라는 것이다. 그리고 셋째는 동북아시아 나라들의 기업 문화가 유교 문화의 특성이 있다는 것이다. 이것은 IMF 위기를 맞이하여 동북아시아나 동남아시아 나라들이 지적받은 것으로 아시아의 기업이 유교 문화적이라는 것이다. 이를 '유교적 자본주의'라 한 것이다. 이것은 기업을 가족으로, 운명 공동체로 생각하는 것이다. 이러한 전근대적 기업체 형상과 이에 따른 전근대적 기업 경영이 IMF 위기 시 문제가 되었으며, IMF 위기를 기하여 많이 수정되었으나 아직도 유교적 사고에서 크게 벗어나지 못하고 있는 것이기도 하다.

수출 지향적 경제구조

한국 · 일본 · 중국 경제의 특성 하나가 수출 지향성이다. 이것을 '외향적 열린 경제'라고 한다. 그 실상을 보면 일본은 1950년대 후반부터 수출 지향적 경공업이 발달하고 1970년대 중화학공업이 수출 우위를 점하면서 선진국 대열에 진입한다. 즉 일본은 수출 지향적 공업화를 이룬 대표적 나라가 된 것이다.

'신흥공업국'(Newly Industrializing Countries, NICs)은 일명 수출주도형공업화(Export-led Industrialization) 또는 외향공업화(Outward-looking Industrialization)라 한다. 신흥공업국의 대표적 나라인 한국은 1960년대 경공업 수출국에서 시작하여 방직, 섬유, 피혁, 의류, 목재 가공 등 노동집약적 경공업에서 성공을 거두고 1970년대 중화학공업화에 성공하였다. 1980년대 후반부터 노동집약적 경공업을 동남아시아 국가에 이양하면서 한국은 기계공업 부문으로 비교우위를 옮겨가고 있다. 후발국이지만 한국도 일본과 유사한 수출 지향적 체제를 가지게 된 것이다(末廣昭 2001: 3).

중국은 1980년대 후반 개혁 개방을 통하여 경제성장을 시작하더니 10년 내에 아세안과 같은 수준에 이르러 이른바 '중국의 기적'을 이루고 있다. 중국은 경공업 제품의 수출국이면서 중화학공업화와 첨단산업화를 동시에 추진하고 있으며, 거대 인구 시장을 배경으로 막대한 양의 수출을 도모하는 수출 왕국이 된 것이다.

이러한 동북아시아의 산업구조 변화를 '중층적 추적'이라 한다. 이와 같이 동북아시아 국가들은 유사한 산업의 발전 단계를 거치지만 모두 수출 지향적이라는 공통점을 갖고 있다. 이들 국가는 원자재를 수입하고 이를 가공하여 완성된 소비재는 주로 미국이나 유럽 나라들에 수출하여 완전한 '자기 순환구조'를 갖지 못하고 있다. 이러한 구조는 중국의 등장으로 더욱 심화되어 가고 있다(原洋之介 2002: 72).

산업구조의 이동

동북아시아에서의 수출 경쟁력 구조의 변화는 일본 산업구조와 연관이 있는 것이다. 일본의 엔고로 인하여 여러 영역에서 수출 경쟁력을 상실하자 일본 기업들은 생산 기지를 노동력이 저렴한 동남아시아나 중국으로 이전하였다. 그 결과 동남아시아 여러 나라는 일본 기업을 중심으로 생산과 유통 네트워크가 이루어졌다.

일본의 뒤를 이은 한국도 노동임금의 상승으로 임금이 싼 동남아시아나 중국으로 생산 시설을 옮기고 있다. 이것과 연동하여 화교 자본의 유사한 생산과 유통 네트워크를 만든 것이다. 여기서 흥미로운 현상을 볼 수 있다. 즉 나라가 산업이나 기업을 선정하는 것이 아니라 기업이 나라와 지역을 선택하는 시대가 된 것이다.

산업구조의 지역적 이동으로 후진국이 선진국의 기술을 바로 도입하는 현상을 이루어 경제 발전단계를 한 나라만의 발전단계가 아니라 도입된 외국의 단계와 종합하여 평가하게 된 것이다. 이러한 현상은 산업구조의 수직적 관계를 이루지만, 한편 지역 간의 협력을 추진하는 데 유리한 조건으로 작용하게 된다.

과잉투자

세계 규모에서 본다면 동북아시아 지역의 특성 하나가 과잉투자, 과잉설비가 이루어진 지역이다. 일본이 그러하였고 한국 또한 그러하였으며, 중국 또한 그러한 지향을 보이고 있다. 이러한 현상은 모두 수출 지향적인 산업구조로 되어 있기 때문이다. 그리고 생산 제품 영역도 수출 선호품인 스포츠 세트, 자동차, TV 반도체 제품, 석유화학 제품, 철강, 선박 등이고, 각국의 수출품이 유사 종목이기 때문에 영내 국가들의 경쟁이 심하여 가격 하락을 촉진하고 있다(原洋之介 2002: 73).

1993년 세계은행이 동아시아의 기적(East Asia Miracle)에서 고도성장을 이룩한 아시아 경제군으로 일본, 한국, 대만, 홍콩, 싱가포르, 태국, 말레이시아, 인도네시아 8개 지역을 지적하였다. 이들 나라는 유사한 경제구조로 되어 있으며, 유사한 제품을 생산하여 유사한 나라로 수출하여 유사한 업적을 이루고 유사한 경제 수준에 이른 나라들이라 한다(西村成雄 2002: 178).

이러한 경제구조의 유사성은 경제 공동체를 만드는 데 불리한 조건이라 볼 수 있다. 그러나 한편으로는 중국이 경제 발전을 이루면 소비 국가의 기능을 담당할 수 있기 때문에, 공동체를 형성했을 때 순환체계를 이룰 수 있는 조건을 갖추기도 하여 반드시 불리한 것만은 아니다.

소결

아시아에서 일본을 경제 발전의 제1군, 한국을 위시한 네 마리의 용을 제2군이라 한다면 중국의 발전은 제3군이라 할 수 있다. 한편 '동아시아의 기적'을 연대기에 따라 1950년대는 일본, 1970년대는 한국 그리고 1990년대는 중국이 경제 기적을 이루면서 발전하고 있다.

한국, 중국, 일본이 경제적인 통합을 논할 때 항상 문제가 되는 것으로 3국의 경제 · 기술 격차 등을 언급한다. 즉 일본은 경제적으로 원숙한 단계에 돌입하였고, 한국은 네 마리의 용과 같이 경제 발전의 중도국이며, 중국은 아세안과 같이 신흥공업국의 단계에 있는 것이다. 이러한 경제 성숙도나 경제 수준이 보완적인 관계로 발전할 수 있으나 동북아시아 나라들은 대외 수출 지향의 유사한 산업구조로 되어 있기 때문에 협력보다 경쟁의 대상이 되기 쉽다.

그러나 동북아시아에서 중요한 경제 현상의 하나로 지적된 산업기술의 서진 현상은 동북아시아 나라 사이의 산업 격차를 줄이는 데 도움이 되고 있다. 말하자면 일본과 한국에서 중국으로 산업 기술이 유입되어 가는 것이다. IT 기술을 위시하여 목재 가공, 주택 건설, 기계 · 농업 등의 기술이 국경을 넘어 동에서 서진하고 있으며, 서진의 범위가 중국만이 아니라 동남아시아 나라에까지 미치고 있다. 한국 기업이 중국에 진출한 것이 그 대표적인 예가 된다. 한국의 기술이 중국으로 들어가 중국은 빠른 속도로 한국의 수준 높은 기술을 배우고 소화하여 빠르게 산업화를 추신하는 것이다.

현재 구체적으로 진행되고 있는 경제협력체는 중국에서 볼 수 있는 것과 같이 화남지구, 화동지구, 화북지구 등 몇 개의 성을 포함하는 지역협력체가 있을 뿐이다. 한국을 포함한 동북부 지역은 일본이 주장하는 환동해 협력권과 중국이 주장하는 환황해 동북경제권 등이 있다. 일본이 주장하는 환동해권은 생산보다 물류와 교류를 중심으로 이루어지고 중국의 환황해권은 생산이 주가 되고 있다. 이들 지역권이 더 성숙한 단계에 이르면 국가들을 하나의 단위로 묶는 지역 경제 공동체가 성립할 것이다.

동북아시아의 지역 공동체를 말할 때 한 · 중 · 일 3국은 동북아시아에 국한하지 않고 동남아시아를 포함한다. 그것은 중국과 일본이 동남아시아에서 갖는 이권 때문이다. 중국이 동남아시아를 중요시하는 것은 이곳에 막강한 경제력을 가진 화교들이 있기 때문이다. 화교를 매개로 중국은 동남아시아 경제권을 주도하는 공동체 형성에 힘을 기울이고 있다. 일본은 일본대로 동남아시아에 막대한 ODA 자금을 후원한 지역이기에 가만히 물러설 수 없는 조건을 갖고 있다. 더욱이 일본은 미국과 중국을 압도하는 '현금 동원 능력'을 바탕으로 아시아에서 엔블럭을 구축하려는 꿈을 가지고 있다. 중국과 일본의 이러한 경쟁과 대립을 상징하는 것이 중국의 「상하이선언」과 일본의 「도쿄선언」이다.

동북아시아의 경제 공동체를 논할 때 큰 자극이 된 것이 외부로부터의 충격인 IMF 위기이다. 1995년 멕시코는 경제 위기가 닥치자 미국이 즉각 개입하여 위기를 면했으나 1997년 태국의 경우 미국이 개입을 꺼렸고, 일본이 수습할 줄 알았으나 우물우물하는 바람에 한국을 포함한 아시아 나라들이 경제 위기를 경험하게 된 것이다. 경제 위기를 계기로 정체성을 재고하게 된 아시아인들은 자구책으로 동아시아 통화기금의 창설을 서둘고 통화 교역을 제안하기에 이른다. IMF 위기는 동남아시아를 포함하는 경제 공동체를 확연하게 표현한 것이 된다.

한편 IMF 위기는 동아시아 중에서도 한국, 중국, 일본을 포함하는 동북아시아 나라들에 책임을 묻는 계기가 된 것이다. 동북아시아 3개국은 동아시아통화기금을 책임지는 나라로서 역할을 부여받은 것이 된다. 따라서 동북아시아 3국의 경제 통합이 우선되어야 한다는 명제가 분명해진 것이다. 이러한 상황과 조건에서 3국의 정상들은 「후쿠오카선언」을 하거나 3자 위원회를 조직하여 경제적인 통합을 주장하고, 아시아 개발 포럼이나 아시아 경제 공동체 포럼 등이 경제적인 협력과 통합을 위하여 지혜를 모으고 있다.

동북아시아 국가들은 같은 경제구조를 갖기 때문에 협력보다 경쟁을 일삼는다. 때문에 협력체를 이루는 데 어려움이 있다고 한다. 그러나 경제가 보완적 관계에 있으면 오히려 경제 통합 시 주종 관계를 형성하기 쉽다. 그러나 유사한 체제가 결합할 때 그것은 평등한 관계를 갖고 양보와 타협이 존재하기에 수평적 경제협력 관계를 구축할 수 있다. 이를테면 EU를 시작한 프랑스와 독일이 보완관계에서 출발한 게 아니라는 것이다.

동북아시아 3국이 유사한 경제구조이면서 경제적인 협력과 통합체를 이루려면 각국의 경제 수준이 유사해지는 것이 첫째 단계이다. 즉 후발국인 중국의 경제가 한국 또는 일본의 수준에 이르면 통합이 빨리 이루어질 수 있다는 것이다. 중국이 경공업 수출의 생산, 중화학공업의 수출 그리고 최첨단 산업의 수출을 동시에 서두르는 것도 이러한 이유에서 일 것이다. 현재 중국은 추진하고 있는 경제성장의 속도로 보아 일본이 현재 수준을 이룬 시간 또는 한국이 이룬 시간보다 훨씬 단축될 것이다.

동북아시아의 경제 공동체 형성은 정치 공동체 형성보다 빠를 것이다. 그것은 경제가 과거보다 미래지향적이고 실리적이기 때문에 과거지사에 별 구애를 받지 않기 때문이다. 그러나 경제 영역에서의 중국과 일본의 헤게모니 싸움은 순수 경제적인 견지에서 야기되는 것은 아니다. 말하자면 경제면에서도 민족주의 감정이 노출되는 것이다.

정치 공동체와 같이 경제 공동체에서도 공동체 형성에 힘을 가하는 것은 두 영역에서 이루어졌으며, 앞으로도 그럴 것이다. 두 방향이란 첫째, 외부로부터의 자극이고 둘째, 내부로부터의 추진력의 강화이다. 외부로부터의 충격에 의하여 내부의 결속을 다진 것이 IMF 사태이다. 이것으로 인하여 동아시아 나라들이 큰 충격을 받았고, 특히 동북아시아 나라들이 금융 위기를 극복하기 위한 책임을 느끼게 되었고 경제적인 협력의 첫 단계로 금융의 협력체 구상을 서두르고 있다. 두 번째로 지적한 내부로부터의 추진력이란 자체 내부에 갖고 있던 약점, 즉 유교 자본주의라고 하는 사회 경제적 모순을 발견하고 이것을 수정하려는 의지를 갖추게 된 것이다. 동북아시아 3국이 경제 공동체를 이루지 못하는 것은 경제적인 조건보다 경제 외적인 조건에 의한 것이다. 유교 자본주의라고 지적한 경제 외적 조건은 아직도 주정주의, 혈연주의, 연고주의 등의 관계망이 경제 활동과 경제 조직에 영향을 주고 있는 것이다. 그리고 국내 경제 현상에서만이 아니라 이웃 나라에까지 영향을 주어 동북아시아 3국이 선뜻 경제 공동체를 이루지 못하는 조건이 되는 것이다.

이것을 해결하는 방법은 서둘러 유교적 자본주의 현상에서 벗어나는 것이다. 그 방법의 하나가 동북아시아 3국이 문화 공동체를 이루는 것이다. 경제 공동체는 지역 공동체 형성의 필요조건은 되지만 충분조건은 되지 못한다. 지역 공동체 형성의 충분조건은 문화 공동체이다.

제3장

동북아 공동체와 문화

동양의 문명

동북아시아가 하나의 지역 공동체를 형성할 때 그것은 문화권이 기반이 될 수 있다. 한국, 중국, 일본을 포함하는 동북아시아에 문화권이 성립할 수 있는가? 흔히 유교 문화권이라 하는 동아시아는 실은 유럽의 기독교 문화권 못지않은 문화적인 공통분모를 소유하고 있었다. 이것이 근세사에 이르러 서세동침의 압력에 압도되어 각기 다른 서구 문명의 흡수와 서구 중심의 근대화 그리고 세계화를 서두르고 있다. 동북아시아의 전통인 유교가 다시 거론되기 시작한 것은, 특히 NIEs라는 네 마리의 용이라 불리는 한국, 대만, 홍콩, 싱가포르가 일본에 이어 경제적인 두각을 나타내면서부터이다.

이들 후발 국가들이 모두 유교를 신봉하는 동아시아에 있다는 것이고, 발전의 근대에는 유교적인 근면과 성실이라는 바탕이 있었기 때문이라는 견지에서 유교 문화권이 대두하였다. 이들 네 마리의 용을 뒤따르는 중국은 유교의 원조국으로 중국의 발전과 더불어 유교 문화권이 더욱 주목을 받게 되었다. 그렇다면 과연 유교 문화권이 존재했느냐 그리고 이들이 어떻게 발전해 왔으며 오늘의 동북아시아 문화권을 형성할 기반이 있었는가를 살펴보기로 한다.

1. 동북아시아의 역사

아시아의 두 고대 문화

철기 문화가 시작되기 이전 동북아시아에는 두 문화의 주류가 있었다. 하나는 몽골고원에서 만주, 한반도 그리고 일본으로 이어지는 '알타이 문화'이고, 하나는 양쯔 강과 황허 강을 잇는 중국 문화이다. 요하(遼河)에서 발달한 알타이 문화는 한반도로 유입되면서 빗살무늬토기와 무문토기 문화를 이룬다. 한편 황하 유역에서 발달한 채도토기(彩陶土器)는 다시 흑토토기(黑陶土器)를 가진 용산(龍山) 문화로 발달한다. 즉 북방에서 동북으로 이어지는 알타이 문화와 중국의 황허 강에서 양쯔 강으로 이어지는 중국 중원 문화가 있었다.

성당 문화

중국의 중원이 동아시아의 원천적 역할을 하는 것은 당(唐)나라 시대인 이른바 성당(盛唐)시대이다. 막대한 군비로 강한 군사 제국을 이룩한 당나라는 과거제도를 채용하여 문벌 귀족을 타파하고 인재를 고루 등용하며 관용적 정책과 개방적인 정책으로 성당시대를 이루었다. 당나라는 모든 종교에 관용적이어서 도교, 유교, 경교, 불교를 포용하였고, 특히 불교를 수용하고 건축과 조형예술을 발전시켜 찬란한 귀족 문화를 꽃피웠다. 성당시대에 이루어진 낙양(洛陽)의 도시 형태는 사방으로 정방형을 이루는 도시를 건설하여 고대 도시 문화의 표본이 되었다.

마치 서양에서 모든 문화를 흡수한 로마제국이 서양의 고대 문화를 이룩한 것과 같이 당나라는 아시아의 모든 문화를 흡수하여 찬란한 고대 귀족 문화를 이룩한 것이다. 로마 문화와 당 문화의 개화기도 비슷하였다.

당나라 문화를 흡수한 고구려, 백제, 신라가 유학(儒學)으로 정치 이념을 삼고 교육제도를 정비하는 한편, 귀족 문화와 더불어 불교문화를 흡수하여 고대 문화의 개화를 보게 되지만, 특히 신라에 이르러 더욱 찬란한 귀족 문화를 꽃피우게 된다. 신라의 수도인 경주(慶州)는 이러한 고대 문화의 상징으로 바둑판과 같이 반듯한 길들이 동서와 남북으로 교차하면서 각선미를 갖춘 도시를 건설하고 그 안에 고도로 발달한 불교 사찰을 조화롭게 안치하여 조형미술의 극치를 이루었다. 당나라의 귀족 문화가 신라를 경유하여 다시 일본으로 전파되어 개화한 것이 헤이안 문화(平安文化)이다. 일본 고대 문화의 상징인 나라(奈良)는 중국의 낙양, 한국의 경주와 더불어 동북아시아 3대 고대 문화의 개화 지역이라 할 수 있다.

동북아시아의 중세

한(漢)나라 이래 중국은 유교에 입각한 예의작법(禮儀作法)을 지키지 못하는 주변 민족을 '이적'(夷狄)이라 불렀다. 그러나 중국 중앙에서 되풀이되는 이민족 왕조의 강세에 의하여 중국은 열등감마저 갖게 되었다. 이에 송(宋)대 지식인들은 정통사를 제조하고 예를 실천 가능한 것으로 간소화하여 예론을 정비하여 중국인의 자존심을 재생하게 된다. 이것이 신유교라는 주자학(朱子學)이다.

중국은 다시 한 번 이적인 몽골족에 점령당한다. 몽골족이 중원을 점령하고 세운 나라가 원(元)나라이다. 원나라는, 동아시아는 물론 동아시아 영토를 훨씬 넘는 중앙아시아를 포함하고 멀리 유럽에까지 확장하여 유라시아 전 판도를 국내 영토로 하는 역사에 드문 대제국을 건설하였다.

원이 망하고 명(明)나라가 건립되더니 다시 중국은 청(淸) 왕조가 중국의 중원을 점령하였다. 다시 한 번 화이변태(華夷變態)가 생긴 것이다. 중국 역사는 한족과 이민족이 교차하는 왕조이면서 이것을 '정사'(正史)로 이어갔으니, 이 연속성이 허구이고 '중국', '중화'는 환상으로만 성립된다는 것을 알게 되면서 주변 민족들이 중원에 반발하고 자기의 것을 발전시키는 중원의 분유(分有) 현상이 출현하게 된다(吉田博司 2003: 61).

군소 국가들의 문예부흥

세계 대제국인 원이 망하는 시기 동북아시아를 포함한 북아시아의 두드러진 현상의 하나가 각 민족의 민족 문화가 융성해지는 것이다. 그란족이 세운 요왕조(遼王朝)에서 그란문학(契丹文學)이 창안되고, 한국에서는 독창적인 표음문자인 한글이 창제되며, 이에 따른 한국 문학이 성립되기 시작한다. 일본에서는 가명문자(仮名文字)가 창안되어 이른바 국풍문화(國風文化) 시대가 전개되었다. 중국의 북부 서북회랑(西北回廊) 지대에 있는 서하(西夏)에서는 서하문화(西夏文化)가 출현한다.

중세 한국

조선조는 체제 교학으로서 송나라의 주자학을 채용하고 예를 실천함에 있어 중국보다 상위에 있다고 생각해 왔다. 한국은 고려 말부터 불교를 배척하고 조선조에 들어서는 유교로 쇄신하였고, 주자의 예를 수용하고 이것으로 대중의 교화를 시도하였다. 16세기 후반 중국에서 양명학(陽明學)이나 육상산(陸象山)의 학이 주류를 이루자 한국은 이것을 사설(邪說)이라 하였으며, 중국보다 더 철저히 예를 실천한다는 긍지를 갖게 된다. 특히 명나라가 멸망하고 야만인 만주족의 청(淸)이 명을 계승하자 중국이 중화가 아니라고 생각하고 조선이 예의 정통 국가라고 생각하게 되었다.

그러나 현실은 청과 조공 관계를 맺어야 하였다. 청 또한 유교적 세계상인 중화 의식을 갖도록 노력해야 하였다. 그리하여 청과 조선은 서로 모순적 관계이면서 무(武)보다는 덕(德)으로 천하를 압도하고 세계를 교화시켜야 한다는 이념과 사명감을 공유하게 된다. 그리하여 청은 조선을 조공 체계에서도 특별대우를 하여 세계 질서의 제2인자로 여기게 되었다(김승일 1999: 33).

중세 일본

일본은 한국이나 베트남과 같이 직접 중국에 접하지 않았다. 그러나 유교가 중화사상이라는 기(器)에 들어간 내용물에 지나지 않고, 자기를 문명의 중심이라 생각해 왔다. 그러나 일본은 막부시대 이후 유교를 수용하여 무사 계급의 정신적 근간으로 삼았으니, 일본에서는 유교가 무사 계급을 시시하는 사상적 중추가 되었다.

동북아시아의 주축을 이루는 중국, 한국, 일본은 찬란했던 문명의 개화기인 성당시대를 절정으로, 마치 서유럽이 로마제국의 판도에 들었다가 로마 쇠퇴 이후 각자의 문화를 발전시킨 서구 문명과 같이, 동양에서는 중국 본토의 화이변태로 중원이 제구실을 못하면서 그리고 한국에서는 정통 유교 문화를 계승하는 새로운 한국 문화가 성립되어 갔다. 일본에서는 일본 나름대로 특이한 일본 문화를 꽃피워 갔다. 그리하여 중세 이후 동북아시아 3국은 나름대로 성격이 분명한 문화권을 형성해 갔다. 그러나 중국이 화이변태가 발생하여도 주변의 오랑캐 나라들이 중원을 차지하면 모두 한화(漢化)하는 것과 같이 동북아시아

3국의 독자적인 문화권도 큰 테두리의 유교 문화권을 벗어나는 것은 아니었다.

2. 유교 문화권의 요건

유교의 4요소

유교 문화권이라 할 때는 보통 유교(儒敎), 한자(漢字), 율령(律令) 그리고 불교(佛敎)의 4요소 공유를 말하고, 그 범위는 중국, 한국, 일본 그리고 월남을 포함한다. 유교는 공맹학(孔孟學)을 중심으로 4서(書) 3경(經)을 중국, 한국, 일본 그리고 월남의 지식인을 통하여 전달되었고, 국가의 통치 이념이자 일반인에게는 신앙이 되었다. 이것이 동아시아 문화권의 윤곽과 내용이 된다. 이러한 동아시아의 문화권 형성은 중국의 한(漢)나라에서 시작된다(신채식 2008: 185).

유교 문화

공자에게서 시작된 유교는 한나라 무제(武帝)가 관학(官學)으로 채택하면서 중국의 국가 통치의 지도 이념이 된다. 통치자의 덕(德)을 강조하는 유교는 정치-교육 일치주의를 강조하여 교육을 강조하고 개인의 교화에 주력한다. 중국은 유교 국가의 기틀을 마련하였고, 이것이 주변국인 한국과 월남 그리고 일본으로 동심원적인 확산을 이루어 이 나라들의 정치 이념과 사상의 기반이 되어 동아시아 문화권의 중요한 요소가 된다(고병익 1996: 100).

불교는 물질을 경시하고, 도교가 자연주의인 것에 비하여 유교는 집단적 생활의 윤리이고 도덕이다. 사회생활의 질서를 강조한 유교 문화는 개인에게 실천을 강조하는 가치를 체계화한 것이며, 인간을 조직화 또는 교화하는 실천윤리이다. 따라서 모든 나라의 역대 위정자는 유교를 백성에게 장려해 왔다.

한자 문화

갑골문자에 뿌리를 두고 한나라 시대에 완성된 한자(漢字)는 한나라를 문명국으로 만들었을 뿐만 아니라 글 없는 주변국으로 전파되어 한자 문화권을 형성하였다. 한자는, 공적으로는 중국과 주변국의 외교적 수단이었고 사적으로는 사상과 학문을 전파하는 수단이 되었다. 특히 한자는 유교사상과 율법제도 그리고 불교를 전파하는 중요한 매개체이기도 하였다(신채식 2008: 185).

중국의 한자는 위정자나 관리 그리고 학자에게만 전파된 것이 아니었다. 오늘날 한국과 일본의 어휘 중 70% 이상이 한문자에 근원을 두고 있다. 이러한 현상은 마치 현대 유럽 문자의 많은 부분이 라틴어에 근원을 두고 있는 것과 유사하다. 한자를 배우는 것은 글자를 배우는 것이 아니라 글자를 통하여 중국의 학술, 문화, 제도, 사상 및 유교와 정치제도로서의 율령을 배우는 것이다. 더 나아가 불교를 수용함에 있어서도 한자로 해석된 『한해불전』(漢解佛典)을 통하여 불교를 수용한 것이다. 이와 같이 한적(漢籍)을 통한 문화 교류를 이룩한 현상을 '동문동종'(同文同種)이라 한다(吉田博司 2003: 112).

한 · 중 · 일 사이에는 공용어가 없다. 그러나 하나의 공동체를 형성할 때 3개 국어는 11개의 언어를 가진 EU에 비하여 적은 편이다. 특히 일본은 현재까지 한자를 일본 문자인 히라가나와 혼용하여 사용하고 있으며, 현재도 학교에서 1,945개의 한자를 배우고 있다. 한글을 장려하는 한국도 현재 학교에서 1,800자의 한자를 배우고 있다(고병익 1996:

122).

율령제도

율령이란 황제를 정점으로 하는 국가의 체제와 국가의 기구를 정하고 백성에 대한 조세와 토지제도를 규정하는 법체계와 형벌 체계를 주로 하는 율법을 말한다. 이것은 진나라에서 시작되었으나 한나라에서 완성되어 고대국가의 바탕을 이룬다. 중국을 위시하여 한국과 일본에서 근세 서구 제도를 모방하기 이전의 이른바 봉건국가의 바탕을 이룬 것이 이 율령제도였다. 동북아시아에서 율령제도는 근대국가의 성립과 동시에 사라지고 말았다.

대승불교

동북아시아 3국은 각기 다른 종교적 기반을 두고 있다. 일본은 신도이즈(神道)이고, 한국은 샤머니즘 무교(巫教)이며, 중국은 도교이다. 그리고 불교는 공통으로 갖고 있다.

인도에서 발생한 불교는 한나라 무재시(AD 65년경) 실크로드의 개척으로 중국이 수용하여 처음에는 도교(道教)와 같이 중국의 상류사회로 전파되었다. 중국식으로 고착된 대승불교, 즉 국가를 옹호하는 호국 불교의 성격이 강한 불교가 된다. 이것을 372년경 한국이 그리고 538년경 일본이 수용하여 자기의 불교로 재생산해 간다(신채식 2008: 200). 동양에 전파된 대승불교는 신앙으로서의 교리보다 사찰과 불상과 같은 조형미술을 동반하고, 이것이 찬란한 고대의 귀족 문화를 꽃피웠다. 그리고 중국, 한국, 일본은 종합예술로서 불교문화를 유지하고 발전시켜 갔다.

이상 유교의 4요소는 2000년의 역사를 갖고 동북아시아 3국의 체제를 유지해 왔다. 국가는 유교적 통치 이념으로 나라를 다스리는 원리로 삼아 제왕 정치를 실현하려 노력해 왔다. 유교적인 사회질서를 동북아시아 3국은 사회제도의 근간으로 하여 율령제도를 유지해 왔다. 무엇보다 동북아시아 3국은 유교를 교화의 수단으로 하여 백성을 다스리고 백성으로 하여금 유교적인 가치관과 도덕 윤리를 체질화하기를 바랐다. 이러한 유교적 윤리에 의하여 개인은 가족에 충실하고, 가족이 평안할 때 국가가 안전하다는 대전제가 유교적 원리의 근간이었다. 이러한 유교가 2000년을 유지해 온 것은 이른바 아시아적인 생산양식, 즉 농경 사회가 유교를 발달시켜 온 때문이다. 근세 서구의 동참으로 동북아시아 3국이 개항하기 전 동북아시아 3국은 아시아적 생산양식을 기반으로 아시아적 봉건사회를 발달시키고 아시아적 봉건국가를 유지해 왔던 것이다. 그 대표적인 나라가 중국과 한국이다.

앞에서 살펴본 바와 같이, 중국의 중원이 이족으로부터 정복을 당하여도 중원을 정복한 왕조가 바로 한화할 수밖에 없었던 것은 중국이 봉건 체세를 유지하는 농경 국가이었기 때문이다. 일본이 무사제도를 발전시키고, 어업이 중요한 생산수단이라 하지만, 일본 역시 농경을 기반으로 하는 농경 국가였고, 이것을 보호하는 수단으로 무사제도를 발전시킨 것이다. 이러한 의미에서 근대 이전의 일본 역시 아시아적 생산양식과 아시아적 봉건제도를 유지해 온 나라이다.

3. 서구의 동침과 동북아시아 응전

서세동침

300년 가까이 중국을 지배해 온 청나라가 기울기 시작했을 때, 500년을 이어 오면서 조선왕조가 말기적인 형상을 보이기 시작했을 때 그리고 300년 일본을 이끌어 오던 도쿠가와 막부가 말세적인 약점을 보이기 시작했을 때 이들은 모두 서양의 침공을 받는다. 구미 열강들은 과학과 기술의 진보에 의한 압도적 군사력과 산업혁명을 통하여 비약적으로 확대된 경제력을 바탕으로 아시아로 밀려왔다. 서구 열강이 몰려오자 동북아시아 국가들은 일제히 문을 닫고 서구를 중요시하지 않았다. 그리고 서구에 대하여 서구의 물질적인 것만 수용하려 하였다. 일본은 명치 시대 이후 화혼양재(和魂洋才), 중국은 중체서용(中體西用) 그리고 한국은 동도서기(東道西器)를 내세운 것이다. 이들은 다 같이 동양의 정신에 서양의 물질문명을 대비하여 서양에서 배울 것은 물질 위주의 과학기술뿐이라 한 것이다(고병익 1996: 103).

동북아시아 담론

서양의 문물과 학문을 수용한 동북아시아 나라들에서는 서양 문물에 익숙해지면서 동양에 대한 각성과 반성이 야기되었다. 동양이 새로이 나아갈 방법을 모색하고 더 나아가 서양에 대항하는 사조까지 가지게 된다.

변법자강운동

서양에 의하여 위축되고 파괴된 중국을 새로 개혁하여 부강한 나라를 만들어야 한다는 운동을 변법자강운동(變法自强運動)이라 한다. 이러한 개혁운동을 주창한 사람이 강유위(康有爲)와 양계초(梁啓超)이다. 강유위는 서양의 진화론적 인종론을 받아들여 황색인종의 우수성을 논하였다. 그리하여 서양이 우수하다는 정치제도인 양원제도 역시 결국 공자의 제도와 다를 것이 없다고 하였다. 따라서 서양 것을 배우자는 양무운동, 즉 중국의 예는 그대로 두고 서양에서 필요한 것만 취하자는 이론에 대하여 강유위는 중신(中身)을 보강시키는 변법은 다름 아닌 공자교를 부흥시키는 것이라 하였다. 말하자면 서양에서 배워야 할 것이 아니라 오히려 공자교를 배워야 할 것이라 하였다(吉田博司 2003: 35).

양계초도 진화론적 인종론을 보강하여 중국인종이 우세하고, 황인종인 한종(漢種)은 고대 신화인 황제(黃帝)의 자손으로 문명의 원조라 하였다. 서양의 기술이나 제도가 중국의 것과 유사하여 처음부터 배울 생각이 없으며 다만 변법할 것은 기술뿐이라 하였다.

강유위나 양계초에서 보는 것과 같이, 초기 개혁론자들은 서양의 인종론을 받아들여 오히려 중국인종이 우수하다는 주장을 하고, 서양의 제도가 모두 옛 중국의 것과 유사하여 새로운 것이 없으며, 다만 중국이 현재 허약한 것은 제도에 의한 것이 아니므로 이것을 강한 것으로 개조하여 부강한 나라를 만들자는 것이었다.

쑨원의 아시아주의

중국을 포함한 아시아를 논한 사람이 쑨원(孫文)이다. 그는 일본 고베에서 유명한 '대아시아주의'라는 연설을 하였다. 그는 말하기를, 아시아 문화가 우월할 뿐만 아니라 가장 오래된 것이며 아시아는 문화의 발상지이다. 아시아는 수천 년간 수준 높은 문화를 보존해 왔으나 이것은 쇠퇴기에 서구라파의 침략을 받았으며 몇백 년간의 압제로 고난의 시기를 견디어야 하였다. 아시아는 아시아 사람이 주인공이 되어야 한다. 일본은 메이지유신을 통하여 아시아의 첫 번째 독립국가가 되었고, 노일전쟁의 승리는 유럽인에 대한 아시아인의 승리이다. 문화에는 '왕도론'과 '패도론'이 있다. 패도란 공리와 무기를 앞세워 아시아를 압박하는 유럽의 논리이고, 왕도란 아시아인의 도덕과 같이 다른 사람을 압박하지 않는 논리이다. 일본은 왕도와 패도의 논리 중 어느 하나를 선택해야 한다. 목적은 아시아의 고통받는 민족을 위하여 어떤 유럽의 강성 민족에 대항하느냐 하는 문제이다. 말하자면 쑨원은 아시아에서 개화에 앞서고 노일전쟁에서 승리한 일본을 높이 평가하고 그 대신 일본이 취해야 할 길이 어떤 것인가를 언급한 것이다(레이이 2009: 415).

신중화민족주의

중국인으로 대아시아주의를 내세운 사람이 이대조(李大釗)이다. 그는 신중화민족주의 또는 극동 먼로주의를 주창한 사람이다. 그를 신중화민족주의자라고 하는 것은 그가 중화민국에 속하는 모든 사람을 신중화민족이라 했기 때문이다. 이에 따라 중화민국의 정치와 종교, 표준과 형벌을 모두 민족의 정의를 세우는 데 적용해야 하고 민족의 사상은 하나로 통일되어야 한다고 말하였다(레이이 2009: 419).

이대조가 말하는 '신아시아주의'란 이를테면 미국의 연방이나 구주 연방이 추세라면 아시아도 마땅히 하나의 유사한 연방 같은 조직을 세워야 하는 것이다. 즉 아시아 각국이 민족자결주의를 벗어나 하나의 대연합을 이루어야 한다는 것이다. 이것은 일본이 말하는 대아시아주의와 달리 "어떤 사람, 어떤 나라, 어떤 대륙이건 강권은 우리의

적이고 공리는 우리의 친구"라고 하였다. 그는 부상하는 일본의 패권주의를 반대하고 평등주의에 입각한 동양 각국의 대동단결을 주장하였으며, 그것을 개화된 중국이 담당할 것이라 하였다(레이이 2009: 420).

중국의 개화기 사상가는 일본의 성공을 진심으로 바랐고, 이것이 아시아를 구하고 아시아를 주도하는 것으로 생각해 왔다. 그러나 일본이 제국주의의 야망을 보이자 이를 질타하고 아시아의 평화를 주장하면서 서구에 대항할 것을 바랐던 것이다. 이에 쑨원의 아시아주의가 나오고, 특히 평화를 강조하는 이대조의 신중화민족주의가 나오게 된 것이다.

아시아 평화론

한국의 대사상가로 들 수 있는 사람이 신규식(申圭植)이다. 그는 육군무관학교 출신 군인이며 아시아주의를 주장하였다. 을사조약이 체결되자 자살을 시도했다가 뜻을 이루지 못하고 중국으로 간다. 그는 중국에서 동맹회(同盟會)에 가입하고 쑨원을 따라 무창거사(武昌擧事)에 참가한다. 상해에서 동제회(同濟會)를 결성하고 박달학원(博達學院)을 건립하여 교육 사업을 추진한다. 그는 서구 백인종에 대항하는 동아시아 황인종의 단합을 주장하였다. 그리고 한국을 정복한 일본에 대하여 콩만한 작은 눈으로 본다는 것이 겨우 제국주의 야심이고, 홀로 좋은 줄 알고 패권을 차지하려 한다고 비판하였다. 말하자면 일본의 압정을 경험한 신규식은 일본의 제국주의 침략을 크게 비난하고, 한국의 평화 없이는 아시아에 평화가 없으며 이것을 방해하고 침략한 것이 일본이라고 강하게 비판하였다(임영택 2005: 19).

재진문명론

언론인이자 학자인 박은식(朴殷植)은 대원(大垣)을 창단하고 우리 동아시아의 황인종이 함께 문명에 나아가(薺進文明) 문명사회를 건설하고, 문명사회가 복리를 균등히 누리는(均享福利) 복지사회가 되어야 한다고 하였다. 이것을 위하여 장문의 글을 쓰거나 혹은 신문, 잡지에 단문을 써서 국민을 깨우치는 계몽운동을 이루어 나아가야 한다고 하였다. 즉 박은식은 아시아의 평화와 번영은 3국의 평등한 관계에서 이루어질 것이며 복지사회, 문명사회를 이루되 이것은 국민의 계몽을 통하여 이루어져야 하며 이것은 언론을 통하여 이루어지는 것이라 하였다(한기형 2005: 157).

개화자강론

한국의 큰 전환기에 가장 고민한 사상가가 있다면 그는 신채호(申采浩)일 것이다. 그는 중국 양계초에게 영향을 받고 기우는 나라를 걱정하면서 한반도를 떠나 연해주 그리고 상해로 떠돌면서 당시 계몽신문인 『해조신문』, 『청구신문』, 『권업신문』 등의 발행인이 되었다. 많은 망명 인사와 접하면서 그들과 시국을 논하고 학교에서 육영사업을 담당하기도 하였으며, 한국 고대사에 심취하기도 하였다.

신채호는 시종일관 한국의 독립을 원하여, 서구 열강의 제국주의나 이를 본받은 일본 제국주의를 야만이라 규정하고, 이것에 대항하고 대적하기 위하여 한국이나 중국이 개화하고 민족국가로 자강해야 한다는 것이다. 그의 개화자강론(開花自强論)은 더 나아가 더욱 강해야 한다고 하였다. 말하자면 인도주의나 민주주의 같은 고상한 정신을 올바로 펼칠 수 있는 것도 결국 온건주의로 이루어지는 것이 아니라 무장투쟁에 의하여 획득한 나라에서 이루어지는 것이라 하였다. 타협주의나 냉정독립론 그리고 참정권론과 같은 타협주의나 소극적 독립운동은 있을 수 없으며, 독립운동은 완전독립 그리고 절대독립을 위한 것이라야 한다고 하였다(양재혁 1985: 130).

안중근의 동양평화론

일본의 이토 히로부미(伊藤博文)를 암살한 안중근은 옥중에서 『동양평화론』을 기술하였다. 안중근이 이토 히로부미를 살해한 것은 그가 동양의 평화를 방해했기 때문이라 하였다.

안중근이 말하는 '동양평화론'은 한국 · 중국 · 일본 그리고 태국과 미얀마를 포함하는 넓은 의미의 동양을 포함하였고, 이들 나라의 자주독립을 동양 평화의 기본으로 구상하였다. 그리고 동양의 평화를 위협하는 러시아의 위협에 대처하라고 언급하였다. 그는 동양과 서양을 대비시켜 동양을 문(文), 서양을 무(武)라 하였으며, 현실에서 볼 수 있는 폭력과 잔학한 행위의 원인은 바로 무력 경쟁에서 유래하는 것이라 하였다.

동양의 평화는 한국, 중국, 일본이 대등하게 평화를 유지할 때 이루어지는 것이며, 이것을 파괴하려는 것은 아시아의 평화를 파괴하는 것이 된다. 특히 한 나라가 강하다고 다른 나라를 침략하는 것은 동양 평화에 범죄가 된다고 하였다. 즉 안중근은 진실된 아시아의 평화는 한국, 일본, 중국이 모두 다른 나라를 존중하고 다른 나라와 더불어 이루어지는 것이어야 한다고 생각한 것이다. 그는 더 나아가 아시아의 통합을 위한 구상으로 연합국의 창설과 통합된 제도를 마련해야 한다는 것을 주장하였다(이서행 2004: 119).

한국의 개화기 사상가는 중국보다 더욱 강하게 일본의 제국주의를 비판하고 이에 대항하는 투쟁까지 언급하게 된다. 박은식의 사상이 그러하고, 신채호에 이르러서는 더욱 강력하게 한국의 독립과 이를 위한 일본에 대한 투쟁을 철저히 해야 한다고 주장한다. 안중근의 사상도 한국의 독립과 평화 없이는 동양의 평화도 없다는 것과 동양의 평화는 한국, 중국, 일본이 대등한 입장에서 단합했을 때 이루어지는 것이라고 하였다.

일본의 아시아주의

일본에는 명치 초기에 고야마 데이지(小山貞知)가 주도한 동아연맹운동(東亞連盟運動)이 있었다. 이는 일본, 한국, 만주, 중국 한족, 몽골족 등이 융화하여 이룩하자는 대동아주의 운동이다. 이것은 '범아시아학회'로 이어지고 다시 '대아시아협회'로 이어진다. 이는 일본의 민족주의가 구미에 대항할 수 있다는 사상을 가진 것이다. 따라서 일본이 아시아 문명을 계승하고 주도하되 아시아 다른 민족도 다 같이 구미 문명을 섭취하여 새로운 문명을 만들어 나아가자는 것이었다(山室信一 2005: 60).

대동단결론

동양을 러시아의 침략에서 공동으로 방위해야 한다는 주장을 한 사람이 이노우에 다가시(井上毅)라는 참사원이다. 그는 밀려오는 러시아의 세력을 견제하고 동아시아를 지키기 위해서는 조선의 독립을 보장하고 조선, 중국, 일본이 합심하여 러시아의 침략으로부터 동아시아를 지켜야 한다고 하였다(和田春樹 2004: 51).

대동합병론

민간 지사인 다루이 도키치(樽井籐吉)는 청일전쟁 직전인 1893년

『대동합방론』(大東合邦論)을 출판한다. 여기서 그는 일본과 한국의 대등한 합방을 기도하며 예부터 우리나라는 한토(韓土)에서 배워 오늘의 성유를 이루었으니 한·일 양국 사이는 설치(唇齒)요 세(勢)는 양윤(兩輪)이며, 정은 형제이고, 의(義)는 붕우(朋友)라 하였다. 그러나 중국은 다르다. 이제 우리가 그들을 유도하여 덕에 보답하는 것이 옳은 일이다. 따라서 일·한 양국은 대등하게 합방하여 '대동국'(大東國)이라 칭하고 다시 중국과 합방하여 백인에 대항해야 할 것이라 하였다(吉田博司 2003: 88).

일본의 대동합방론을 찬동하고 합력한 사람이 조선의 이용구(李容九)이다. 그는 동학당의 후신인 일진회(一進會)를 움직여 일본에 협조하는 청원운동을 일으킨다. 그러나 일본이 한일합방을 감행하자 그는 일본에 배신당했다는 것을 알고 작위를 버리고 일본에서 분신자살하고 만다(吉田博司 2003: 89).

절충론

도쿠도미 소호(德富蘇峰)는 동양과 서양의 절충을 언급한 절충주의자이면서 중간형 절충주의자라고 한다. 그는 말하기를 서양적 문명의 지혜와 동양적 야만의 원기를 융합하는 절충주의는 동아시아 여러 나라에는 개도(開導)가 되는 동시에 서구에는 각성이란 이중의 사명을 수행하는 것이 된다고 하였다. 그리고 이것을 수행할 수 있는 나라가 일본이라 하였다(吉田博司 2003: 84).

아시아구화론

동서 문명 조화론자인 오쿠마 시게노부(大隈重信)는 '아시아 구화론(歐化論)'을 주장한다. 말하자면 그는 아시아가 유럽화해야 한다는 것이다. 그는 특히 일본만이 동양 문화의 담당자이고 이해자이며, 다른 아시아 나라와 연대할 필요가 없다고 하였다(吉田博司 2003: 85).

탈아입구론

오쿠마 시게노부보다 한발 더 나아간 사람이 후구사와 유기티(福澤諭吉)이다. 한때 조선의 개화에 동조자였던 그는 조선의 김옥균 등 신진 인사들이 개화에 실패한 것을 목격하고 중국과 조선은 사절할 악우(惡友)이기에 일본은 이들을 떠나 유럽의 일원이 되어야 한다는, 이른바 탈아입구론(脫亞入歐論)을 주장하고 반아시아주의 대동합병론을 주장하였다.

동양의 먼로주의

청일전쟁을 승리하고서도 일본은 유럽의 독일, 프랑스 그리고 러시아의 3국 간섭으로 요동반도를 내놓는 굴욕을 당하였다. 이것에 대한 반발로 고노에 아쓰마로(近衛篤磨)가 이른바 『동양의 먼로주의』를 펴냈다. 이것은 중국과 일본이 제휴하여 유럽을 배척하자는 것으로 미국의 먼로주의를 동양에 적용하자는 것이다(和田春樹 2004: 53).

단일 아시아론

고노에 아쓰마로와 도쿠도미 소호 중간격인 인물이 오카구라 덴신(岡倉天心)이다. 그는 1903년 『동양의 사상』이라는 저서에서 '아시아는 하나'라는 것을 주장한다. 그는 아시아가 유럽과 다른 미(美)의 세계를 가졌고 이에는 일본, 중국, 인도가 포함된다고 하였다. 아시아는 서양 사상에 의한 혼란을 피하여 아시아적 양식을 옹호하고 회복해야 하는데 이는 오늘날 우리가 해야 할 일이라 하였다. 그는 아시아는 하나를 주장하면서, 이것이 미의 파괴자인 제국주의에 반대하는 것이며 제국주의는 서구적인 것으로 단정하였다(和田春樹 2004: 54).

동아연맹론

관동국 참모장인 이시하라 간지(石原莞爾)는 만주사변이 야기되자 부의(溥儀)를 옹립하여 만주국의 선통제(宣統帝)라 하고 만주국을 세우는 데 큰 공헌을 한 사람이다. 그는 일본, 만주 그리고 중국의 제휴를 주장하였다. 이를테면 일본은 만주국을 만들어 이곳을 이상적인 낙토(樂土)로 하고 일만협화(日滿協和), 일지친선(日支親善)을 도모해야 일본이 동아시아의 왕자가 되고 백인종에 대하여 최후의 결승전을 시도할 수 있다고 하였다(和田春樹 2004: 55).

이시하라는 이것을 더욱 발전시켜 도의(道義)에 기초한 동아연맹의 결성을 주장하였다. 말하자면 중국이 만주를 인정하면 일본이 중국에 대한 모든 권익을 반환하고 중국의 완전한 독립에 협력하겠다고 하였다. 그리고 그는 일본, 중국, 만주의 3개국이 협력하는 '동아연맹'의 결성을 주장한 것이다(和田春樹 2004: 56).

대동아공영권

1941년 12월 8일 하와이 진주만을 공격한 일본은 영국과 미국에 선전포고를 하고 하와이와 동시에 홍콩을 공격하였다. 12월 12일 각료회의에서 이 전쟁을 '대동아전쟁'이라 하였다. 이것은 새로운 대동아 건설을 목적으로 하는 전쟁이라고 전쟁의 성격을 규명한 것이다. 이 단계의 대동아란 일본, 만주, 중국, 인도차이나, 싱가포르, 필리핀, 네덜란드의 동인도(인도네시아) 그리고 미얀마를 포함한다(和田春樹 2004: 63).

1943년 11월 '대동아회의'가 소집된다. 이곳에는 일본, 만주국, 남경 정부 대표와 중국, 태국, 필리핀, 인도 임시정부의 대표 등이 참석하였다. '제국영토'에 편입된 말라야와 인도네시아는 부르지 않았고 인도가 포함되었다. 이 회의에서 '대동아선언'이 발표된다. 이 선언은 영내에서 서구 제국주의를 몰아내고 대동아 각국의 상호 자주독립을 존중하며 호조돈목(互助敦睦)의 질서를 이루어 동아 친화를 확립한다는 것이다(和田春樹 2004: 64).

이와 같이 일본은 개화 초기 한국과의 대동단결을 주장하기도 하고 일본, 중국, 한국이 협력체를 이루는 것도 생각하였다. 그리고 오카구라 덴신이 주장하는 것과 같이 동양을 하나로 서양에 대항하는 연합론을 주장하기도 하였다. 그러나 일본은 청일전쟁과 노일전쟁을 경험하면서 아시아 구화론에서 탈아론으로 발전하고, 다시 '동아 신질서'와 '대동아공영권' 등의 아시아주의를 내세우면서 서구 제국주의에 대항하고 아시아의 단결을 호소하면서 일본이 앞장서는 것을 주장해 왔다. 이것은 일본 자체가 제국주의화하는 과정이었다. 한국이나 중국이 바라던 동아시아의 평화와 질서는 결국 일본 제국주의에 희생되고 만다.

4. 동북아시아의 근대화

근대국가 건설

서구 문명에 압도당한 동북아시아 나라들의 첫째 과업은 봉건국가를 해체하고 근대국가를 건설하는 것이었다. 아시아적 봉건국가의 경험이 오랜 동북아시아 나라들이 근대국가를 건설하는 것은 쉬운 과업이 아니었다. 중국에서 보는 것과 같이 서구 제국주의 국가들이 식민지 정책을 강화하여 동북아시아는 첫째 식민지로부터의 해방이라는 과업을 수행해야 하였다.

동양에서 첫째 과업에 성공한 나라가 일본이다. 따라서 한국이나 중국은 일본식 유형을 따라 근대국가를 건설하고 서구 제국주의에 공동으로 대항하기를 바랐다. 그러나 근대국가를 이룩하는 데 성공한 일본은 탈아론을 내세우고 오히려 제국주의를 본받아 이웃 나라인 한국을 식민지화하였다.

일본은 중국에 대해서도 서구 제국주의로부터 옹호하는 것이 아니라 서구 제국주의와 더불어 중국을 침략하고 괴롭히는 것이었다. 따라서 중국은 근대국가 건설과 제국주의 타도라는 작업을 동시에 수행하였으며, 자력으로 독립국가를 건설하는 것이 제국주의 침략으로부터 해방되는 것이라 생각하게 되었다. 중국이 쑨원(孫文)을 국부(國父)라 하는 것은 근대국가의 시발이 쑨원의 독립국가 건설에서 시작되었기 때문이다. 쑨원을 이은 장제스(蔣介石)와 마오쩌둥(毛澤東)은 방법을 달리하여 근대국가 건설을 시도하였다. 장제스는 부르주아 혁명을 통하여 중국을 통일하려 하였고, 마오쩌둥은 프롤레타리아를 기반으로 조성하려 하였다. 마오쩌둥의 승리로 중국은 농민을 기반으로 하는 프롤레타리아 혁명으로 완성된 국가를 건설하고 식민지 상황에서 해방되었다. 중국은 밑으로부터의 대대적인 개혁을 이룩하였으나 공산주의를 채택하여 이른바 프롤레타리아 독재를 하는 나라가 되어 현재도 민족주의를 강화하는 단계에 있다.

근대국가의 건설은 한국이 가장 늦은 나라가 된다. 한국은 해방 이후 그것도 양분된 상황에서 근대국가의 건설을 서둘게 된 것이다. 그러나 한국은 식민지를 경험하는 와중에 봉건질서가 크게 동요되고 해방, 한국전쟁 등 사회 전체가 180도 전환하는 사회개혁을 두세 번이나 경험하게 된다. 이것은 오히려 근대국가 건설에 유리한 조건을 갖게 하였다. 따라서 뒤늦게 출발한 한국은 주권 재민의 사상과 법치국가를 이룩하고 선거에 의한 정권을 교체하는 전형적인 근대국가가 되었다.

근대국가란 봉건국가와 달리 국민이 국가의 주인이고 국가는 법치주의 국가이다. 일본의 경우 천황을 중심으로 유신을 단행하여 입헌군주국가의 모습으로 근대국가의 형태를 제일 먼저 갖추고 근대국가로 변신하는 데 성공하였다. 그러나 국가의 수반인 천황을 신격화하여 신의 나라라는 특이한 의식을 가진 나라가 되었다. 그리고 제2차 세계대전을 경험하면서도 사회 전체의 혁신적인 개혁을 하지 않은 나라가 된 것이다.

산업화

국가 체제 못지않게 동북아시아 3국이 직면한 문제는 농업국에서 공업국으로 전환하는 경제구조의 변화이다. 농업국에서 공업국으로 변하는 것은, 비유하여 말하자면 여자가 남자가 되는 것과 같은 나라의 체질을 개선하는 것이다. 농경 사회에서는 농민이 자연에 순응하는 것이고, 농민이 대중을 이루기에 농경 사회는 순하고 평화로웠다. 그러나 산업사회에서는 시민이 개척하고 생산하며 경쟁해야 하므로 개인은 영리하고 합리적이며 공격적이어야 한다. 이러한 사람이 대중을 이루는 산업사회는 경쟁적이고 각박한 것이 특색이다. 심지어 공산주의 국가인 중국도 백묘흑묘론을 내세우면서 산업국으로의 변신을 도모하고 있다. 동북아시아 국가들의 산업화는 시기가 다를 뿐이다. 일본이 가장 먼저 시작하여 원숙한 단계에 이르렀고, 그 뒤를 한국이 이어 산업화를 추진하여 성공하였으며, 중국이 그 뒤를 따르고 있다.

산업화 현상을 잘 보여주는 것이 도시화이다. 많은 젊은 사람이 향도이농을 감행하여 농촌은 피폐하고 왜소화하는 반면 도시는 대형화하고 이에 따른 많은 문제를 야기하게 되었다. 도시 문제란 인구, 주택, 식량, 교통 등 의식주에 따른 여러 가지가 있으나, 많은 사람이 좁은 공간에 거주함으로써 범죄 문제가 야기되고 사치 문화가 발달하게 된다.

대도시의 형성으로 자연 발생적으로 야기되는 문제 외에도 세계적인 추세로 밀려오는 여러 문제가 있다. 이를테면 농업 위기, 에너지 위기, 금융 위기, 환경 문제 등이 대처할 시간적 여유 없이 동시에 닥쳐오기 때문에 사회 정의가 상실되고, 물욕과 사리사욕이 난무하는 등 사회는 더욱 혼탁한 양상을 띠게 된다.

근대화

산업화로 인하여 사회구조와 의식구조의 변화를 근대화라 보았다. 이를테면 경제적인 변화는 물질적인 것을 동반하기에 가시적이고 선진국의 것을 바로 따라갈 수 있다. 그러나 사회제노나 의식구조는 가시적이지 않아 바로 따를 수 없고, 전통적인 의식은 새로운 것과 너무나 이질적이기에 변화하는 경제구조와 물질 문화를 따르지 못하는 것이 일반적 현상이다. 특히 물질 문화, 외형 문화가 빠르게 변할수록 의식구조는 이것을 따르지 못하여 현실과 의식 간에 큰 간격이 형성된다. 이것을 아노미 현상이라 한다.

동북아시아 3개국이 경험하는 아노미 현상은 사회 자체에서 발생하는 것도 있으나 서구 문화와의 접촉에서 유래하는 것이 더 많다. 서구에서 배운 것이 정치적인 민주주의이다. 이것은 시민의식을 가진 시민사회의 출현을 동반한다. 일본을 위시하여 동북아시아 나라들은 서구 문화와 접하기 전 전형적인 봉건국가를 이루고 있었다. 이곳에는 신민(臣民)의 의식은 있어도 시민(市民)의 의식은 없었다. 따라서 많은 시간을 소비하면서 민주주의를 학습했으나 시민의식이 성장하는 것은 경제적인 성장과 고등교육의 성과로 얻어지게 되었으며, 아직도 건전한 시민의식이 완전히 정착되었다고는 말할 수 없다.

시민의식과 관련된 것이 인권의식이다. 동북아시아 전통에는 인권의식이 없었다. 따라서 서구 문명을 흡수하면서 인권의식이 성장하게 된다. 인권의식의 구체적인 영역이 여성과 노동계급의 출현이다. 동양에는 원래 남존여비 사상이 있었다. 이것은 서구식 교육의 진전과 사회적 필요에서 여성의 사회 진출이 증가하고 여성의 사회 참여로 남녀 평등사상이 성장하게 되었다. 새로 출현한 노동계급도 사회적인 중요성이 인정되고 발언권이 강해지고 있다. 이러한 새로운 계층의 출현은 한편 전통적 유교의 지혜와 다이너미즘을 부활하게 한 것이기도 하다.

동양이 서구 문명에서 배운 영역의 하나가 자본주의 체제를 모방하여 경제 발전을 이룩하는 것이다. 자본주의 체제는 구미의 개인주의 문화, 즉 개인주의 문화가 갖는 합리성과 효율성을 추구하는 능력이 '경제 문화'를 이루는 것이다. 경제 문화는 집단 문화와 표리 관계를 가진 개인주의적 집단 문화가 만든 것이다. 유교 문화의 나라들이 체제로서의 자본주의를 수용하면서 이것을 집단주의 문화로 추진해 갔다. 즉 같은 질서의 문화인 새로운 경제 문화를 동아시아에서는 개인주의가 아닌 집단주의의 문화로 이루어 간 것이다.

동북아시아가 근대화를 경험하면서 전통적인 사고를 크게 바꾸어 놓은 것의 하나가 중국에 대한 개념이다. 과거에는 중화사상 또는 화이질서 사상에 입각하여 중국의 문화가 동북아시아의 중심이고, 한국과 일본의 문화는 주변적이고 위성적이라고 생각하였다. 그러나 서구 문화의 소화 과정은 오히려 일본, 한국, 중국 순으로 이루어져 오늘날 한국, 중국, 일본은 모두 동등한 위치에 있다고 생각하게 되었다(고병익 1996: 49).

5. 유교의 재발견

근대화의 과정에서 서구 문화를 수용한 동양은 서구 문화를 통하여 동양 문화를 재인식하게 된다. 그것의 중요한 것이 유교에 대한 재인식이다.

문명의 대화

1995년 말레이시아 대학에서 문명의 충돌에 대항하는 '문명의 대화' 심포지엄이 개최되었다. 이것은 이슬람이 동남아시아에 전파될 때 아무런 충돌이 없었던 것과 같이 힌두이즘, 유교, 불교 등의 평화스러운 만남을 '문명의 융합'이라 하였다(青山保 外 7人 2002: 19).

과거에는 문화 교류가 있을 때 비교적 평온했으나 서구 문명을 받아들이면서 문제가 심각해졌다. 이는 서구 문명이 아시아로 전파되면서 사회 차원에서 개혁을 야기하는 것이 아니라 개인 차원에서 의식의 개혁을 추구하기 때문이다. 무엇보다 비서구권으로 확산된 서구 문명은 타 문명과 타협하지 않으려는 배타성이 강하다. 따라서 서구 문명을 수용하지 않을 수 없는 비서구 문명은 서구 문명을 흡수하면서도 서구 문명에 대한 저항심 또는 적개심을 갖게 되는 것이다. 이러한 문제들을 분석하고 연구하여 서구 문명은 그 자체의 반성이 필요하고,

비서구 문명은 이것을 이해하고 타협점을 모색하는 것이 중요하다는 것이 이 회의의 결과였다.

한편 문명의 융합이라는 것은 외래문화의 소화만이 문제가 아니라 외래문화를 받아들이는 주체로서 전통문화의 가치를 인정하고, 이것을 변질이 아닌 승화시키는 것이 문제라고 하였다. 이를테면 개인주의 문화를 소화하는 것은 전통문화의 장점을 살려 집단주의 문화를 승화시키는 것이다.

이 회의에서 문제로 지적된 것의 하나가, 모범이 되어야 할 구미 선진국의 문화가 타락한 오점을 보이기 시작했다는 것이다. 이러한 현상은 서구 문명을 수용하는 후진국에서 더욱 심각한 사회 문제를 야기하고 경쟁력을 저하시키며 사회 붕괴를 유도하는 요인이 된다는 것이다. 말하자면 문명의 대화는 동서양의 철학과 종교를 하나의 고차원 문명으로 융합하여 재생하는 기틀을 마련하였다는 명제를 분명히 한 것이다. 무엇보다 이 회의의 중요한 성과는 동서양의 대등한 입장에서 하나의 목표, 이를테면 인류 평화를 위하여 공헌할 수 있는 방법을 모색한 것이다.

철학대회

2008년 7월 30일부터 8월 5일까지 150여 개국의 철학자 3,000여 명이 서울에 모여 제22차 세계철학자대회를 가졌다. '오늘의 철학을 다시 생각한다'(Rethinking Philosophy Today)를 주제로 한 이 대회에서 많은 철학자의 논문이 발표되었고, 철학적 의견의 교환이 있었으며, 동양에는 종교만 있지 무슨 철학이 있느냐고 하던 서양철학자들이 동양철학, 특히 한국 철학을 이해할 수 있는 기회를 갖게 되었다. 대회장을 맡은 이명현 교수는 서양철학을 전공했지만 동양철학의 세계에서 태어나서 성장한 사람이다. 따라서 동양과 서양의 철학 세계의 협력과 융합을 위하여 고민하고 연구하였다. 그는 시간과 공간에 제약된 인간의 생각은 상황의 산물이라 생각한다고 말하였다. 과거의 철학이 절대적 진리를 추구하며, 특히 서양의 사고를 지배한 변증법은 다른 철학을 반대했을 뿐만 아니라 모순이며 없어져야 할 것으로 보는 경향이 있었다. 그러나 이제는 다양성을 용인하는 새로운 철학이 필요하다고 한다.

이러한 점에서 음양 개념은 동양의 중요한 유산이다. 음과 양은 다르지만, 음이 없으면 양이 없고 양이 없으면 음이 없는 관계이다. 서로 다른 것들이 상대방이 안 가진 것을 갖고 있기 때문에 동양과 서양은 서로 보충해 주는 보완관계인 동시에 서로 필요로 하는 상생 관계에 있는 것이다. 20세기를 분과 학문의 시대라면 21세기는 융합을 통한 새로운 창조를 지향하는 시대라 하였다(『중앙일보』 2008. 1. 5). 동양철학의 고장인 아시아 그것도 유교의 고장인 한국에서 동서 철학대회가 이루어졌다는 것은 동양철학이 서양철학을 인정하듯 서양철학이 동양철학을 인정한 것이 된다. 따라서 앞으로 모색해야 하는 것은 동서 철학이 보완관계를 갖고 공동의 목표로 나아가는 것이다.

신유교 선언

일찍이 중국에서는 1950년대에 장군근(張君勱), 당군의(唐君毅), 우종삼(牟宗三), 서복관(徐復觀) 등 4명의 학자이자 사상가가 출현하여 '중국문화선언'을 한다. 이것은 중국의 전통적인 가치와 사상이 서구의 과학과 민주제도의 발전에 기여할 수 있는 보편적 성격을 지녔다는 것이다. 이를테면 중국의 문화적 기반이 서구의 것을 추종하고 소화할 능력을 가진 것이라는 것이다(고병익 1996: 68).

이러한 사상이 한국에서는 유승국(柳承國)이 이끄는 성균관대학 대동문화원의 사상적 주류를 이룬다. 이곳에서는 동양적 유교가 서구적 민주제도에 역행하는 것이 아니라 오히려 민주주의를 근간으로 하는 근대사회에 공헌할 수 있는 민주적 요소와 근대적 요소를 내포하고 있다는 것을 강조하고 있다. 말하자면 유교적 인도주의가 말하는 반생명을 반대하는 생명을 존중하는 인(仁)과 반인도주의로서 인격을 존중하는 의(義)는 현대사회에 필요한 인류 보편적 덕목인 것이다(이동준 1997: 519).

이것을 더욱 명확하게 한 것이 하버드 대학의 두웨이밍(杜維明) 교수이다. 신유교를 주창하는 그는 서양 문명에 도전을 받은 유교가 새로운 세대에 공헌할 것이라고 한다. 서구의 가치를 민주주의와 과학이라고 한다면 이곳에 유교 인문주의를 통하여 닫힌 개인주의와 추상적 보편주의를 넘어서 새로운 정치적 대안을 모색할 수 있다고 한다. 이를테면 정치 엘리트에게 보다 강한 책임을 요구하는 유교 인문주의를 서구가 말하는 민주주의에 첨가한다면 민주주의는 보다 심오한 함의를 지닐 수 있다는 것이다. 진정한 민주주의란 단순히 선거의 문제가 아니라 정치에 대한 시민의 역동적인 참여와 책임 윤리까지 포함한 것이 된다. 유교적 정치의 특징은 집권자의 도덕적 책임과 자기 수양의 필요성을 강조하는 것이다. 정치에 필수적인 자기 수양을 위하여 전통 유교에서 예(禮)라는 이름으로 강조해 온 제도적 기제를 현대 정치 상황에서 다시 강조해야 한다는 것이다(『중앙일보』 2008. 2. 12).

이러한 의미에서 2500년 전 공자 · 맹자 시대를 제1기 유학 또는 고전 유학이라 하고, 1000년 전 송나라의 성리학 시대를 제2기 유학 혹은 신유학이라 하며, 서양 문명과 접한 20세기 이후의 유학을 제3기 현대 신유학이라 한다. 말하자면 새 시대에 들어 신유교는 실용주의 차원에서 서양철학과 협력할 수 있다는 것을 암시하는 것이 된다.

유교의 재발견

서구화와 근대화를 통하여 자각한 중요한 것의 하나가 유교의 재발견이다. 유교를 기독교와 비교했을 때, 기독교는 인간애를 바탕으로 인간이 인간답게 살아가는 윤리를 강조한다. 이에 비하여 유교는 개인을 희생하고 집단의 질서와 안정 속에서 자기를 보호받는 의탁 신앙을 갖는다.

기독교는 만물을 창조한 신의 유일 절대성을 믿으며 신의 창조에 의한 질서 그리고 신과 개인의 직접 신앙을 연결하는 개인 중심의 종교이며 신 앞에 평등하다는 평등사상에 기반을 둔 종교이다. 이에 비하여 유교는 유일 절대신이 없고 천명사상만 있다. 천우절명의 절대자는 인격신이 아니므로 신앙의 대상이 될 수 없다. 선천적으로 주어진 질서에 순응하는 생활 방식이 유교의 기본이다. 유교에는 계약 관념이 없고, 인간의 의리와 인정을 중요시하고 가족 중시의 집단주의를 강조할 뿐이다.

한편 기독교는 정치적 논리가 없다. 기독교는 박애정신으로 신의 교를 넓히는 것뿐이다. 모든 인간을 평등시하고 정치에 초월한 사랑의 교리를 실천하는 종교이다. 이에 비하여 유교는 정치사상이 강하여, 중앙집권적 체제의 정치 질서를 바르게 보전하는 것이 사회적 평화를 가져오는 지름길이며, 집의 원리를 확대한 것이 국가 조직이며, 상하적 인간관계를 체계화한 윤리인 것이다.

기독교와 유교는 한마디로 개인주의 대 집단주의 문화의 대표적인 표현이라 할 수 있다. 기독교가 개인주의적 종교라면 유교는 사회조직의 원리를 강조하고, 정치적 안전을 가장 중요시하는 종교이다. 사회

조직의 원리 자체가 집의 원리에서 가족집단 인간관계에의 질서를 윤리 체계로 보전하는 것, 즉 다시 말하여 집단주의 문화 형성을 뒷받침하는 윤리이다.

기독교 윤리는 개방된 인간으로서의 윤리이고 신의 의지에 따르는 '외부규제'(外部規制)의 윤리이다. 이에 대하여 유교 윤리는 가족이나 국가의 '집단으로서의 윤리'이고 자기 수양을 통한 덕을 쌓는 '내부규제'의 윤리이다. 가치관으로 말하면 구미 기독교는 개인의 개성과 창조성 그리고 독립성을 존중하는 것에 비하여 아시아 유교는 가족, 민족, 국민의 동질성과 공생성을 강조하고, 개인이 집단에 대한 충성과 조화 그리고 협조를 강조하는 것이다.

사회구조의 원리로 말하자면 구미는 개인의 권리 의무와 계약을 중요시하는 문화를 창조하였고, 이에 비하여 아시아 유교는 의리와 인정 그리고 윤리에 의한 인간관계, 특히 나라에 대한 충과 부모에 대한 효를 중요시한 것이다. 기독교의 바탕인 서양의 원죄 의식은 질서를 정하는 데 법률과 벌에 의존하지만 유교의 동양은, 이를테면 법률 위반자도 교육으로 구제하는 것이다. 따라서 교육의 기능은 서양과 동양이 서로 다르다. 동양에서 가장 무서운 제재는 사회나 집단에서 추방되는 것이다.

아시아의 재인식

동북아시아 사람들은 서구 문명을 학습하고 이해하면서 동양을 다시 발견할 수 있었다. 동양과 서양의 가장 큰 차이는 서양 문명이 개인주의인 것에 비하여 동양 문명은 집단주의라는 것이다. 이를테면 구미가 가치 중심의 개인이라면 아시아는 가치 중심의 집단이다. 그 집단이 과거에는 국가였다. 따라서 동북아시아에서는 국가에 대한 충성심이 강하였다. 일본이 근대 산업화에 성공한 것도 국가의 충성심의 발로였고, 일본에 이어 한국이 근대화에 성공한 것도 실은 개인보다 공동체를 중히 여기는 집단주의가 있었기 때문이다. 국가의 강력한 힘으로 근대화를 서둘렀기 때문에 일본과 한국이 근대화에 성공하였으며, 중국도 예외가 아니다. 이러한 의미에서 일본, 한국, 중국 3개국은 상부의 지도에 의한 산업화에 성공하여 이른바 '아시아의 기적'을 이룩한 것이다.

집단주의에서도 국가라는 상위 개념보다 소집단이지만 개인의 일차적 집단인 가족을 중히 여기는 가족주의가 동북아시아 국가들의 특성의 하나이다. 한국, 일본, 중국은 모두 가족을 지상의 명분 집단으로, 가족을 위하여 개인을 희생하는 문화를 가진 국가들이었다. 동북아시아 3국은 모두 일단 성립된 가족의 영속을 위하여 모든 수단을 동원하고, 가족의 명예를 지키며, 조상 숭배를 포함한 가족 가치를 중요시하는 문화를 가지고 있었다. 동북아시아 3국이 산업화에 성공한 배후에는 이러한 가족주의가 있었다.

개인들이 갖는 집단주의적 가치관이 유교 전통의 소산이며, 이것이 근대화의 기초가 되었다는 것을 깨닫게 되는 계기가 네 마리의 용이라는 NIEs의 등장이다. 일본에 뒤이어 한국, 대만, 홍콩, 싱가포르 등 네 마리의 새로 등장한 용이 모두 유교 문화권에 속하는 나라들이다. 말하자면 NIEs의 등장으로 아시아의 가치, 유교의 재인식이 이루어진다. 이것을 싱가포르의 이광유는 '아시아의 정체성'(Asian Identity) 또는 '아시아의 가치'(Asian Value)라 하였다. 이는 근면하고, 성실하며 정직하고 가족의 안정을 최우선시하는 가치관을 말한다.

이러한 집단주의의 발로에서 유교적 장점을 찾고 아시아적 의식을 가질 수 있었으나, 한편 동아시아 국가들은 자기 나라를 넘어선 지역성을 갖지 못하고 무엇보다 보편성을 갖는 '열린 아시아주의'를 갖지 못하였으며, 개방성과 유연성이 부족하며 다양성이 포함된 "관용의 문화"가 부족한 상태에 있다는 것도 깨닫게 되었다(小原雅博 2005: 255).

서양과의 대비에서 동북아시아가 발견한 또 하나의 특성은 첫째, 아시아에는 여러 종교가 병존한다는 것이다. 서구의 기독교와는 달리 유교, 불교, 도교 그리고 새로 도입한 기독교까지 동양에서는 마찰 없이 공생해 간다. 문화권의 기초가 되는 유교는 개인에게는 도덕적 종교이고 인류에의 철학이며, 사회적으로는 국가권력의 지배와 통제에 적응해 온 사회윤리라는 것이다. 이러한 나라에서 기독교도들이 순교한 것은 기독교가 유입되었을 당시 나라 권력층이 대외공포감에서 저지른 것이지 교리에 대한 논쟁에서 야기된 것은 아니다. 종교적으로는 기독교를 서학(西學)이라 하였고, 이에 대항하는 동양의 사상을 동학(東學)이라 하였다. 동아시아는 동아시아의 미덕인 겸손을 바탕으로 서양에서 수동적으로 제도, 가치관, 개념 등을 배워 갔다.

동북아시아 3국이 서세동침으로 인하여 수세적인 태도를 취한 것은 정치에서만이 아니었다. 사회, 경제, 문화, 예술, 도덕, 윤리, 종교, 철학 등 모든 영역에서 동양 것은 열세한 것, 서양 것은 우세한 것으로 여긴 문화적 열등의식에서 서양을 배우기 시작하였다. 서양 것을 모방하고 배운 것은 민주주의 정체 체제를 갖는 근대국가와 자유주의를 근간으로 하는 시장경제 그리고 인권과 평등주의를 기반으로 하는 사회사상 등이었다.

동북아시아 3국의 모든 사람은 열등의식에서 벗어날 수 없었다. 그러나 서구 문화를 수용하면서 자기의 전통문화, 특히 정신문화를 지탱하고 발전시켜 온 유교에 대한 비판과 성찰이 진행되면서 동북아시아 3국은 유교의 기본 정신으로 돌아가 유교의 기초를 이루는 인(仁),

의(義), 예(禮), 지(智)가 아세아적 환경에서 조성된 특수 항목이 아니고 인류 보편적인 진리를 표현한 것임을 깨닫게 되었다. 다만 그것을 그간 동북아시아에서는 봉건사회 체제에 알맞게 상하 질서로 정돈했을 뿐이라는 것을 깨닫게 된 것이다. 따라서 서양 문화의 시련을 받은 현대인은 그것을 횡적 수평 구조적 입장에서 새로이 전개될 실천윤리로 승화시키는 작업을 해야 하는 것뿐이다.

6. 문화 공동체 요소

원래 문화 공동체는 정치 공동체나 경제 공동체와 같은 구체적인 공동체를 형성하는 객관적 요소를 제공하는 기초적 영역이 된다. 문화 요소는 정치나 경제와 같이 합목적성을 갖는 것이 아니고, 무엇보다 오랜 세월을 두고 조성되는 것이기에 문화 요소와 공통점을 갖는 것은 지역적 근접성과 같이 친밀도가 강한 영역이다.

현대 신유교

동북아시아 3국이 근대화 과정을 거치면서 오랜 세월을 지켜 오던 유교는 극히 약화되었다. 특히 봉건적 국가 체제를 유지하는 데 중요한 역할을 해 온 유교는 봉건 질서의 와해와 더불어 약화되어 갔다. 유교의 본산지라 하는 중국에서는 문화대혁명 시기 유교를 첫 번째 타파의 대상으로 하였다. 그러나 유교는 오히려 한국에서 학문적으로 명맥을 유지해 왔다. 한국의 성균관대학은 유교를 기반으로 성립된 대학으로 유교 발전에 공헌하였으며, 유교 연구의 중심적 역할을 수행해 왔다.

그러나 유교는 충효를 내용으로 상하 질서를 강조하는 윤리 도덕이기에 봉건국가가 사라진 오늘날 유교 본래의 재생은 불가능하다. 그러나 네 마리의 용이 근대화 과정에서 보인 것과 같이 유교 정신은 근대사회에도 뿌리 깊게 남아있다. 동북아시아 3개국이 근대화를 하면서 성실하고 근면하며 책임감 있고 의리를 지킨 것 등이 유교의 유산이라 생각하고 있다. 이들은 인 · 의 · 예 · 지를 이상으로 하는 유교 정신의 발로인 것이다.

유교의 제3기를 맞이하는 신유교는 이러한 유교 정신을 현대사회적 조건에 어떻게 재생시키고, 현대 정신에 맞는 것으로 발전시키느냐 하는 문제를 안고 있다. 오늘날 동북아시아에 사는 사람들에게 주어진 이 과제를 3가지로 요약할 수 있다.

첫째, 유교 고유의 간주관성(間主觀性, intersubjectivity)을 현대사회에 적용, 발전시키는 문제이다. 유교가 가장 중요시하는 인(仁)자는 두 사람 사이의 관계를 말한다. 따라서 두 사람 사이에 도리를 지킨다는 것이 간주관성이다. 과거 이것을 상하 질서를 유지하는 원리라 했던 것을 오늘의 민주사회에서는 평등한 질서를 유지하는 데 어떻게 적응시키느냐 하는 것으로 현대 동양인이 만들어내야 하는 간주관성이다.

둘째, 유교의 본질인 균형성을 현대사회에 적응시키는 문제이다. 유교는 어느 한쪽에 치우치지 않는 균형성을 강조해 왔다. 이것이 사회질서를 유지하는 기본적인 사회 원칙이었다. 이것은 평등주의에 입각한 현대사회에 꼭 필요한 문화 요소이자 문화 법칙인 것이다. 이것을 현대사회에 어떻게 적용하여 실천할 것인가는 현대인의 과제이다.

셋째, 서구의 합리주의를 보완하는 동양의 주정주의를 조화롭게 발전시키는 문제이다. 서구적 합리주의는 서구 문화의 기본이었고 이것을 기반으로 하여 과학이 발달하고 과학의 발달이 경쟁 사회를 이룩하고 경쟁 사회는 마침내 제국주의로 발전해 온 세계를 굴복시키는 데 성공하였다. 그러나 이것이 극치에 이르러 인명을 경시하고 자연의 질서를 파괴하는 데까지 이른 것이다. 이것을 수정하고 극복할 수 있는 것은 인간이 갖는 또 하나의 면인 주정주의를 발전시켜 주지주의와 조화를 이루는 것이다. 그간 동양온 주정주의의 대표적인 지역으로 여겨졌으며 동양은 주정주의로 인하여 망했다고 하였다. 그러나 인간은 주지주의와 같은 수준의 주정주의를 가지고 있다. 이것을 조화시키는 것이 오늘의 과제인 것이다.

유교의 본질 속에는 현대사회가 필요로 하는 요소들이 있다. 이것을 개발하고 현대사회에 적응해 가는 것이 현대를 사는 동양인의 과제이다. 이것을 모조리 없애고 서양에 맹종하는 것은 문화의 고아가 되는 것이다.

한자 문화

동북아시아 문화 공동체 형성에 큰 비중을 점하는 것이 한자이다. 현재 중국은 간체화를 사용하고 일본은 약자화를 진행 중에 있으며 한국은 한글을 전용화하고 있다. 그러나 한국과 일본의 사용 어휘 70%가 한자에서 유래했기 때문에 그리고 그 한자가 표의문자이기 때문에 3국은 문자로 이해할 수 있는 면이 많으며, 문자를 통한 공통된 정서를 가질 수 있었다. 이러한 동양의 특성은 라틴어에 어원을 둔 서양의 문자보다 더한 비중을 갖는 것이다. 이제 동북아시아 3국은 다시 지혜를 모아 한자 부흥에 힘써야 한다. 그리하여 한국과 일본 그리고 중국이 한자를 공유하였다는 자부심과 더불어 표의문자를 통한 정신문화 발전에 이바지해 온 한자를 재평가하고 언어의 공통성을 보존하는 데 주력해야 할 것이다.

구체적인 예로 동북아시아 3국이 한시(漢詩) 경연대회를 실시하여 한시를 통한 유대감을 고양케 하는 것이다. 현재 일본에는 한시를 자유로이 구사하는 사람이 5만 명에 이르고 있으며, 이들의 모임이 있다고 한다. 한국 역시 1만여 명의 한시 애호가가 있다. 이들이 자기 나라에서만 아니라, 마치 바둑대회를 3국이 진행하고 있는 것과 같이, 동북아시아 3국이 모여 한시대회를 열고 한시를 장려하는 운동을 전개한다면 그것이 문화 공동체 형성에 이바지할 수 있는 길이 된다.

고전문학

동북아시아 3국에는 예로부터 공통적으로 필독서로 생각하는 중국의 고전소설이 있다. 일본도 그렇지만 한국도 고등학교 졸업 전에 읽는 중국 고전으로 『삼국지』와 『수호지』가 있다. 한국의 경우 문과 지망생만이 아니라 이과 지망생도 『삼국지』는 반드시 읽고 있으며, 어른이 되어서는 『손자병법』도 즐겨 읽는다. 이는 학교나 부모가 강요하는 것이 아니다. 그러나 한국의 고전과 같이 반드시 읽는 교양서가 되었다. 이러한 필독의 역사는 일본이 한국보다 더할 것이다. 중국의 경우 문화혁명으로 고전을 불살라 버렸다. 『삼국지』와 『수호지』는 공산사회, 민주사회를 불문하고 청소년이 반드시 읽는 고전 중의 고전일 것이다.

유럽의 서양 문화가 라틴 문화에 뿌리를 두고 있다 하여도 영국, 프랑스, 독일은 동양의 『삼국지』와 같은 필독의 소설은 없을 것이다. 다만 독일, 프랑스, 영국 등지, 특히 인문계 고등학교에서 라틴어를 필수과목으로 하고, 라틴어를 배우면서 카이사르의 『갈리아 전기』(De Bello Gallico)와 키케로의 『웅변가에 관하여』(De oratore)를 라틴어로 배운다. 그러나 영어, 프랑스어, 독일어 등으로 번역되어 중고등학생들이 즐겨 읽고 반드시 읽는 것은 아니다. 이와 비교하면 동북아시아 3국에서 『삼국지』나 『수호지』를 읽는 것은 문화 공동체를 이미 이루고 있다는 증거가 되는 것이다.

한 · 중 · 일 동북아시아 3국은 오랜 세월을 지나면서 무의식적으로 유교와 한자와 고전을 통하여 최소한 중세 이후 현재까지 동북아시아만이 계승해 온 고전적 3대 문화 요소, 이를테면 간주간성, 한자, 고전 등을 공유해 왔다. 이런 의미에서 동북아시아 3국은 문화 공동체를 유지해 온 것이다.

민주주의

서구 문화를 흡수하면서 동북아시아 3국이 최대 가치로 추구해 온 것이 민주주의와 민주국가의 건설이었다. 민주주의로 말하자면 일본은 이미 메이지유신 시기에 제도적인 형성을 이루었고, 위로부터의 개혁을 통하여 민주주의가 아래로 전해지면서 뿌리를 내렸다.

한국은 일본보다 뒤늦게 출발하였으나 아래로부터의 민주주의를 이룩한 나라이다. 한국은 1960년대 경제 발전을 도모하면서 경제를 위하여 정치가 희생된 나라였다. 개발독재 시대 경제적인 고도성장을 위하여 정치가 탄압을 받았다. 한국의 반세기 근세사는 국민이 승리한 민주화의 과정이기도 하다. 이승만 정권을 타도한 4 · 19 혁명 정신은 박정희 정권하에서 무서운 탄압에도 굴하지 않고 6 · 8 부정선거 규탄, 3선 개헌 반대, 4 · 27 부정선거 반대, 유신 반대 등으로 이어지는 민주화 운동을 추진해 왔다. 1970년대 들어 학생운동은 시민운동으로 변하여 1980년대 계속된 반유신 투쟁과 반독재 투쟁을 전개하여 갔으며, 1980년대 대두하기 시작한 노동운동은 1990년대 전성기를 맞이한다. 이러한 학생운동, 시민운동, 노동운동이 바탕이 되어 2000년대에 들어 오면서 한국은 정치적인 민주화를 달성한다. 즉 선거에 의하여 정권이 교체되어 민주주의가 뿌리를 내린 것이다. 동북아시아에서 정치적인 민주화와 자유화를 제3의 파도라 한다면 한국이 제3의 파도에 성공한 대표적인 나라이다.

중국은 위로부터의 민주화를 추진하는 일본식도, 아래로부터의 혁명인 한국식도 아니지만 집단 지도 체제를 유지하면서 자체적으로 평화로운 정권 교체를 이루면서 인민의 의사를 반영하고 복지를 위한 정치를 펼쳐 나가고 있다. 무엇보다 국가 경제의 눈부신 발전은 정치적인 안정의 뒷받침 없이는 불가능한 것이다. 물론 정치적인 민주화를 요구하는 일부 무리와 자유를 요구하는 변방 소수민족의 소요가 있으나 어느 시기에 이르면 보다 폭넓은 정치적인 민주화도 추진할 것으로 보인다. 왜냐하면 정치를 주도하는 집단이 인민민주주의를 표방하기 때문이다.

이와 같이 동북아시아 3개국은 반세기 동안 국민을 위한 국민국가를 이룩해 오는 과정에서 경제적인 발전을 도모하고 있다. 국민이 주체인 근대국가는 앞에서 살펴본 것과 같이 현재 건설 중에 있다. 뒤늦게 출발한 한국이 가장 앞서 가고 있으며, 중국이 뒤를 따르고 있다.

근대국가의 성숙도는 민주주의의 성숙도와 같다. 따라서 동북아시아 3국은 근대국가와 민주주의를 실현하는 과정에 있으며 그 수준이 상당한 수준이 이르고 있다. 근대국가 건설과 민주주의 실현은 국가들의 과제이지만 이것은 또한 동북아시아 문화 공동체 형성에 한몫하고 있는 것이다.

중산층의 형성

일본에 이어 한국에도 1960년 이후에 나타난 현상의 하나가 도시 중산층의 출현이다. 20년 계속된 고도성장으로 부유한 도시부의 중간층이 형성되었다. 중산층은 도시화와 관계가 깊다. 근대화 과정에서 동북아시아 지역에 새로운 현대 도시들이 생성되었다. 서울, 도쿄, 베이징, 상하이, 부산, 오사카 등이 그것이다. 이들 대형 근대 도시는 고층건물과 과밀한 인구를 수용하고 있으며, 발달된 교통망과 통신망을 소유하고 있다. 이러한 외형적인 유사성보다 중요한 것이 신흥도시에 형성된 중산층이다. 도시에 형성된 중산층이란 전통사회에는 없었던 도시의 전문가 집단이다. 이들은 고등교육을 받았기에 두세 종류의 언어를 구사하며 국경을 드나드는 탈국경적 성향을 갖고 있다. 특히 이들은 미국의 교육을 받았으며, 미국 방식을 이해하고 미국식 사업에 종사한다. 이들은 서구식 대중 음식을 즐기고 권위주의에 대항하고 민주주의의 사회 기반을 이루고 있는 사람들이다.

아시아 중산층을 형성한 이들은 아시아의 새로운 라이프스타일을 추구하여 개인의 자유를 중요시하는 가치관을 따르고 있으며, 민주주의를 옹호하고 발전시켰다. 취향으로는 일본의 스시와 한국, 중국 음식을 번갈아 가며 즐기는 식의 지역 간 문화 활용으로 세계화를 추구하고, 아시아의 자본주의 형성에 공헌한 사람들이다.

시민의식

도시 중산층에서 형성된 것이 시민의식이다. 이 또한 전통사회에는 없었던 것이고 민주사회가 형성되면서 이루어진 것이다. 이를테면 민주 시민이 갖는 주인의식이 시민의식이다. 민주사회의 시민은 정치의식이 높은 사람들로 형성된 의사집단을 이루고 있다. 이들은 국가와 사회의 주인으로 국가의 운영이나 방향을 걱정하며 오피니언 리더의 역할을 수행하고 사회 발전을 모색하는, 의식을 가진 사람이다.

시민의식은 민주화 운동과 관계가 깊다. 시민의식이 민주사회를 기반으로 하기 때문에 민주사회는 시민의식과 민주주의를 동일시한다. 서구 사회가 그러하듯 동북아시아에서도 시민에 의한 민주사회의 건설이 있었고 이에 수반하여 시민의식이 조성된 것이다. 한국의 사례가 그러하듯 민주사회는 자체의 힘으로 이룩했을 때 참다운 의미를 갖는다. 동북아시아 국가의 경제가 성장하면서 시민정신이 나오고 공리주의 수준에서 생활의 쾌적을 추구하고 문화적 수준에서 개별성과 특수성을 추구하는 경향이 생긴다. 시민의식은 일본과 한국에만 있는 것이 아니다. 사회주의 체제를 가지면서도 경제가 상당한 수준으로 발전하므로 중국에서도 건전한 시민의식이 조성되었다. 따라서 중국의 애국주의, 중국의 민족주의를 주장하게 된다.

동북아시아 3국에서 일찍이 봉건사회에서는 볼 수 없었던 도시 중산층이 형성되고 시민의식이 조성되었으며, 민주주의를 실시하게 되었다. 이들 근대국가와 도시 중상층의 출현에 따른 민주주의 사상과 주민의식 그리고 시민의식은 근대화를 경험한 동북아시아 3국의 문화공동체를 묶는 새로운 3요소이다.

신아시아주의

현대사회를 기반으로 일본에서 새로운 아시아 공동체론이 대두되고 있다. 이것은 도쿄 대학 교수인 와다 하루키(和田春樹)의 '동북아시아 공동의 집'이다. 한국, 일본, 중국, 대만, 러시아, 미국의 6개국이 동북아시아의 평화를 유지하기 위한 공동의 집을 구상하고 한국이 그 중심국이 되어야 한다는 것이다. 한국이 지정학적으로 중심일 뿐만 아니라 현재 분단으로 인하여 고통받고 있기 때문에 동북아시아 평화문제의 중심이 되어야 한다는 것이다. 그리하여 6개국이 동북아시아의 안보와 경제성장을 도모하고, 복지 향상을 위하여 노력하고 있다. 그리고 동북아시아에 흩어져 있는 한국의 재외동포에 주목하고 이들이 동북아시아 공동의 집을 이룩하는 데 큰 역할을 할 것이라 하였다(和田春樹 2009: 6).

집단안보론

재일교포이며 도쿄 대학 교수인 강상중(姜尙中)은 일본 국회의원 간담회에서 일본 국회의원을 향하여 일본이 나아갈 바를 제시하면서 아시아 공동의 집을 천명하였다. 그는 일본의 폐쇄적인 민족주의를 반대하고 외국으로부터의 노동 인구를 수용할 것과 정보 하이웨이를 강조할 것을 역설하였다. 특히 한 · 일 간의 해저 터널을 구축하여 교통만이 아니라 한 · 일 간의 관계를 더욱 긴밀히 할 것을 강조하였다. 한편 미 · 일 간의 관계를 주종 관계라 하고 이것을 탈피하여 대등한 관계를 유지할 것을 주장하였다. 한반도에 대해서는 미국, 러시아, 중국, 일본 등 이웃 4강이 보장하는 영세중립국을 주창하였다. 북한에 대하여는 북 · 일 관계를 개선하고 북한의 긴장을 완화할 것을 제안하였다. 그는 6자회담을 중시하여 이것을 동북아시아의 집단적 안보 체제로 전환하기를 바랐다. 일본은 이외에도 중 · 미 관계의 중간자적 입장에서 조절에 임할 것이며 이것을 위하여 경직되고 폐쇄적인 사회 체제를 개방되고 신축성 있는 다민족 다문화 사회로 전환할 것을 주장하였다(강상중 2002: 55).

일본은 동북아시아 공동체를 과거 대동아공영권의 재생을 의미하는 것이라 극히 조심하여 금기시하거나 비유적으로 표현할 뿐이었다. 그러나 강상중의 후원을 받는 와다 하루키의 신아시아주의는 과감한 제안이라 할 수 있다. 특히 와다 하루키는 한국의 해외교포를 통한 동북아시아에서 한국인의 역할을 높이 평가하였다. 그의 말대로 동북아시아 중요 지역에 한국인들만큼 많이 분포되어 있는 나라도 없다. 한국을 둘러싼 강대국에는 많은 교포가 분포되어 있다. 미국에 230만 명, 중국에 200만 명, 일본에 100만 명 그리고 CIS에 55만 명이 있다. 중국의 해외 화교가 많아도 동남아시아에 집중되어 있고, 일본은 이웃한 나라에 교포가 없다. 이웃 4강에 분산되어 있는 교포를 잘 활용한다면 한국만큼 유리한 조건을 가진 나라는 없을 것이다.

7. 문화 운동

동북아시아 3국에서 근대국가 형성 과정과 산업화의 과정 중 필연적으로 조성된 민주주의와 시민의식 등의 새로운 사조는 동북아시아 3국을 하나의 공동체로 묶어 가는 중요한 요인이 되고 있다. 이러한 의식 형성과 더불어 일반인에게서 추진되는 여러 상황이 동북아시아 나라들을 더욱 가깝게 만들고 있다. 의도되지 않은 시민들의 활동을 정리해 살펴보면 한류나 스포츠의 교류 그리고 유학생의 활동을 들 수 있다.

유학생

동북아시아 3국은 유교적 전통을 물려받아 교육을 존중하고 배움에 즐거움을 느끼는 나라이다. 교육열은 한국 · 일본 · 중국 어느 나라도 뒤지거나 게을리하지 않으며, 부모가 모든 정력을 자녀교육에 쏟고 있다. 이는 경제가 발달할수록 더 가속화하는 경향이다. 동북아시아 3국에서는 자기 나라에서의 교육도 즐기고 장려하지만 선진국이라 생각하는 나라에 유학을 장려하고 있다. 미국의 예를 들면 한국, 중국 그리고 일본이 유학생 수에서 1, 2위를 다투고 있다. 2009년도 집계에 의하면 한국인 유학생이 20만 명으로 1위였으나 다음 해에 역전되어 중국인 유학생이 가장 많았다고 한다.

최근의 또 하나 흥미로운 현상은 동북아시아 3국 간의 유학생이 증가하는 것이다. 한국의 경우 중국과 수교가 시작되면서 많은 유학생이 중국으로 가고, 중국의 유학생이 한국으로 온다. 중국 유학생이 미국에 이어 두 번째로 선호하는 나라가 한국이다. 교육인적자원부 통계에 의하면 우리나라에 온 유학생 중 중국 학생이 2만 80명으로 전체 외국인 학생 3만 2,557명의 61.7%를 차지한다. 2001년 3,221명이던 중국 유학생은 2005년 1만 9,160명으로 5년 만에 6배 가까이 증가하였다. 2006년 통계에 의하면 어학연수 목적이 3,747명, 대학생이 1만 939명, 석사과정이 2,656명, 박사과정이 894명 등이다. 선택 전공으로는 인문사회가 가장 많다. 한국과 중국 대학 간의 직접 교류는 없으나 북경에서 열린 국제교육박람회에 고려대, 연세대, 대구가톨릭대, 전북대 등 20여 개 대학이 참가하였다(『중앙일보』 2007. 8. 22).

중국에도 한국 유학생이 가장 많다. 몇몇 학교의 경우 외국인 장학생의 90%가 한국인이다. 중국인을 빼고 전 세계에서 중국어를 잘하는 인력을 가장 많이 보유한 나라가 한국이다. 급성장하는 중국을 배우러 가는 한국 유학생이 많다는 것이다.

일본에 유학 중인 중국 학생은 한국보다 많다고 한다. 이들 유학생은 선진 문물을 배우는 것이 첫째 목적이다. 그러나 중국에 유학하는 한국, 일본 학생은 첨단 문물을 배우러 가는 것이 아니다. 중국으로 가는 유학생들은 중국 문화, 중국 고전을 배우며 무엇보다 중국어를 배워 3국이 보다 가까워졌을 때 활용하려는 것이다. 이러한 의미에서 유학하는 젊은 학생들이 동북아시아의 공동체 형성을 누구보다 간절히 바라고 있을 것이다.

문학

최근 한국 · 중국 · 일본 3국에서 보다 강화된 영역이 문학이다. 한 · 중 수교 이후 15년이 지나면서 활발해진 인적 · 물적 교류에 이어 문화 교류가 더욱 활발해지고 있다. 2000년대 들면서 저작권료가 상대적으로 싼 점을 이용하여 중국의 번역된 작품이 한국으로 대량 밀려들어 왔다. 처음 소형 출판사들이 역사와 철학 분야의 책을 번역, 출판하였으나 이후에 대형 출판사도 나름대로 자기 계열사에서 고전을 번역하여 현대화한 시리즈로 출판하여 중국 저서 출판 붐을 이루고 있다. 중국의 고전만이 아니라 판매량이 많은 문학 등 소설 분야에서도 유사한 현상이 번지고 있다. 말하자면 현대 베스트셀러 작품이 번역되어 시리즈 형식으로 판매되고 있는 것이다. 인터넷 서점 인터파크 자료에 따르면 최근 1, 2년 사이 중국 소설 베스트셀러 30종의 판매는 전년도 대비 75%가 증가하였다. 중국 소설 전체로 보면 54.7%가 증가했으니 폭발적이라 할 만하다.

이러한 문학 교류 상황을 인식하여 문학가들이 모였다. 2008년 9월 30일 서울에서 중앙일보, 대산문화재단, 한국문화예술위원회가 공동으로 주최한 제1회 '한 · 중 · 일 동아시아문학포럼'이 개최되었다. 한국 대표는 황석영(65세), 일본 대표는 히라노 게이치로(平野啓一郎, 33세), 중국 대표는 선쑤퉁(蘇童, 45세)이었다. 3국의 작가들이 모여 작가들의 교환과 교류 문제를 토의하였으며, 동북아시아의 평화로운 균형을 강조하였다. 이곳에서 지적된 것의 하나가 매스컴의 이미지 왜곡 문제였다. 매스컴의 잘못된 보도로 다른 나라 작가에 대하여 적개심

마저 가지게 하는 경우가 많다는 것이다. 이것을 수정하도록 노력함은 물론 문학, 예술 분야에서 교류를 확대하여 그것도 국가가 아닌 개인을 기반으로 연계망을 갖고 서로의 경험을 교환하여 공통의 테마를 발견하고 이러한 노력으로 동북아시아의 안전과 발전에 기여하자고 다짐하였다(『중앙일보』 2008. 10. 2).

이러한 문인들의 교류는 동북아시아 3국의 문화적 동질성을 기반으로 한 것이다. 동북아시아 3국은 공통어가 없으나 한자라는 공통 요소를 공유하기 때문에 소통과 번역이 보다 용이하고 보다 친밀한 느낌을 갖는 것이다. 이것이야말로 동북아 문화 공동체 형성의 구체적인 방안이 될 수 있다.

한류

동북아시아 3국이 가깝게 느끼기 시작한 것은 한류(韓流)가 유행하면서부터이다. 이것은 한국의 대중문화가 이웃한 일본과 중국 그리고 동남아시아로 퍼져 나가면서 생긴 한류를 말한다. 대중문화가 3국으로 유통되기 시작한 것은 홍콩의 무협영화가 한국과 일본으로 확산되고 일본의 TV 영화가 한국과 중국으로 확산된 것에서 시작한다. 그러나 홍콩의 무협영화는 허공을 나는 등 허위성이 강하여 크게 유행하지 못하였고, 일본의 TV 드라마나 만화, 애니메이션은 일본 특유의 집착성이나 폐쇄성으로 인해 길게 유행하지 못하였다. 따라서 그 자리를 한국 영화나 드라마에 양보하였다.

2000년대에 들어서면서 한국의 「겨울연가」가 일본에 상륙하고, 중국에는 뮤지컬 「지하철 1호선」이 상륙한다. 「겨울연가」는 의리를 지키는 동양적인 내용은 물론 주인공인 배용준의 품위 있고 고상한 모습이 일본 여성들의 관심을 끌어 '욘사마'라는 유행어까지 생기게 되었다. 욘사마가 도쿄에 도착할 때는 일본의 여느 정치가의 환영객보다 많은 인파가 나와 감격적으로 그를 맞는다고 한다.

1997년 이후, 한국의 MBC에서 5년 전에 방영한, 연속극 「사랑이 뭐길래」가 중국 조선족 번역가에 의하여 중국어로 더빙이 되어 중국의 CCTV에 방송되었다. 이 드라마가 방영되는 시간대는 길거리가 한산할 정도였다고 한다. 2003년부터는 「별은 내 가슴에」, 「해바라기」, 「가을동화」, 「의가형제」, 「목욕탕집 남자들」, 「성몽기연」, 「아름다운 나날들」, 「황금마차」 등이 중국 전국 각지 TV 방송국에서 방영되었으며, 이들의 주인공인 안재욱, 김희선, 송승헌, 송혜교, 장동건 등이 중국의 우상이 되었다(김관웅 2004: 69).

중화권 한류의 관문 역할을 하고 있는 대만에서는 2005년 주요 TV 채널의 한국 드라마 방영 시간이 연간 1,000시간을 훌쩍 넘었다. 일본 NHK의 위성방송인 'BS2' 채널에서는 목요일 저녁 오후 8시부터 11시까지 「대장금」, 「다모」 등 한국 드라마를 집중 방영한다. 중국에 상륙한 안재욱의 「별은 내 가슴에」는 이른바 한미(韓迷)(한국 마니아)라 불리는 한류 팬층을 형성하였다. 이는 중국의 폐쇄된 사회 속에 살면서 그동안 느껴 보지 못한 문화적 감성과 동양식 상류층 가족의 가치 등을 대리만족시킴으로써 인기를 끌게 된 것이다.

한류는 일본과 중국만이 아니라 유교 문화권이라는 대만, 홍콩, 월남을 위시하여 동남아시아 여러 나라로 전파되면서 영화만 아니라 TV 드라마, 음악, 무용 등으로 확산되고 더 나아가 한류의 스타들이 그 나라 젊은이의 우상이 되어 유행의 원천이 되었다. 한류는 더욱 확산되어 뉴욕으로 상륙하여 미국 전역으로 전파되고 파리를 통하여 유럽 전역으로 전파되며, 이집트의 방송을 통하여 중동, 아프리카에까지 전파되어 가고 있다. 지난해 「겨울연가」가 방영된 이집트에서는 방송 시간마다 거리가 쥐죽은 듯 썰렁해진다면서 드라마 통금이라는 말이 유행하였다 한다(『한국일보』 2006. 1. 16).

한류 영화가 유행하는 것은 서양의 서부영화나 홍콩의 무협영화와 다르기 때문이다. 서양의 말 타고 총 들고 달리는 총잡이들이 주인공인 미국 서부극이나 하늘을 날고 칼을 부리는 협객이나 무사들이 주인공인 홍콩 영화의 공포영화와는 달리 한국 드라마는 동양 문화의 핵심인 윤리도덕과 사회 대중의 공동의식이 깔려 있어 중국 사람들이 보편적인 공명을 느끼며, 특히 근대화한 장면이 선망의 대상이 되기도 하여 중국이나 동남아시아 여러 나라에서 인기를 끌게 되고 심지어 일본에서마저 인기를 끌게 된 것이다(김관웅 2004: 73).

중국은 문화대혁명 등을 통하여 한국보다 더 철저하게 전통을 없애고 평등사회로 진입하였다. 이런 곳에서는 한국의 가족, 남녀의 지위, 부부의 역할 등에서 잃어버린 동양 문화의 전통을 느끼며 「사랑이 뭐길래」와 같은 영화를 통하여 말로 표현할 수 없는 문화적 향수를 느끼게 된다. 한국 문화를 통하여 자기 문화의 정체성을 알게 되는 계기가 되기도 한다(김관웅 2004: 75).

한류가 인기를 끈 이유는 예술성에서 풍부하고 기술적으로 화면이 아름답고 배우가 아름다우며 음악이 아름답기 때문이기도 하다. 무엇보다 중요한 것은 한류에 숨겨져 있는 동양 문화 전통의 진미를 보게 되는 것과 그러면서도 사회적 비판이 가미되어 민주주의를 엿볼 수 있는 것이다(김관웅 2004: 72).

한류는 드라마와 음악, 무용만이 아니라 외모 만들기도 유행하여 중국에 이어 베트남 여성들이 한국의 서울에 와서 성형수술하기를 원하고 있다. 호주나 싱가포르에서도 저렴한 가격으로 할 수 있으나 굳이 한국을 고집하는 것은 “TV 드라마 속의 한국 여성 같은 코를 갖고 싶다"는 간절한 소망 때문이다. 베트남의 '2004년 톱 가수 미땀'이 한국에서 코 성형을 받은 이후 하노이와 호치민의 부유층 여성들 사이에 코 성형이 유행했다고 한다.

영화계는 중국과의 합작 공간을 넓혀 가고 있다. 자본 · 기획력에서 앞선 한국과 배우 · 촬영 배후지 등에서 강점을 지닌 중국이 협력하여 할리우드에 맞서는 범아시아 영화 콘텐츠를 생산하자는 취지이다. 한 · 중 양국의 합작 영화는 2005년 베니스 국제영화제 개막작으로 상영한 쉬커(徐克) 감독의 「칠검」(보람영화사)이 첫 작품이다. 한국의 안성기와 유덕화 주연의 「묵공」이 그 뒤를 이었다. 한국의 나비픽처스는 중국에서 영화를 직접 제작, 판매하기 위하여 2005년 영화사로서는 처음으로 중국에 현지 사무소를 열었다. 이와 같이 영화사가 다른 나라에 사무소를 설치하여 다국적기업으로 확대되고, 한 영화에 등장하는 장소도 여러 나라를 배경으로 하여 국제화되고 있다. 동시에 배우들도 합작으로 출연하거나 공동으로 출현하여 대중문화의 국제화가 이루어지고 있다(『중앙일보』 2007. 8. 24).

한국의 한류는 대중문화의 확산이고 대중문화의 교류이지만 이것이야말로 동북아시아가 하나의 문화 공동체를 이루는 구체적인 현상이다. 젊은이들의 대중문화를 통하여 동북아시아의 문화 공동체는 빠르게 진행되고 있다.

스포츠

친선을 도모하는 데 스포츠만큼 중요한 것이 없다. 동북아시아 3국은 모두 스포츠 선진국으로 차원 높은 스포츠 친선을 도모하고 있다. 동북아시아에서 국제 올림픽을 처음 개최한 나라는 일본으로 1964년 제18회 도쿄 올림픽을 개최하였고, 한국은 1988년 제24회 서울 올림픽을, 중국은 2008년 제29회 베이징 올림픽을 개최하였다. 일본, 한국, 중국은 국제 올림픽 개최를 통하여 순서대로 선진국 반열에 오른 것이다.

동북아시아의 구체적인 친선경기는 1968년 한 · 일 고교교환경기대회에서 시작되었다. 이것이 1981년 '주니어 종합경기대회'로 개칭하였고, 1992년 제20회 광주대회를 기하여 한 · 중 · 일 3국의 체육대회가 된다. 이것은 아시안 올림픽이 동남아시아와 중동 지역이 분리되면서 생긴 것으로 한국, 중국, 일본이 동아시아올림픽위원회를 별도로 조직한 것이다. 도쿄에서 개최된 제1회 '동아시아경기대회'에는 6개국이 참가하였다. 제2회가 1991년 11월에 베이징에서 개최되어 7개국이 참가했으며, 제3회는 1992년 상하이에서 8개국이 모였다. 제4회는 1993년 상하이에서 진행되었다. 이것을 중국에서는 제1회 '동아시아운동대회'라 한다. 이 대회에 중국, 한국, 일본, 홍콩, 몽골, 마카오 그리고 북한 등 9개국의 선수 1,200명의 참가하여 12개 종목에서 10일간의 경쟁을 벌였다(김영웅 2004: 114). 제2회 동아시아운동대회는 1997년 서울에서 개최되었다. 당시 북한은 참석하지 않았고 대신 카자흐스탄이 참가하였다. 제3회 대회는 2001년 일본 오사카에서 개최되었다. 이때는 호주가 참가하였고, 10개국 2,865명이 참가하여 15개 종목에서 경합을 벌였다.

동아시아운동대회는 개최할 때마다 주최국의 민족전통체육 종목에 참가하여, 즉 일본의 유도, 한국의 태권도, 중국의 무술이 정식 종목으로 추가되어 지역 전통문화를 우대해 왔다. 따라서 동아시아운동대회는 각국의 전통체육문화를 발굴하고 발전시키는 데 기여한 것이다. 그러나 이 운동대회도 다른 경기와 같이 메달 경쟁에 치중하여 친목이나 협동보다 경쟁을 일삼고 있다. 따라서 참가국의 젊은이들이 지역 공동체 형성이라는 목적의식을 갖고 상호 이해하고 협력하는 장으로 발전시켜야 할 것이다(김영웅 2004: 119).

2002년 한 · 일 월드컵 축구 공동 개최는 세계적으로 동북아시아의 위상을 높인 것 이외에 동북아시아 나라들에 중요한 의미가 있다. 한 · 일 월드컵을 계기로 3국이 친선을 도모하려고 챔피언 결정전(A3 Champions Cup)을 실시하여 축구를 통하여 더욱 가까운 우정을 다짐하였다.

축구는 한국, 중국, 일본 모두가 가장 좋아하는 스포츠의 하나이며, 이에 관한 재미있는 에피소드가 있다. 중국에서 유행하는 한류라는 말이 처음에는 축구의 한류(寒流)에서 시작되었다고 한다. 이것은 중국이 축구 경기를 할 때마다 한국에 지기 때문에 한국의 찬바람이 중국인의 간담을 서늘하게 한다는 의미에서 그리고 축구는 한국에 절대 이기지 못한다는 의미에서 한류를 공한증(恐韓症)과 같은 용어로 사용하였다고 한다. 이 한류가 대중문화의 한류로 변하였다는 것이다(김관웅 2004: 68). 축구 이외에 아시아배구연맹(AVC)이 주관하는 아시아 남자배구 최강전을 행하고 있다. 이것은 한국, 일본, 중국, 대만의 4개국이 참가하는 것으로 2000년 1회를 한국과 일본에서 2001년의 2회는 일본과 대만에서, 2002년 3회는 하얼빈과 순천에서, 4회 2003년에는 치치하루와 타이페이에서 그리고 5회 2004년에는 제주와 미야자키에서 개최되었다(김동선 2004: 92).

이와 같이 스포츠는 교류를 통하여 자국민들에게 자부심과 긍지를 드높이고 국제적으로는 정치와 외교의 난제를 풀어 가 친선의 역할을 수행해 간다. 스포츠는 빈곤 퇴치를 위한 자선사업도 추진하여 세계평화에 기여한다. 무엇보다 스포츠 정신과 시합을 통하여 지역 간 협력을 도모해 간다. 이를테면 스포츠는 한류 못지않게 동북아시아 문화 공동체 형성에 중대한 기여를 하는 것이다.

관광

동북아시아는 자체 내에 풍부한 관광자원을 보유하고 있다. 자연관광지로 한국의 백두산과 금강산, 중국의 황산과 계림 그리고 일본의 세토나이카이 등이 절경을 이루는 관광지이다. 역사적 유물로 만리장성, 고궁, 서울 왕궁 그리고 일본의 닛고 등이 있다. 도시 관광자원으로는 도쿄, 베이징, 서울, 난징, 하얼빈, 심양 등이 있다. 이런 것을 위하여 동북아시아 관광진흥연락협의회가 결성되었다(クラントデザイン 2003: 195). 그간 해마다 중국을 찾는 한국인은 400만 명을 넘었고 중국에 상주하는 한국인도 10만 명을 넘어 베이징 올림픽 이후에는 100만 명 시대가 되었다. 한 · 중 항공노선은 왕래 항공편이 매주 800여 회로 중국과 다른 국가를 연결하는 국제노선 중 가장 많다.

한편 한국은 작은 나라이지만 고유한 문화에 서구적인 문화가 잘 결합해 있고, 경제적인 측면에서도 대단한 발전을 이룬 나라로서 중국인에게는 어떤 면에서는 경이롭게 받아들여지기도 한다. 한국을 찾는 중국 관광객이 100만 명을 넘고 있다. 한국 관광객의 최고치를 이루는 사람은 일본인이다. 한국을 찾는 일본인 관광객이 연간 400만 명을 넘었고, 특히 일본에서 한국 여행은 고등학교의 단체관광으로 시작된다. 고등학교의 단체관광은 고적지나 고궁을 찾는 수학여행이다. 근년에는 한류 관광이라 하여 한류의 영화 제작지가 관광지가 되고 있다. 일본을 찾는 한국 관광객 또한 이와 유사한 수를 이루고 있다. 최근에는 일본을 찾는 중국 관광객 수도 증가하고 있다. 중국을 찾는 일본 관광객은 한국보다 훨씬 많다. 따라서 민간 차원에서 가장 활발한 교류가 관광일 것이다. 관광이야말로 동북아 3국을 하나로 묶는 좋은 기회이다. 공동체 형성이 인간들의 연계를 통하여 이루어지는 것이라면 상대방의 자연과 문화, 특히 고궁을 위시한 역사적 유물의 관광은 상대방 국가와 민족을 이해하는 첩경이 된다. 따라서 관광은 동북아시아 문화 공동체 형성의 지름길이라 하겠다.

이상에서 살펴본 것과 같이 현대에 이르러 그것도 순수 민간 차원에서 동북아시아 3국은 활발하게 교류하여 상대방을 이해하는 데 크게 이바지하고 있다. 유학생이 그러하고 한류는 대중문화를 통하여 그리고 관광은 시민의 교류를 통하여 동북아시아 3국은 풀뿌리부터 교류와 협력을 다하고 있다.

8. 3국의 문제

경제적으로 후발 국가라는 중국도 고도성장을 거듭하여 한국과 일본을 바싹 뒤따르고 있다. 공산주의 국가이면서 민주의식, 시민의식이 고조되어 동북아시아 3국이 공동체로 향하는 속도가 빨라지고 있으며, 각종 문화 교류로 가일층 협력체 구성을 가속화하고 있다. 그러나 정치면에서 본 것과 같이 동북아시아 3국은 쓰라린 과거사가 있기 때문에 쉽게 격분하는 민족주의를 갖고 있다. 이러한 요소들이 동북아시아의 공동체 형성을 어렵게 하고 있다. 그 대표적인 것이 민족주의와 과거사의 역사 문제이다.

민족주의

동북아시아 3국에서 가장 어려운 문제가 있다면 그것은 한국, 중국, 일본이 가진 민족주의이다. 한국, 중국, 일본은 모두 같은 황색인종인데 중국은 한족(漢族), 한국은 한족(韓族), 일본은 야마도족(太和族)이라 한다. 이들은 민족(ethnic)이 장악하는 나라의 국민(nation)과 같은 용어로, 동양에서는 민족과 국민의 구별 없이 모두 민족이라 불렀으며, 오랜 역사를 통하여 형성되어 왔다. 이러한 민족주의는 서구에서 근세에 민족국가를 이룩하면서 조성된 국민국가의 민족주의와 달리 봉건국가에서 왕의 신하로 형성한 봉건적 민족주의이다. 이러한 민족주의는 한 국가를 독점하는 한 민족이 자기 민족의 문화적 우월감을 갖고 주위의 소수민족을 경시하는 경향이 있다.

이러한 아시아적 민족주의는 근세사에서 순조로운 발전을 도모한 것이 아니라 특수한 조건에서 기이한 발전단계를 거쳤기 때문에 타민족에 대한 배타적 성격이 더욱 강해진 것이다. 그 좋은 예가 일본이다. 일본은 천황 중심의 근대화를 추진하면서 국민국가가 아니라 '신의 나라'라는 개념을 갖고 있다. 한편 천황제를 이룩하면서 해금(海禁)과 쇄국을 국시로 하여 당시 동북아시아에서 진행된 중화 세계를 모르는 무자각 상태에서 돌연 세계 자본주의의 제국주의 단계로 진입하여 한 단계를 뛰어넘은 격이다. 그리고 청일전쟁을 위시하여 계속 아시아의 다른 나라를 침략하고 전쟁을 하면서 일본의 심상지리(Imaginative Geography)를 만들어 갔다. 지리적으로 아시아에 있으면서도 심리적으로 멀어진 일본을 통해서만 아시아가 근대화할 수 있다는, 이른바 '일본의 오리엔탈리즘'(Japan's Orientalism)을 갖게 된 것이다. 이것이 대동아공영권이다. 일본은 패전 후에도 이에 대한 반성 없이 역사 교육을 되풀이하는 것이니 이로 인하여 일본은 주변 국가들의 비난을 받고 있다.

현재 민족주의가 가장 강한 나라가 중국이다. 중국은 서구 제국주의 침략에서 해방되고 일본 제국주의 침략에서 독립을 쟁취하기 위하여 강한 민족주의를 길러 왔다. 이 과정에서 봉건적 민족주의가 국민적 민족주의로 변하였고, 이것을 다져 가는 것이 경제적인 발전이다. 중국은 경제의 발달로 강대국화를 추진하면서 옛 강한성당(强漢盛唐)의 꿈을 실현하려 하고 있으며, 인접한 타민족을 경시하는 경향도 강화되고 있다. 그러나 위에서 이미 언급한 것과 같이 근대화를 경험한 한국이나 일본이 이를 용인하고 지지하지 않을 것이다.

일본의 식민지 경험을 가진 한국의 민족주의는 일본이나 중국 못지않다. 일본에 대한 저항 민족주의는 어느 나라의 민족주의보다 강하였고, 해방 후 최악의 조건에서 경제적인 발전을 도모하여 경제 대국이 되었다. 특히 민주주의를 실현하기 위한 막대한 희생에 대한 자부심은 중국이나 일본 못지않은 강한 민족주의를 형성하게 되었다.

한국, 일본, 중국은 민족주의라는 잠재의식을 갖고 있으나 서구화로 조성된 새로운 요소로서 이것을 덮어 버리고 가능하면 새로운 방향에서 협력을 강화하려 하고 있다. 그러나 잠정적으로 민족주의가 노출되는 것이 역사 문제이다.

한 · 중 · 일 역사 문제

동아시아 3국에서 가장 큰 문제가 있다면 그것은 역사 인식의 문제일 것이다. 제2차 세계대전 종전 50주년을 기념하여 1995년 8월 15일 무라야마(村山) 총리가 일본의 식민지 지배와 중국에 대한 침략과 관련한 사과 담화문을 발표하였다. 이에 대한 반발로 일본 내에 '자유주의사관연구회'가 조직된다. 이 회는 1996년 7월 일본 교과서에서 종군위안부에 관한 내용을 삭제하라는 긴급 호소문을 발표한다. 그리고 온건파를 자학사관(自虐史觀)이라고 비판하는 극우파는 새로운 역사 교과서를 만들기 위하여 1997년 1월 '새로운 역사를 연구하는 모임'(새

역모)을 결성한다. 구체적으로 말하면 1995년 105명의 자민당 의원이 조직한 '역사 검토 위원회'가 한국의 합방은 강제성과 위법성이 없다는 것과 중국의 남경학살사건은 허구라는 것을 주장하였고, 종군위안부에 관해서도 일본 정부나 군대는 책임이 없고 사업적인 행위였다는 것이다. 한국에서 강제로 실시했던 창씨개명이나 식민통치도 있을 수 없는 것이라 하였다(부핑 2009: 24).

한편 일본은 전쟁 책임에 대한 반성 없이 원자탄 '피해 체험'만 대대적으로 선전하고 있다. 일본인은 왜 일본만 전쟁에 관한 책임을 져야 하는가 등의 발언으로 전쟁 책임을 회피하려 한다. 태평양전쟁도 도저히 참을 수 없는 상황에서 어쩔 수 없이 일으킨 것이라 말한다.

더욱 문제가 되는 것은, 일본의 경우 1990년대 중반이 신구 정치체제의 전환기라는 것이다. 이를테면 새 세대 정치가들은 태평양전쟁은 자기들이 태어나기 10여 년 전에 끝났다는 것이다. 따라서 전쟁에 대한 부채 의식이나 속죄 의식은 구세대 정치가나 가질 것이지 새 세대에게는 적용될 수 없는 것이며, 태평양전쟁은 이미 끝난 전쟁이라는 의식을 갖고 있다. 따라서 전쟁사를 다시 쓸 것이고, 헌법 제9조는 수정되어야 한다는 주장이다(부핑 2009: 27).

침략을 당한 중국의 입장에서는 일본의 주장을 받아들일 수 없는 것이었다. 중국 당국은 일본에 대하여 '올바른 역사 인식'을 되풀이 주장하고, 역사를 솔직히 인정하지 않는 자는 모두 군국주의의 부활을 바라는 자로 판단한다고 하였다. 중국은 무엇보다 역사 문제가 중국 국민을 자극하여 반일감정이 유발된 것이었다(宇野重昭 2000: 305). 이러한 중국 여론에 대하여 일본의 보수 언론은 오히려 '중국에 대한 환상'을 버리기를 주장하고 더 나아가 중국이 위험한 존재라는 중국위협론을 제기하고 있다.

일본에 대한 한국의 반응도 중국 못지않았다. 그러나 한국은 한·일 감정을 유발하는 역사 문제를 해결하기 위하여 한·일 합동지원위원회를 설치하였다. 한일 간에는 초등·중등학교 교원을 초청하여 어학연수와 상호 학습 지원 등을 위한 '한·일 신세기 교류 프로젝트'가 시작되었다. 한국은 '고구려연구재단'을 설립하여 정부 재정의 지원으로 민간이 운영하여 고대사 연구를 하게 하고 그 범위를 동아시아 전체로 확대해 갔다(안병우 2004: 150).

역사 문제는 민간단체에서, 특히 역사를 연구하는 학자들 사이에서 빈번하였다. 한국의 서울시립대학 역사교과서연구회와 일본 도쿄학예대학 역사교육연구회가 중심이 되고, 역사 연구에 관련된 10여 개 단체가 합심하여 '한·일 역사학회 공동역사연구회'를 조직하였다. 이곳에서는 동아시아 공생의 문제와 역사 교과서 문제를 심도 있게 다루었다(부핑 2009: 22).

일본과 중국 간에는 2001년 도쿄 대학 미타니 히로시(三谷博)와 중국학자 류제(劉杰)가 '중일 청년 역사학자 회의'를 조직하고 연구를 거듭하여 2006년 양국에서 동시에 『국경을 넘는 역사 인식』을 출판하였다. 여기서는 동아시아 근대 현대사에 관련된 중요 문제들이 다루어졌다(부핑 2009: 22). 2002년에는 한·중·일 3개국의 학자, 교사, 시민 단체 대표들이 '역사 인식과 동아시아 평화 포럼'을 조직하였으며, 이곳에서 토론을 거쳐 '한·중·일 세 나라의 공동역사편찬위원회'를 조직하였다. 여기서는 2005년 『미래를 여는 역사—동아시아 3국의 근현대사』를 출판하였다(부핑 2009: 22).

거듭된 토론과 협의회에서 거론된 것이 일본 역사에서 25개 사항의 수정을 요구한 것이다. 이에 대하여 일본 관변 학자들은 오히려 반박하였고 결국 역사 교과서는 일본 주장대로 검정을 통과하고 말았다.

일본의 국정교과서를 반대해 온 일본 시민 단체들은 이번에는 일선 학교에서 교과서를 채택하는 것을 반대하는 운동을 전개하였다. 그 결과 교과서를 채택한 학교가 극히 소수에 불과하였다(안병우 2004: 145).

일본은 극우파의 주장을 수용하여 역사 교과서를 편찬하고 이것을 중고등학교에서 가르치고 있다. 이것이 중국이나 한국에 피해를 주고, 국익이 되지 않는다는 것을 알면서도 일본은 역사적 사실을 왜곡하면서까지 자존심을 지키려 하고 있다. 이것이 동북아시아 공동의 집을 이룩하는 데 불리하다는 것을 알면서도 일본은 민족주의에 의하여 보수파에게 양보하는 것이다.

동북공정

한국과 중국 사이에는 고구려 문제가 있다. 한국은 고구려가 한국사의 일부임에 의심하지 않았다. 그러나 중국은 최근 고구려 영토가 현재 중국에 속해 있다는 것을 들어 고구려사를 중국사에 편입시키려 하고 있다. 이것이 '동북공정' 문제이다.

한국의 고구려연구재단이 주관하여 2004년 9월 서울에서 고구려에 관한 제1차 국제학술대회가 개최되었다. 중국 심양 동아연구중심의 주임인 쑨진지(孫進己)는 "고구려 멸망 이후 그 토지 · 인민 · 문화가 현재 어느 나라의 영토 안에 있는지에 따라 그것을 계승한 나라가 되는 것"이라고 하였다. 즉 고구려는 중국에 속하는 것이 된다.

이보다 더 강력하게 주장한 것이 쑨훙(孫泓)의 발언이다. 쑨진지의 딸이기도 한 쑨훈 선양동아연구중심 연구원은 "고구려는 기원전 2세기 한나라 현도군 관할의 일개 속국이었던 이후 시종일관 중국에 조공 · 책봉 관계를 유지해 왔고 중국의 한자를 사용하고 문학가, 사학자들이 중국의 전통적인 체제를 구성하는 등 한문화를 중심으로 했다"

면서 "고구려를 한국사의 일부로 말할 털끝만 한 근거도 없다"고 말하였다. 그는 더 나아가 "다만 고구려가 동북아의 여러 민족에 대한 중국의 통치 업무를 위탁받아 다른 민족이 중국에 복종하지 않을 경우 이를 토벌하는 역할을 수행했다"고 말하여 고구려의 특수성을 설명하였다.

한국의 고구려연구재단의 임기환 연구위원은 "역사 계승은 역사적 맥락과 역사 계승 의식의 결과이므로, 현재의 영토적 주관과는 분명히 구분할 필요가 있다"며 "역사 계승 의식을 구체적으로 표현하는 방식은 역사서의 편찬인데, 중국 사서에는 고구려에 대한 어떤 계승도 표방되지 않았지만, 우리 사서에는 통일신라 이후 근대까지 각종 사서의 편찬을 통하여 고구려 계승 의식이 지속되어 왔다"고 말하였다.

이러한 학계의 논란과는 별개로 서울에서는 갑옷 입은 시민이 중국대사관 앞에서 시위하였고, 한편 인터넷 사이트를 개설하여 중국을 규탄하였다. 한국의 시민 단체는 '아시아평화와 역사교육연대'를 조직하여 2001년 일본 역사 교과서 왜곡 문제에 대응하고 동시에 중국에 대응하기 위하여 긴급토론회를 개최하여 학계, 시민 단체, 언론의 관심을 환기시켰다. 또한 시민 단체로 '고구려 지키기 범시민연대'를 조직하였다. 한편 고구려 유적이 있는 구리시에서는 '고구려 연구 문화유적보존재단'을 설립하였다(안병우 2004: 150).

한국 국회도 나름대로 연구 기구를 조직하여 토론회를 추진하였고, 남북이 협력하여 북한의 고구려 고분의 세계문화유산 등재를 서두르고 국회대표단의 유적지 방문을 서둘렀다. 한편 한국 외교통상부는 실무대책협의회를 구성하고 아태국 내에 문제 담당관을 두었다. 국가안전보장회의에서도 동북공정 문제를 다루기로 하였으며 심지어 청와대에서도 중장기 대책을 논의하기에 이른다(안병우 2004: 144).

동북공정 문제가 심각해지자 무대위(武大偉) 중국 외교부 부부장이 한국을 방문하였다. 그러나 그는 중국이 고구려사 왜곡을 중단한다거나 동북공정을 통한 한국사를 왜곡하지 않겠다는 보장 없이 다만 교과서에서 고구려사를 중국사로 서술하지 않겠다는 것을 구두로 약속하였다. 말하자면 고구려사 문제를 외교적 현안에서 학술 문제로 돌렸을 뿐이었다.

그 후에도 중국은 고구려가 지방정권이었다는 것과 중국 고대 소수민족이 세운 지방정권임을 주장하고 있다. 이러한 중국의 태도를 계속 비난하자 중국은 한국의 직접적인 도전에 대하여 중공 수립 이전의 역사를 모두 삭제하는 것으로 응답하고 있다(안병우 2004: 149). 동북공정에 대하여 UCLA 대학 존 던킨 교수는 "민족은 토착적 정체성, 신화, 의식, 상징과 분리할 수 없다"며 "중국인들에게는 고구려가 자기 역사의 일부라는 역사적 기억이 없지만, 한국인의 공동체적 기억 속에는 고구려사가 매우 중요한 위치를 차지하고 있다"고 말하였다(『중앙일보』 2004. 9. 17).

동북공정은 고구려 역사를 자국의 지방정부로 여기는 중국과 한국의 3국 시대를 이룩한 중요한 부분이라는 역사 인식에 관한 논쟁이고, 중국이 최근에 이르러 억지를 부리는 대목이다. 따라서 고대사에서 문제가 되지 않는 것을 문제로 삼는 것은 다른 의도가 있는 것이 아니냐는 의심을 갖게 한다. 동북공정은 한국과 중국의 감정만 야기할 뿐 어느 나라에도 이익이 되지 않는 억지 주장이다. 따라서 동북공정 문제는 중국과 한국의 학자들이 머리를 맞대고 신중하게 그리고 두 나라의 이익이 되도록 논의하고 결정해야 할 것이다.

한 · 중 원조 논쟁

2, 3년 전만 해도 13억 중국을 열광시켰던 한류 드라마 「대장금」이 이제 중국이 가장 싫어하는 드라마의 선두를 달리고 있다. 그 원인은 한 · 중 전통문화의 논쟁 때문이다. 「대장금」에 나오는 한의(韓醫)가 중의(中醫)의 원조처럼 비쳐질 수 있다는 중국 내의 우려 때문이다. 말하자면 한의는 중국이 원류이며 한국이 원류가 아니라는 것이다. 이에 따라 한류에 대한 혐한류(嫌韓流)가 불기 시작한 것이다. 이러한 흐름은 한국도 유사하다. 중국에 대한 호감도가 2005년 66.3%에서 3년 연속 떨어져 2008년에는 44%에 그쳤다.

논쟁의 배경은 1970년대 말로 거슬러 올라간다. 북한은 주체사상의 확립을 위하여 고구려와 발해 역사를 강조하였다. 이에 자극받은 중국은 1980년대부터 대응 연구에 착수하여 2001년 북한이 고구려 벽화를 유네스코 세계유산에 등재하자 중국도 자국 내에 있는 고구려 벽화를 유네스코 세계유산에 등록하는 동북공정을 시작하였다. 이것이 문화 갈등의 제1라운드가 된다.

제2라운드는 2005년 강릉 단오제의 유네스코 세계유산 등재에서 다시 부닥치게 된다. 음력 5월 5일이 단오절이고, 특히 강릉의 단오제는 규모나 역사에서 한국의 세시풍속 민속놀이를 대표하는 것이다. 한국은 이것을 유네스코 세계유산으로 등재하였다. 이와 관하여 같은 단오절을 갖고 있는 일본과 중국의 언론이 중국의 문화유산을 한국이 '강탈'하고 있다고 보도하였다. 그리고 전통문화의 중요성을 깨달은 중국은 청명절, 단오절, 중추절을 공휴일로 선포하였다.

2006년 9월 한국이 『동의보감』(東醫寶鑑)을 유네스코에 세계유산으로 신청하자 다시 중국 언론은 한국이 중의를 한의로 바꾸어 세계유산으로 등록했다고 억지를 썼다. 그다음에는 신화를 원조 논쟁으로 끌어들였다. 중국신화학회 회장인 예수센(葉舒憲)은 황제(黃帝) 집단의 곰 토템이 단군신화의 뿌리라고 하였다. 이에 대하여 그해 11월 서울에서 열린 한 학술대회에서 정재서 이화여자대학 교수는 중국 고대 지리서 『산해경』(山海經) 속의 염제(炎帝)와 치우(蚩尤) 등 동이계(東夷系) 신들이 고구려 고분벽화에 빈번하게 나타나는 것은 오히려 한국 신화가 중국 신화 형성에 영향을 끼친다는 증거라고 주장하였다.

중국은 최근 고고학 발굴에서 출토되는 요하 지역의 요하 문명(遼河文明)이 중국의 황하 문명보다 1000년이 앞선 것을 은폐하면서 중국의 시조 황제와 염제에 치우를 더하여 중국 시조 삼조당(三祖堂)을 건립하였다. 말하자면 중국은 최근까지 자기들의 조상인 황제 그리고 염재와 대립하고 투쟁해 온 동이족의 조상이라는 치우까지 조상으로 모신 것이다. 이러한 중국 정부의 부당한 처사에 대하여 한국과 중국 학자들의 학술 논쟁이 격해지고, 양국 언론의 보도와 네티즌들의 언쟁도 격렬해지면서 감정적 원조 논쟁은 끝이 보이지 않는다.

한자 논쟁도 중국과 한국 그리고 일본 간의 큰 논쟁의 하나가 되고 있나. 2008년 10월 말 중국 촨메이(傳媒) 대학에서 한 · 중 · 일, 대만의 전문가 70여 명이 참가한 국제한자회의가 개최되었다. 이때 한자 사용 국가 간의 자형(字形) 통일이 문제가 되었다. 표준화 문제가 논의되었는데 한국의 한 신문이 이 소식을 전하는 동시에 중국어로 번역하여 인터넷에 올렸다. 이를 본 중국 언론의 보도가 시작되었다. "한자를 통일한다고? 정말 가소롭군!" 한 중국 신문의 제목이다. 자형 통일에 왜 한국이 참여하느냐 하는 내용이었다.

한국이 한자를 세계유산으로 신청하려 한다는 것이 중국 보도에 이어져 나왔다. 그리고 중국 네티즌들의 분노에 찬 글이 '폭격'이라는 이름으로 시작되었다. 이에 대하여 한국 언론도 대응하기 시작하였다.

한국은 "한국의 한자 세계유산 신청설에 중국 네티즌 발끈"이라는 제목으로 시작한 한국 네티즌 역시 험악한 댓글로 '화답'하였다.

이러한 논쟁과 감정의 대립에 대하여 정재서 교수는 "중국은 주변 국가의 독자성을 인정하지 않는 경향이 있다. 반면 덩치가 작은 한국은 문화적 정체성에 대한 위기의식이 강하여, 이런 위기감이 곧잘 과잉 민족주의로 표출되곤 한다"고 말한다. 그는 "양국은 오랜 세월 문화를 공유하였다. 그러나 '상상의 공동체'일 뿐인 근대 국민국가 개념이 등장하면서 문화에 속지주의와 국경이 생겨나고 이에 따라 배타적 문화관이 등장하면서 논쟁의 양상으로 갈등이 표출되고 있다"고 진단하였다(『중앙일보』 2008. 1. 17).

한국, 중국, 일본은 한자를 공유한 지 오래여서 대부분의 고서는 한자로 기록되어 있다. 이것의 세계문화유산 등재는 어느 나라가 제의하든 다른 나라들이 동조하고 환영해야 할 것이다. 그러나 이것을 중국이 한자로 쓴 것이기 때문에 자국에 오리지널리티가 있다는 것은 지나친 문화제국주의식 발상이다. 이러한 현상은 단오절과 같은 세시풍속에서도 나타난다. 단오절은 한국, 일본 그리고 중국만 있는 것이 아니다. 유라시아 대륙의 유목민들에게는 모두 있는 계절적 명절이다. 이것을 한국이 유네스코에 등재했다고 하여 배 아파하는 중국이 가소롭다. 중국은 자국적인 것을 찾아 유네스코 세계유산에 등재하는 노력을 해야 할 것이다.

가장 심각한 것은 원조 문제이다. 중국 고대사에서 중국인은 황제의 자손이라 자랑하였고, 후에 염제를 가미하여 황제와 염제의 후손임을 자랑하였다. 심지어 저우언라이(周恩來)나 덩샤오핑(鄧小平)이 해외를 순방하면서 중국인은 세계 어느 곳에 거주하든 몇 대가 지나든 황제의 자손이고 염제의 자손임을 잊지 말라고 강조하였던 것이다. 이것은 한민족이 단군의 자손이라는 것과 같다. 그리고 중국의 고대사에서 중국족이 아닌 동이족은 야만족이고, 동의와의 싸운 흔적을 염제와 치우의 싸움으로 표현하여 동이족의 대표인 치우를 야만인의 대표로 묘사해 왔다. 이제 그 치우를 중국의 조상이라 하여 삼조당을 건립한 것은 신화와 역사를 날조하는 대표적인 예가 된다.

중국이 치우를 자기들의 조상으로 말하는 이유가 무엇인지는 분명하지 않다. 아마도 중국이 오랜 역사를 통하여 이룩한 단일 문화 전통을 이어받았다는 것을 증명하기 위하여 그리하여 중국의 민족주의를 강화하기 위하여 치우를 삼조당에 모셨을 것이다. 신화 시대를 포함한 고대사를 공략하는 중국이나 현대사를 왜곡하거나 외면하려는 일본의 처사는 모두 그들의 강한 민족주의의 소산임을 부인할 수 없다. 따라서 동북아시아 3국이 진정한 평화와 공동체 형성을 바란다면 이러한 역사 문제를 먼저 해결해야 할 것이다. 역사 문제의 선결 없이 동북아시아 3국의 진정한 문화 공동체 형성은 어려울 것이다. 이 문제는 풀 수 없는 난제가 아니다. 학자들이 학자적 양심을 갖고 임하면 얼마든지 해결될 수 있는 간단한 문제이기도 하다.

역사의 공동 집필

동북아시아 3국이 문화 공동체를 형성하려면 3국 학자들이 공동으로 집필하는 '동아시아 3국의 근현대사'의 출판이 필요하다. 내용 선택, 체제 문제 그리고 주요 관점의 논술 등이 모든 학자들이 만족할 수 있어야 바람직하다. 문제는 서술자들이 미래지향적이어야 하며 공동의 역사의식을 가져야 하는 것이다. 무엇보다 중요한 것은 동북아시아 근현대사에서 가해자 일본의 침략이 가져온 역사적 상처를 어떻게 해결할 것인가가 문제이다. 그리하여 동북아시아가 하나의 문화 공동체를 형성하여 영원한 평화를 구축하는 데 필요한 역사를 서술해야 할 것이다.

역사 교과서와는 달리 한국, 중국, 일본의 학자들이 모여 작업한 역사 부교재의 공동 집필은 성공하였다. 부교재를 위한 모임이 2001년 남경에서의 모임을 시작으로 2002년 도쿄회의를 거듭하고, 2003년 『미래를 여는 역사』라는 제목으로 발간되었다. 2007년 한국에서는 개정 교육과정안에 따라 『동아시아사』를 선택과목으로 하였고, 두산출판사 등 2, 3개 출판사에서 『동아시아사』를 출판하였다(장세윤 2009: 447). 『동아시아사』 부교재를 공동 집필하고 출판한 것과 같이 동북아시아 3국은 의도적으로 집필진을 구성하여, 부교재가 아니라 주교재를 공동으로 집필하여 동북아시아가 하나의 역사를 배우도록 노력해야 할 것이다.

소결

문화를 문제 삼았을 때 동북아시아는 분명한 경계를 가진다. 문화 전통은 중국, 한국, 일본을 하나로 하고, 동남아시아에서는 베트남이 참가할 수 있을 뿐이다. 이것을 유교 문화권이라 불러왔다. 유교 문화권은 종교철학으로서의 유교와 대승불교를 공유하고, 한자 문화권을 형성하였으며, 과거에는 율령제도를 공유하였다. 유교 문화권에서는 소승불교와 회교를 수용하지 않은 분명한 문화 공동체의 문화 경계선을 갖고 있었다.

유교가 동북아시아에서 오랜 역사를 갖는 것은 봉건국가의 질서를 유지하는 데 유리했기 때문이다. 유교는 통치자에게 유리한 국가 질서의 종교였다. 개인은 가족에 복종하고 가족이 평안할 때 사회가 평안하고 사회가 평안할 때 국가가 편한 것이라는 개인 도덕과 가족 윤리를 기반으로 국가 통치자에게 복종을 강요한 윤리이자 철학이었다. 유교가 오래 유지되었다는 것은 봉건국가가 오래 건재했다는 것이며, 이에 따라 동북아시아에는 이른바 아시아적 봉건질서에 의한 민족주의가 발전해 왔다. 중국의 중원이 몇 차례 왕조 개혁이 있었고 세외 민족에 의한 정복 왕조가 있었다고 하여도 이들이 중원을 다스릴 수 있었던 것은 유교적 문화 전통이 있었기 때문이다.

동북아시아의 질서가 동요하고 와해되는 것은 서구의 충격에 의한 것이다. 서구의 충격에 대응하면서 동북아시아 나라들은 한편에서 전통문화의 퇴색이라는 과정과 서구 문화의 흡수라는 2가지 과정을 지나고 있다. 전통문화의 퇴색은 율령제도와 유교사상에서 볼 수 있는 현상을 말한다. 사회제도를 지탱하던 봉건제도가 무너지면서 동북아시아 나라들은 근대국가 건설과 민주제도를 소화하기에 온 힘을 기울이고 있다.

하나의 문명이 다른 문명을 흡수하고 소화하는 과정은 크게 세 단계로 볼 수 있는데, 부정의 단계, 모방의 단계 그리고 소화의 단계이다. 모방하는 단계에서 보통 아노미 현상이 일어난다. 말하자면 외적인 것은 쉽게 모방하지만, 내적인 것은 쉽게 모방하지 못한다. 내적인 것까지 완전히 모방하는 것이 세 번째 단계인 소화의 단계이다. 이러한 견지에서 보면 동북아시아 3국은 두 번째 단계인 모방의 단계에 있다고 할 수 있다. 3국이 모두 근대국가의 형태를 보이고 있으나 시민의식은 신민(臣民)에서 시민(市民)으로 바꾸는 과정에 있기 때문이다. 동북아시아 3국에서 가장 빨리 근대화했다는 일본에서도 아직 신민의식을 바꾸지 못한 것으로 보인다. 한국과 중국에서는 더하며, 특히 시민의식을 조성하느라 전력을 경주하고 있다.

서구 문명이 동양으로 밀려올 당시 동북아시아 나라에서는 동양의 단결을 호소하는 사상가들이 속출하였다. 동양을 주도하던 중국을 위시하여 한국 그리고 일본의 대부분 사상가는 서구에 대항하기 위한 동북아시아 3국의 협력을 호소하였다. 서구 문화를 수용하는 데 앞섰던 일본에서조차 동북아시아 3국이 협력하여 서양 문화에 대항하자는 이론이 유행하였다. 그러나 시간의 경과와 더불어 일본은 이웃한 동양 나라와 협력할 수 없고 오로지 일본만이 선진국으로 도약해야 한다는 탈아입구론이 나오게 된다. 탈아입구론 자체는 일본의 제국주의적 의도가 없으나 결국 대동아공영권으로 이어져 일본의 제국주의 근성을 노출하게 된다.

일본을 위시하여 한국이 산업화를 추진하면서 유교의 기본 정신인 성실, 근면, 의리 그리고 집단을 위하여 자기를 희생하는 봉사정신이 노출되고, 산업화에 성공한다. 중국도 예외는 아니었다. 자본주의 원리에 근거한 근대 산업의 발전은 서구의 프로테스탄트 정신만이 가능하다는 막스 베버의 이론을 전복시키고 유교의 기본 정신도 근대의 자본주의 산업사회를 건설할 수 있다는 것을 증명한 것이다.

동북아시아 나라들이 경제적 발전을 도모하고 근대국가를 형성하면서 이루어진 것이 아시아의 재발견이라는 새로운 사조이다. 이는 아시아의 전통인 유교의 재평가를 의미한다. 봉건사회의 정신적 전승인 유교가 그 근본 정신에서는 인류 보편적인 진리를 갖춘 철학이고 윤리이며 종교라는 것을 인식하게 된 것이다. 무엇보다 유교의 기본 정신인 인, 의, 예, 지는 현대사회에 기본이 되는 덕목이며, 윤리의 기초라는 것이다.

아시아의 새로운 발견과 재평가는 동북아시아를 유지해 온 유교와 한자 문명, 전통적인 고전을 통하여 동북아시아 문화 공동체를 형성하는 요소로 다시 평가되기에 이른다. 이에 더하여 근대화 과정에서 형성된 동북아시아 3국의 새로운 사회현상에서 볼 수 있는 도시 중산층의 형성으로 이루어진 시민 정신과 민주주의 사조는 동북아시아 3개국을 더욱더 가깝게 하여 문화 공동체 형성에 큰 역할을 하도록 돕고 있다.

특히 젊은 층에서는 한류의 유행에서 보이듯 국경을 초월한 대중문화를 공유하면서 새로운 아시아의 문화를 창조해 나아가고 있다. 젊은이의 재전인 스포츠는 동북아시아를 하나로 묶는 데 크게 이바지하고 있다. 교통수단의 발달로 빈번해진 관광 산업은 동북아시아를 하나의 문화 공동체로 형성하는 데 큰 보탬이 되고 있다. 말하자면 근대에 들어와 발달하는 시설과 교통수단, 통신수단 등은 이웃한 나라들의 근접성을 더욱 가까이 엮는 역할을 해 준다.

동북아시아가 하나의 문화 공동체를 형성하는 데 걸림돌이 되는 것이 역사 문제이다. 일본은 근현대사에서 일본의 침략을 엄폐하거나 오히려 이를 미화하여 피해를 본 이웃 나라의 빈축을 사고 있다. 중국은 고대사에서 이웃한 한국의 역사를 왜곡하고 있다. 이러한 역사 문제는 국민감정을 자극하여 심리전으로 발전되고, 민족주의를 자극하여 국민감정을 격화시킨다. 그러나 역사 문제는 관련된 나라의 학자가 모여 공동 집필함으로써 해결될 수 있다. 오히려 이러한 과정을 통하여 좁은 민족주의가 아니라 동북아시아를 단위로 하는 개방된 민족주의로 유도할 수 있다.

이러한 전망을 보이는 것은 동북아시아 3국이 문화 공동체 형성에 오랜 역사를 갖고 있기 때문이다. 동양이 공동의 문화권을 형성하기 시작한 것은, 고대 한나라가 유교를 국교로 하기 시작한 이래, 특히 당나라에 의한 동북아시아의 공통된 문화유산을 공유하면서 2000여 년의 세월이 걸렸다. 이에 비하면 서세동침으로 인하여 동양이 심각한 타격을 받고 근대국가 형성을 위한 근대식 민족주의를 가진 것은 불과 200년도 되지 않는 짧은 시기이다. 즉 문화권의 역사를 살펴보면 한국, 중국, 일본이 각기 다른 방향으로 나아가 다른 경험을 한 것은 오랜 공통된 역사에 비하여 극히 짧은 기간이라는 것이다. 200년에 불과한 근대화 과정도 실은 근대국가 건설, 산업화, 시장경제 등과 같은 경험을 해 왔다.

동북아시아 지역에서도 분명한 것은 문화 공동체를 말할 때 그 한계 내에 한국, 중국, 일본을 포함하는 경계선이 분명해지는 것이다. 이는 요녕 대학 전 총장인 풍옥충(馮玉忠)이 말하는 지역적 근접성, 역사적 근접성, 문화적 근접성 그리고 감정적 근접성 등 4개의 근접성을 공유한, 이를테면 동북아시아 문화 공동체 형성에 충분조건을 갖춘 것이 된다.

오랜 역사를 가진 문화 공동체는 안보를 위한 정치 공동체와 생활향상을 위한 경제 공동체의 기초가 되며, 지역 공동체의 선행 공동체가 된다.

총론

21세기에 진입하면서 두드러진 세계적인 현상의 하나가 국가를 초월한 지역협력체를 구성하는 것이다. 지역 공동체를 추진하는 대표적인 곳이 유럽이다. 유럽은 경제적인 통일의 상징으로 단일화폐를 사용하고, 정치적인 통일로 의회를 구성하고 대통령을 선출하였다. 미국은 이웃한 캐나다, 멕시코와 함께 NAFTA를 결성하여 경제적 공동체를 향하여 나아가고 있다. 동북아시아 가까운 곳의 지역협력체는 동남아시아 10개국이 이룩한 아세안이 있다. 아세안은 아세안+3라 하여 한국, 중국, 일본을 초청하여 경제협력체, 안보협력체를 구성, 동북아시아 3개국에 자극을 주고 있다.

지역 간 협력체가 이루어지려면 국가 간의 인접성이 중요하다. 동북아시아 3국은 비록 도서국가, 반도국가, 대륙국가로서 해양권과 대륙권으로 나누지만 이러한 지형적 조건이 단일 지역권을 형성하는 데 문제되는 것은 아니다. 오히려 베세토 벨트(Beseto Belt)가 보여주듯이 베이징, 서울, 도쿄를 묶는 3국 수도권을 연결하는 벨트에는 인구, 금융, 기술력 등이 세계에 유례없는 근접성을 보이고 있다.

EU가 기독교 문화를 기반으로 성립된 국가연합이라면 동북아시아에도 이에 못지않은 오랜 역사를 가진 유교 문명권이 있었다. 흥미롭

계도 서구 문명이 고대 로마 문명으로 대표된다면 동양은 성담 문화로 대표되고, 이것이 유사한 시기에 동과 서에서 개화했다는 우연한 역사를 볼 수 있다. 유럽은 로마 멸망 후 기독교 통치하의 중세를 지나면서 근대에 이르러 프랑스, 독일, 영국 등의 개별 국가들과 부단한 전쟁을 거치면서 발전해 왔다. 유럽은 백년전쟁, 장미전쟁, 나폴레옹전쟁, 보불전쟁 그리고 제1, 2차 세계대전 등 수많은 전쟁을 치러 왔으며, 이것이 EU라는 운명 공동체를 형성한 것이다.

서양과 달리 동양은 중국을 위시하여 한국과 일본이 봉건국가를 유지하면서, 전쟁보다 상호 교류와 협력을 유지해 왔다. 다만 중앙인 중국이 이민족의 지배로 정권이 교체되어 왔을 뿐이다. 즉 중국의 중원이 한나라, 당나라, 송나라, 원나라, 명나라, 청나라로 이어진 것과 함께 중앙에서 이민족 간의 종적인 왕조의 교체가 있었을 뿐이다. 동양의 특징이 있다면 모든 봉건왕조가 유교를 신봉하여 국가의 지도이념으로 삼았고, 백성은 유교의 도덕과 윤리를 몸에 익혀 봉건적 의식을 체질화해 간 것이다. 그리하여 동북아시아 3국은 서양의 침략을 받아 외세에 의한 근대국가를 건설하기 이전, 2000년에 가까운 오랜 세월 동안 유교 전통을 이어 왔다. 이것은 유교라는 종교, 이를 보완하는 대승불교, 봉건국가를 규정하는 율령제도 그리고 표음문자인 한자를 공유해 온 것을 말한다.

율령제도는 봉건국가의 붕괴와 더불어 소멸했으나 체질화된 유교는 오히려 근대화 과정에서 그 진가를 발휘하였다. 근면하고 성실한 기질과 남을 위하여 자기를 희생하는 멸사정신 등이 산업화 과정에서 산업화의 밑거름이 되었던 것이다. 이것은 특히 유교 국가에서 공통적으로 표출되기에 아시아적 자본주의 정신 또는 아시아적 정체성이라 표현하였다. 이러한 특성은 서양에 대비하기 위하여 아시아적이라

했을 뿐 실은 유교를 신봉해 온 중국, 한국, 일본에서 표현된 것이기에 동북아시아 3국의 유교적 정체성이라 하는 것이 옳을 것이다. 유교 정신의 공유는 동북아시아 3국의 문화 공동체 형성에 중요한 요소가 된다.

현대적 의미의 문화 공동체를 형성하는 데 중요한 요소로 부상한 것이 근대국가의 건설과 근대화의 과정에서 조성된 도시 중산층이 주도하는 시민의식과 민주주의 의식이다. 시민의식은 국민이 국가와 주인이고 사회를 주도하는 책임자라는 의식을 말한다. 민주의식은 만인이 법 앞에 평등하고 국가사업에 평등하며 사회 발전에 평등하게 공헌한다는 의식을 말한다. 이러한 의식은 서구 문명을 흡수하고 근대국가를 형성해 가는 과정에서 조성된 것이다. 이는 동북아시아 3국에 공통된 의식이며, 국경을 초월하여 지역 공동체를 형성하는 데 이바지할 요소이다. 이러한 문화의 공통점을 기반으로 동북아시아 3국은 모든 공동체의 중심이 될 문화 공동체를 형성하는 데 주력해야 한다. 그리고 이것을 기반으로 확대된 안보 공동체와 경제 공동체를 형성해 나아가야 할 것이다.

지역 공동체를 형성하는 데 중요한 기준의 하나가 경제이다. EU나 NAFTA 등 현재 진행 중인 지역 공동체는 모두 경제적인 이유를 명분으로 삼아 통합체를 이루어 가고 있다. 동북아시아 3개국을 통합하는 경제 공동체에서 문제되는 것이 있다. 나라별 경제 수준의 격차가 심하다는 것과 유사한 경제 체제를 가졌다는 것이 그것이다. 경제 수준의 격차는 일본이 가장 높은 수준이고, 한국과 중국이 그 뒤를 이어 3개국은 마치 일렬종대로 서 있는 것과 같다. 다행히 현재 중국이 가공할 만한 속도로 따라오고 있기 때문에 경제 문제를 고려할 때 3국의 수준 격차는 별 문제가 되지 않는다. 문제는 경제 체제의 유사성이다. 경제가 발달했다는 일본도 수출 지향적 경공업에서 시작하였고, 현재는 중화학공업이 발달하여 수출하는 나라가 되었다. 한국도 일본과 유사한 경제 체제를 갖고 있으며 중국 또한 수출 지향적 경제구조로 되어 있다. 3국은 경제에 관한 한 보완적 관계에 있는 것이 아니라 경쟁적 관계에 있다. 따라서 근접한 나라들이 경제적 통합의 첫 단계로 추진하는 FTA마저 동북아시아 3개국 사이에는 현재까지 이루어지지 않고 있으며 한국, 중국, 일본은 영외의 다른 나라와의 FTA를 서두르고 있다. 그러나 경제적으로 유사한 체제가 협력에 불리한 것만은 아니다. EU의 예를 보아도, EU를 시작한 독일과 프랑스가 경제적인 보완관계가 아니라 유사한 경제 체제를 가졌으며, 다른 필요 때문에 협력체를 이룩한 것이다. 그러므로 동북아시아 3국 간에도 후진적인 중국의 경제가 상당한 수준에 이르면 통합에의 길을 모색할 것이다.

아시아가 경제적인 협력을 절실히 느끼게 된 계기는, 1997년 태국에서 시작한 경제 위기가 삽시간에 동남아시아 다른 나라로 전파되고 한국까지 위기에 휩싸이게 된 이후부터였다. 미국은 1995년 멕시코에서 경제 위기가 발생하자 즉각 개입하여 위기를 막았으나 태국의 경우는 아시아의 문제라 하여 개입을 꺼렸고, 일본은 우물쭈물하여 결국 아시아의 여러 나라가 경제 위기를 경험하게 되었다. 경제 위기를 계기로 정체성을 제고하게 된 아시아인들은 자구책으로 동아시아통화기금(AMF)의 창설을 서둘고 통화 교역을 제안하기에 이른다. 즉 동남아시아를 포함한 동북아시아가 하나의 경제권 형성을 위하여 한 발자국 나아간 것이다.

중국은 경제 위기를 계기로 아세아인과의 FTA를 서두르고 있다. 중국의 입장에서 보면 동남아시아에는 3,000만 명에 가까운 화교가 있고, 그들은 막대한 경제력을 가졌다. 동남아시아를 망라하는 아세안과 FTA가 현실화된다면 이것은 유럽의 EU 그리고 미국의 NAFTA보다 훨씬 강력한 경제권이 형성될 것이다. 중국은 아세안과의 FTA 상대국만이 아니라 동남아시아를 포함한 지역에서 맹주의 꿈을 갖고 있다. 아시아 각국이 통화 위기를 맞아 통화가치가 하락하는 데도 불구하고 중국은 위엔화 가치를 고수하고 있다. 이것은 세계 경제 안정에 대한 중국의 역할을 강조하는 것이다.

한편 중국에 질세라 일본은 미국과 중국을 압도하는 '현금 동원 능력'을 바탕으로 아시아에서 엔블럭을 구축하려 하고 있다. 일본은 중국을 견제하면서도 막대한 ODA 자금으로 중국을 후원하는 한편 아세안과의 결합으로 아시아의 경제권을 장악하려 한다. 즉 동북아시아는 경제에 관한 한 영역 외적인 것에 지대한 관심을 보이고, 특히 동남아시아와의 협력체를 구성하는 데 중국과 일본이 경쟁할 뿐만 아니라 영내 국가 간의 협력을 외면하고 있다. 그러나 경제적인 협력체가 생산과 소비를 단위로 하는 경제 순환 체계를 이루지 않는 한 시장으로서의 경제권은 동남아시아보다 훨씬 광범위한 영역에까지 확대될 수 있다. 이를테면 아세안을 포함하는 경제권은 외연적 성격을 갖는 경제권이지 그 자체가 중심적인 것이 아니다. 따라서 외연성이 강한 경제공동체는 구심적 성격을 갖는 중심 공동체(core area)가 있어야 한다. 그 핵심 영역이 한국, 일본, 중국을 포함하는 동북아시아라는 것이다.

중국과 일본은 경제력의 확장에서 경쟁할 뿐만 아니라 군사적인 면에서도 군비 경쟁을 하고, 정치와 안보 영역에서도 심한 경쟁을 일삼고 있다. 구소련이 붕괴하고 러시아의 세력이 약화되었으나 중국이 부상하여 냉전 시대의 경쟁 관계를 그대로 지속하고 있다. 한편 미국과 한국, 미국과 일본 그리고 미국과 대만 간의 군사동맹은 사회주의 체제를 겨냥한 냉전 시대의 구도를 그대로 유지하고 있다. 이에 따라 중국과 일본은 과거 동서 냉전 체제를 대신하여 경쟁하면서 군비에 가장 많은 경비를 쓰는 나라가 되었다. 군비는 안보 문제와 연결되는 것이므로 안보 면에서 아시아는 아직 냉전 구도를 벗어나지 못했을 뿐만 아니라 오히려 심화되었다고 할 수 있다. 소련과 미국의 냉전은 주역들이 멀리 위치해 있었으나 중국과 일본은 바로 옆에 위치하고 있어 그 중간에 있는 한국의 입장에서는 더욱 그러하다.

중국과 일본의 대립 및 경쟁은 동북아시아 그리고 동남아시아의 헤게모니 싸움이며, 그 배후에는 양국의 강력한 민족주의가 뒷받침되고 있다. 이를 화해와 평화로 이끌 제3의 세력이 있어야 한다. 이 역할을 담당할 수 있는 나라가 한국이다. 따라서 동북아시아의 평화를 유지하기 위하여 한국은 반드시 필요한 나라이다.

동북아시아 현안 문제로 평화를 위태롭게 한 것이 있다면 그것은 남북한 대립일 것이다. 남북문제에서 한국은 평화번영정책을 취하여 왔다. 이것은 한반도의 평화를 정착하여 남북이 공동으로 번영, 평화통일의 기반을 조성한다는 것이다. 이에 따라 1992년 남북기본합의서가 작성되었고, 다시 수차례의 고위급 회담을 거친 후 2000년 6월 15일 마침내 남북의 정상이 회동하고 '남북공동선언'을 하였다. 이에는 통일 문제의 자주적 해결, 남북통일 방안, 인도적 문제 해결, 남북 교류협력의 활성화 등이 포함되어 있다.

그러나 북한은 한국과 협력하면서도 한편에서는 미국을 상대로 게릴라적인 핵 보유의 카드를 내걸고 자국의 외교적 입장을 강화하려 하고 있다. 북한의 핵 문제에 대하여 다국가 간의 집단 안보 체제로서 남북한, 중국, 일본, 러시아 그리고 미국이 참가하는 6개국의 협의체를 구성하였다. 6자회담은 북한의 핵 문제를 계기로 구성되었지만 동북아시아의 안전을 집단으로 보장하는 유일한 기구이다. 즉 동북아시아 집단 안전보장을 문제 삼을 때 이곳에는 동남아시아의 아세안이 참가할 여지가 없으며, 오히려 미국과 러시아가 참가하는 것이다.

한반도 문제를 해결하는 방법의 하나는 한국을 영세중립국으로 하여 한반도를 둘러싼 중국, 일본, 러시아, 미국 등이 합의하고 보장하는 것이다. 미국과 러시아의 세계 전략도 그렇지만 중국과 일본의 아시아 전략도 한국이 어느 나라 한 편에 가담하면 세력 균형을 유지하는 데 불리하다고 판단한 나라들이, 모두 자기들의 세력에서 제외한다는 의미에서 또는 자기편에 넣는다는 의미에서, 한국을 영세중립국으로 하는 것이 유리하다는 주장을 하게 된다. 그러나 인접한 4강의 보장을 받는 영세중립국은 한국의 발언권을 약화시키는 것이 되기에 올바른 해결책이 되지 못한다. 한국은 결코 작은 나라가 아니라 동북아시아 평화를 위한 주도적 역할을 해 나아갈 나라이다. 따라서 4대 강국에 이은 5대 강국이라는 개념을 가지고 한반도에서의 통일과 평화 문제 그리고 동북아시아에서의 중국과 일본을 중개하는 역할을 수행해야 할 것이다.

동북아시아 정치 공동체에서 가장 어려운 문제가 한국, 중국, 일본의 민족주의이다. 봉건제도를 타파하고 외세를 물리치며 근대국가를 형성해 가는 과정에서 형성된 것이 민족주의이다. 중국의 민족주의는 근세사에서 전개된 서구 열강의 침략을 물리치기 위하여 조성된 것이고, 항일 투쟁에서 강화되었다. 해방 전쟁 이후 오늘의 중국을 건설하고 경제성장을 거듭하면서 강화된 민족주의이기에 현재도 왕성한 성장 시기에 있다고 할 수 있다. 중국의 민족주의 못지않게 견고한 민족주의가 한국에서도 조성되고 있다. 일제 식민지에서 벗어나기 위한 끈질긴 투쟁에서 조성된 민족주의는 해방 후 건국 과정과 경제 발전을 거듭하면서 자신 있는 긍정적 민족주의로 성장하고 있다. 민족주의 형성에서 앞서 가던 일본은 패전 이후 큰 좌절을 맛보고, 패전의 쓰라림에서 재생한 민족주의는 세계 최고 경제 국가로서의 자긍심을 더하여 과거보다 더욱 심한 자민족중심주의식 민족주의로 치닫고 있다. 민족주의에 관한 한 중국, 한국, 일본 그 어느 하나 수월한 곳이 없다. 힘있게 타오르는 민족주의는 작은 일에도 흥분하고 분출하여 활화산으로 변한다. 즉 동북아 지역 공동체 형성에 장애 요인이 되는 것이 민족주의이다. 문제는 과격한 민족주의가 자주 분출되는 것이다. 또한 이것이 학자들의 논쟁이 아니라 정치인들이 민의를 자극하는 데 이용하고, 교육을 통하여 다음 세대로 이어지는 것이 문제이다.

민족주의 형성에 선각자인 서구에서 전개된 민족주의 과정을 살펴보면 민족주의가 원숙한 단계에 이르면 열린 민족주의로 화하여 지역 공동체 형성에 보탬이 되기도 한다. 앞서 살펴본 동북아시아 3국의 근대화 과정에서 형성된 중산층의 시민의식은 개인의 존엄성을 존중하고, 합리적인 사고를 하며, 자유주의를 신봉하는 것이기에 민족주의를 원숙한 단계에서 개방된 형태로 유도할 수 있다. 더욱 희망을 품는 것은 동북아시아 3국의 젊은 층은 한류의 유행에서 볼 수 있듯이 대중문화를 공유하면서 새로운 아시아의 문화를 창조해 나아갈 수 있다는 것이다. 새로운 문화 요소들은 동북아시아를 하나의 공동 운명체로 묶는 기초가 된다. 즉 오랜 역사를 가진 문화는 지역 공동체 형성에 충분조건을 갖추고 있는 것이다.

동북아시아의 정치 공동체는 한국, 중국, 일본이 주동이 되어 정상회의에서 그리고 정치지도자들이 계속 추진하는 각종 회의의 결과를 수렴하여 대책을 강구해 나아가야 하며, 북한과 미국, 러시아를 참가시켜 국제정치의 하나로 합리적으로 풀어 가야 할 것이다. 무엇보다 정치 공동체 형성에는 남북문제를 가진 한국이 중국, 일본과 협력하여 동북아시아의 평화를 유지하는 데 적극적인 태도로 추진해 나아가야 할 것이다. 그러나 정치 공동체는 안보를 고려한 이익 공동체적 성격이기에 이윤 공동체인 경제 공동체보다 신중한 성격을 갖는 것이다. 따라서 정치 공동체는 정신적 기반을 갖는 문화 공동체와 더불어 형성해 나아가는 것이 필요하다.

문제는 국가 지도자를 포함하여 동북아시아 사람들이 왜 동북아시아에 공동체를 만들어야 하는지 그 목적의식이 분명하지 않다는 것이다. 이것은 중국이 지역 내에서 패권을 잡으려는 것과 이에 대항하려는 일본의 정책들에서 볼 수 있다. 이를테면 중국이나 일본은 동북아시아에서의 공동체 형성보다 자기 독자적인 패권 경쟁에서 상대방을 누르려 하고 있다. 그러나 문명사가들이 지적하는 바과 같이 동북아시아의 유교 문화권이 지역협력체를 이룩하는 것은 세계 평화에 공헌하기 위한 것이다. 세계 문명권에서 끈질기게 평행선을 그어 가는 곳이 기독교를 근간으로 하는 유럽과 미국 그리고 이것을 상대로 하는 중동의 아랍 문명권이다. 이 두 문명을 조정하고 화해시킬 제3의 문명이 필요하며, 이것을 담당할 수 있는 것이 유교 문명권이다.

아시아가 발전하는 것을 서구가 축하하지 않는 것은 서구가 낡은 사고에 사로잡혀 있기 때문이다. 아시아와 중동 등 비서구의 성장은 세계사에서 서구 지배 시대가 끝난 것으로 받아들여지고 있다. 그러나 서구에 눌려 있던 동북아시아가 성장하여 서구에 복수한다면 그것은 또 하나의 세계대전을 가져올 것이고, 대륙 간 전쟁이 발발하면 인류는 더불어 멸망할 것이다. 따라서 동북아시아는 세계 평화를 위하여 유럽과 아랍 문명의 조정자 이상의 것을 바라서는 안 될 것이다. 이것이 동북아 운명 공동체가 형성되어야 할 목적이며, 동북아 공동체가 세계사에 공헌해야 할 과제인 것이다.

참고문헌

✤ 국문

강 니콜라이. 2003.「연해주 고려인 정착지원과 향후 전망」.『동북아코리안네트워크국제회의』. pp. 113-122.

강상중. 2002.『동북아시아 공동의 집을 향하여』. 서울: 뿌리와이파리.

경향신문 특별취재팀. 2006.『우리도 몰랐던 한국의 힘』. 서울: 한스미디어.

고려대학교 아시아문제연구소. 2001.『동아시아공동체: 조건과 전망』. 서울: 고려대학교 아시아문제연구소.

고병익. 1996.『동아시아사의 전통과 변용』. 서울: 문학과지성사.

고소송(古小松). 2009.「광서북부만 경제계획과 중국 · 아세안 간 경제협력」.『동아시아 평화와 변경협력 국제학술회의』. pp. 95-117.

고야스 노부쿠니(子安宣邦) · 이승연 옮김. 2005.『동아, 대동아, 동아시아: 근대 일본의 오리엔탈리즘』. 서울: 역사비평사.

구말모. 2004.「동북아시아시대의 도래와 재일동포의 역할」.『동북아 사회문화 및 경제 공동체 구축 방안』. pp. 243-273.

권율. 2008.「ASEAN+3 협력체제의 성과와 과제」. 동아시아공동체연구회 편.『동아시아 공동체와 한국의 미래』. pp. 211-244.

기무라 나오야(木村直也). 2009.「일본 근대사 연구에서의 '쇄국'의 재검토와 동아시아」.『동아시아연구포럼』. pp. 63-83.

김경일. 2009.「동북아평화와 북한의 변화, 협력을 위한 중국의 역할」.『동아시아 평화와 변경협력 국제학술회의』. pp. 121-136.

김관웅. 2004.「동아시아를 휩쓰는 한류(韓流) 열풍에 대한 문화적 해독: 중국을 중심으로」.『동북아 사회문화 및 경제 공동체 구축방안』. pp. 65-75.
김광억. 2004.「동북아시아의 존재양: 현실과 상상의 사이」. 최송화 외 편저.『21세기 동북아 문화공동체의 구상』. pp. 1-25.
김기봉. 2006.『동아시아 공동체 만들기』. 서울: 푸른역사.
김기석. 2008.「일본의 동아시아 통합전략: 미국, 아시아-태평양 그리고 동남아시아」. 동아시아공동체연구회 편.『동아시아 공동체와 한국의 미래』. pp. 161-192.
김기혁. 2007.『근대 한 · 중 · 일 관계사』. 서울: 연세대학교출판부.
김동선. 2004.「동북아 스포츠교류와 한반도」.『동북아 사회문화 및 경제 공동체 구축 방안』. pp. 88-100.
김성훈 외. 1992.『동북아 경제권 : 21세기 국가 경영전략』. 서울: 비봉출판사.
김승일. 1999.「동아시아 공동체의 전통이념과 계승발전」. 미래인력연구센터 편.『21세기 동아시아 협력』. pp. 15-42.
김양희. 2004.「동북아 경제공동체의 형성을 위한 시론: 한국의 시각에서 본 정치경제학적 주요 논의」.『동북아 사회문화 및 경제 공동체 구축 방안』. pp. 163-191.
김영웅. 2003.「21세기 동북아의 역할」.『동북아경제포럼』. pp. 70-82.
김영웅. 2004.「동북아에 있어서 스포츠문화교류 모델에 관한 연구」.『동북아 사회문화 및 경제 공동체 구축 방안』. pp. 114-119.
김원수. 2006.「동북아시아 다자 안보협력: 한국의 시각」. 제주발전연구소 편.『동북아 공동체』. pp. 71-77.
김재철. 2008.「중국과 동아시아 지역협력」. 동아시아공동체연구회 편.『동아시아 공동체와 한국의 미래』. pp. 133-160.
김재한. 2005.『동북아공동체』. 서울: 집문당.
김주용. 2009.「공동의 기억, 공생의 미래를 위한 동북지역 답사 프로그램 설계」.『동아시아 평화와 변경협력 국제학술회의』. pp. 249-274.
남혜경. 2003.「내가 본 사할린 한인 사회」.『동북아코리안네트워크국제회의』. pp. 136-144.
단흥오(但興悪). 2009.『베스트파리아 체제를 넘어 동아시아 공동체론』. 서울: 동북아역사재단. pp. 23-32.
돈 오버도퍼. 2003. 「북한 문제와 동북아 평화체제 구축」. 『6 · 15 남북공동선언 제 3주년 기념 국제학술회의』. pp. 149-156.
동북아 대학총장협회. 2006. 『동북아 공동체 구축과 대학의 역할』. 서울: 동북아 대학총장협회.
동북아시대위원회. 2008. 『동북아시대위원회 백서』. 서울: 동북아시대위원회.
동북아역사재단 편. 2009. 『동아시아 평화와 변경협력 국제학술회의』. 서울: 동북아역사재단.
동북아평화연대 편. 2003. 『동북아코리안네트워크국제회의』. 서울: 동북아평화연대.
동아시아공동체연구회 편. 2008. 『동아시아 공동체와 한국의 미래』. 서울: 이매진.
동아시아연구포럼. 2004. 『역사인식과 동아시아 역사포럼』(제3회). 서울: 아시아평화와 역사교육연대.
동아시아연구포럼 편. 2009. 『동아시아연구포럼』. 서울: 동아시아연구원.
동아시아연구포럼. 2009. 「역사적 과정에서 본 '동아시아세계'의 아이덴티티와 다양성 I, II」. 『동아시아연구포럼』.
량원샹(梁云祥). 2009. 「중일의 상이한 근대역사경험이 동아시아 지역의 아이덴티티에 미친 영향」. 『동아시아연구포럼』. pp. 45-59.
레이이(雷頤). 2009. 「대동아의 상상: 근대 중국이 담론을 중심으로」. 『동아시아연구포럼』. pp. 399-441.
류준필. 2009. 「분단 체제론과 동아시아론」. 『아시아연구』 138: 38-74.
만해봉(灣海峰). 2009. 「북 중 변경에서의 관광 현황과 북 중 변경관광」. 『동아시아 평화와 변경협력 국제학술회의』. pp. 225-245.
매일경제 경제부. 2004. 『2004 신한국 경제보고서』. 서울: 매일경제신문사.
문정인. 2001. 「세계화, 지역화, 그리고 한국의 전략적 선택」. 『동아시아 공동체: 조건과 전망』. pp. 109-111.
문정인. 2006. 「동아시아 안보 공동체 구축과 한국의 동북아 협력 구상」. 제주발전연구소 편. 『동북아 공동체』. pp. 136-160.
문정인 · 오코노기 마사오 편. 2010. 『동아시아 지역 질서와 공동체 구상』. 서울: 아연.

미래인력연구센터 편. 1999.『21세기 동아시아 협력』. 서울: 넥서스.

민족화해협력범국민협의회 편. 2003.『6 · 15 남북공동선언 제3주년 기념 국제학술회의』. 서울: 민족화해협력국민협의회.

박동환. 1988.『서양의 논리 동양의 마음』. 서울: 까치.

박변순. 2008.「동아시아 통합과 기업의 역할: 역내 기업의 활동과 생산 네트워크의 확산을 중심으로」. 동아시아공동체연구회 편.『동아시아 공동체와 한국의 미래』. pp. 245-276.

박사명. 2006.『동아시아의 새로운 모색』. 서울: 이매진.

박사명. 2008.「동아시아공동체의 의의와 과제」. 동아시아공동체연구회 편.『동아시아 공동체와 한국의 미래』. pp. 11-44.

박사명 · 이한우 · 채수홍. 2009.『협력에서 공동체로: 동아시아공동체의 동향과 과제』. 서울: 이매진.

박승우. 2008.「동아시아 담론의 현황과 문제」. 동아시아공동체연구회 편.『동아시아 공동체와 한국의 미래』. pp. 309-346.

박은홍. 2008.『동아시아의 전환: 발전국가를 넘어』. 서울: 아르케.

박장배. 2009.「중국 변강이론의 진화와 공동이익 변강 개념의 발전」.『동아시아 평화와 변경협력 국제학술회의』. pp. 33-47.

박종철 외. 2006.『한국의 동북아시대 구상: 이론적 기초와 체계』. 서울: 오름.

배긍찬. 2004.『한 · 중 · 일 3국 협력의 도전과 과제: 최근 역사논쟁과 민족주의 문제를 중심으로』. 서울: 한반도평화운동본부. pp. 122-143.

배긍찬. 2008.「동아시아 지역협력의 전개과정: ASEAN+3 협력체제를 중심으로」. 동아시아공동체연구회 편.『동아시아 공동체와 한국의 미래』. pp. 45-104.

배기찬. 2006.『코리아 다시 생존의 기로에 서다』. 서울: 위즈덤하우스.

백영서 외. 2005.『동아시아의 지역질서: 제국을 넘어 공동체로』. 서울: 창비.

백영서. 2005.「20세기 동아시아 역사교과서의 아시아관」.『동아시아의 지역질서: 제국을 넘어 공동체로』. pp. 25-56.

부핑(步平). 2009.「동아시아의 아이덴티티와 역사인식의 국경 넘어」.『동아시아연구포럼』. pp. 9-41.

사가이 이노키. 2009.「서구: 대화의 명령인가 대화의 금지인가」.『아시아연구』

138: 11-37.
사이토 아사코(齋藤麻子). 2004.「문화 · 교육적 접근에 의한 동북아시아 경제 공동체구성」.『동북아 사회문화 및 경제 공동체 구축방안』. pp. 216-239.
서경교 외. 2001.『동아시아의 정치변동』. 서울: 인간사랑.
서남포럼. 2006.『2006 동아시아 연대운동단체 백서』. 서울: 서남포럼.
서울대학교 한국정치연구소. 1990.『북한은 변하고 있는가?』. 서울: 어문각.
서중석 외. 2004.『동북아 문화공동체의 동아시아 지역 확대방안을 위한 기초연구』. 인문사회연구회 협동연구총서. 서울 : 통일연구원. pp. 4-14.
성경륭. 2005.『동북아시대의 한반도 공간구상과 균형발전전략』. 서울: 제이플러스애드.
성균관대학교 대동문화연구원. 2005.『동아시아 근대 지성의 동아시아 인식』. 서울: 대동문화연구원.
성균관대학교 동아시아학술원. 2004.『근대 전환기 동아시아 삼국과 한국: 자기인식과 대외인식』. 서울: 성균관대학교.
성균관대학교 인문과학연구소 편. 1985.『전통문화와 서양문화 1』. 서울: 성균관대학교출판부.
손설암(孫雪岩). 2009.「과경민족 시각에서 본 연변 관광의 발전 문제」.『동아시아 평화와 변경협력 국제학술회의』. pp. 175-194.
송은희. 2002.「동북아 지역협력의 모색과 전망: 한 · 중 · 일 자유무역협정(FTA)을 중심으로」. 한국동북아협회 편.『21세기 재외한인의 재인식과 동북아 지역협력』. pp. 217-238.
쉬슈리(徐秀麗). 2009.「중국의 동아시아 인식과 동아시아론」.『동아시아연구포럼』. pp. 379-396.
신윤환. 2008a.「동아시아 공동체의 의의와 과제」. 동아시아공동체연구회 편.『동아시아 공동체와 한국의 미래』. pp. 5-10.
신윤환. 2008b.「동아시아 지역통합과 한국의 선택」. 동아시아공동체연구회 편.『동아시아 공동체와 한국의 미래』. pp. 373-398.
신정현 외. 2004.『동북아 국제정치와 한반도』. 서울: 경희대학교출판부.
신채식. 2003.『동양사개론』. 서울: 삼영사.

신채식. 2008.『동아시아 문화와 한자문화』. 서울: 한국학술정보.

심의섭. 2009.「동북아 경제협력과 초국적 거버넌스의 구상」.『동아시아 평화와 변경협력 국제학술회의』. pp. 51-89.

아시아평화와 역사연구소. 2004.『동아시아 평화포럼 서울대회』. 서울: 아시아평화와 역사연구소.

아태정책연구원. 2007.『아태 포커스』. 서울: 아태정책연구원.

안병우. 2004.『동북아 역사분쟁과 역사공동위원회 구성의 필요성』. 서울: 한반도평화운동본부. pp. 144-160.

안충영 · 이창재 편. 2003.『동북아 경제협력: 통합의 첫걸음』. 서울: 박영사.

야마무로 신이치(山室信一). 2005.『일본 아시아주의와 '아시아' 학지(學知)』. 서울: 대동문화연구원. pp. 57-88.

양염군 · 차태근. 2005.『'동아시아' 란 무엇인가? : 근대 이후 한 · 중 · 일의 '아시아' 상상의 차이와 그 결과』. 서울: 성균관대학교 유교문화연구소. pp. 89-114.

양재혁. 1985.「서구문화의 영향과 전통유교가치관의 변화: 신채호의 신국민론」. 성균관대학교 인문과학연구소 편.『전통문화와 서양문화』. pp. 113-142.

언더우드학술강좌 조직위원회. 2005.『21세기 동북아의 미래와 기독교』. 서울: 언더우드학술강좌.

에드워드 사이드. 박홍규 역. 1993.『오리엔탈리즘』. 서울: 교보문고.

연변대학 창립 55주년 기념 국제학술회의 논문집. 2004.「동북아지역 협력과 민족문화의 발전」. 연길: 연변대학 민족연구원.

오명석 · 한경구 · 장수현 · 최호림. 2004.『동북아 문화공동체 형성을 위한 협력적 아시아 인식의 모색』. 서울: 대외경제정책연구원.

오용석. 1993.『중국의 기술도입 정책과 중일기술협력』. 서울: 통일연구원.

오케이타임즈(OK Times) 편집부. 2003.「화상네트워크 아시아 100대 기업 중 절반 이상」.『OK Times』(2): 46.

오케이타임즈(OK Times) 편집부. 2004.「한중일 역사로 다시 붙었다」.『OK Times』(1): 55.

와다 하루키. 이원덕 역. 2004.『동북아시아 공동의 집』. 서울: 일조각.

와다 하루키. 2006.「북한 핵문제와 다자 협력에 대한 일본의 접근」. 제주발전연구소 편.『동북아 공동체』. pp. 116-125.
외교안보연구원. 2006.『동아시아 지역협력 방안』. 서울: 외교안보연구원.
외교통상부. 2010.『2010 외교백서』. 서울: 외교통상부.
원동욱. 2009. 중국의 동북 3성 개발과 남북한, 중국의 공조방안」.『동아시아 평화와 변경협력 국제학술회의』. pp. 139-170.
유신티엔. 2006.「중국과 동아시아 지역안보협력」. 제주발전연구소 편.『동북아 공동체』. pp. 126-135.
윤영관. 2001.「동아시아 지역경제협력의 정치」.『동아시아 공동체: 조건과 전망』. pp. 132-138.
윤태영. 2005.『동북아 안보와 위기관리』. 서울: 인간사랑.
이경석 외. 2009.『동아시아 전통사회의 구조와 해체』. 서울: 선인.
이광규. 2002.「동북아 문화공동체의 모색과 전망」. 한국동북아협회 편.『21세기 재외한인의 재인식과 동북아 지역협력』. pp. 3-15.
이광규. 2003.「동북아지역 경제교규협력 확대가 동북아 평화에 미치는 영향」.『동북아경제포럼』. pp. 52-69.
이광규. 2005.『21세기 동북아 공동체 구성에 대한 전망』. 서울: 안보문제연구원. pp. 18-46.
이동준. 1997.『유교의 인도주의와 한국사상』. 서울: 한울.
이동훈. 2003.「중국조선족 현실과 21세기 대안적 발전전략」.『동북아코리안네트워크국제회의』. pp. 98-112.
이상익. 1997.『서구의 충격과 근대 한국사상』. 서울: 한울아카데미.
이서행. 2004.「동북아시아의 전통문화 배경으로 본 평화공동체 전망」.『동북아 지역합작과 민족문화의 발전』. pp. 107-122.
이수훈. 2006.「동북아시아의 평화와 번영을 위한 한국의 이니시어티브」. 제주발전연구소 편.『동북아 공동체』. pp. 161-192.
이은진. 2005.『고립된 지역들의 네트워크 공동체로의 통합』. 서울: 안보문제연구원. pp. 47-64.
이인배. 2005.『동북아 평화공동체』. 서울: 한국학술정보.
이재현. 2008.「동아시아 기역협력과 역내 리더십: 마하티르와 김대중의 동아시아 지역협력 구상」. 동아시아공동체연구회 편.『동아시아 공동체와 한국의 미래』. pp. 105-132.
이창위 외. 2006.『동북아 지역의 영유권 분쟁과 한국의 대응전략』. 서울: 다운샘.
이창재. 2006.「자유무역협정(FTA): 동아시아 지역의 추세」. 제주발전연구소 편.『동북아 공동체』. pp. 280-303.
이충열 · 박철한. 2008.「동아시아 금융협력의 현황과 과제」. 동아시아공동체연구회 편.『동아시아 공동체와 한국의 미래』. pp. 277-308.
임경석 외. 2009.『동아시아 전통사회의 구조와 해체』. 서울: 선인.
임동원. 2006.「2000년 남북정상회담 회고와 한반도 평화 안보에 관한 함의」. 제주발전연구원 편.『동북아 공동체』. pp. 15-22.
임영택. 2005.『19세기 말 20세기 초 동아시아 세계관적 전환과 지식인의 동아시아 인식』. 서울: 대동문화연구원. pp. 1-24.
임진철. 2003.「동북아 한민족 경제문화 교류협력과 한국의 역할」.『동북아코리안네트워크국제회의』. pp. 32-67.
임채완. 2003.「동북아 지역 경제 협력체 구축의 성격과 방안」.『동북아경제포럼』. pp. 24-51.
임채완. 2003.「동북아 한민족 네트워크의 의미」.『동북아코리안네트워크국제회의』. pp. 10-30.
장세윤. 2009.「한국 고등학교 교육과정과 '동아시아사' 과목」.『동아시아연구포럼』. pp. 445-476.
쟝이화(姜義華). 2009.「60년대 상이한 역사관점 하의 중국과 동아시아 세계」.『동아시아연구포럼』. pp. 87-113.
전남대학교 아태지역연구소. 2003.『동북아 평화번영과 재외동포』. 광주: 전남대학교 아태지역연구소.
전북대 인문학연구소 편. 2006.『동북아 문화담론』. 서울: 제이엔씨.
전영평 · 박경하. 2004.「동북아 상호이익과 갈등 극복을 위한 방안」. 최송화 외 편저.『21세기 동북아 문화공동체의 구상』. pp. 27-56.
정갑수. 2003.「재일동포운동과 원코리아」.『동북아코리안네트워크국제회의』. pp. 123-135.

정갑영 외. 2002. 『동아시아의 정치와 경제』. 서울: 나남출판.

정운찬 · 조홍식 편. 2007. 『외환위기 10년, 한국사회 얼마나 달라졌나』. 서울: 서울대학교출판부.

정원링. 2006. 「동북아시아 공동체: 비전에서 현실로」. 제주발전연구소 편. 『동북아 공동체』. pp. 218-240.

제주발전연구소 편. 2006. 『동북아 공동체』. 서울: 연세대학교출판부.

조성렬 · 조민 · 정윤재 · 정성헌. 2005. 『동북아 질서의 재편과 한민족의 선택』. 서울: 나남출판.

조셉 거슨. 2003. 「위험한 게임: 제국, 일련의 침략, 미-북한 위기 외교적 해결 필요성」. 『6 · 15 남북공동선언 제3주년 기념 국제학술회의』. pp. 60-87.

조영록. 2002. 『근세 동아시아 3국의 국제교류와 문화』. 서울: 지식산업사.

조재욱. 2009. 『표류하는 동아시아 공동체』. 서울: 한국학술정보.

조희연 · 박은홍. 2007. 『동아시아와 한국』. 서울: 민주화운동기념사업회.

채수홍. 2008. 「동아시아 지역협력의 현황과 과제: 사회문화부문을 중심으로」. 동아시아공동체연구회 편. 『동아시아 공동체와 한국의 미래』. pp. 347-372.

쳉비친. 2006. 「중국의 부상과 동북아의 평화 안보」. 제주발전연구소 편. 『동북아 공동체』. pp. 50-60.

최덕수. 2009. 「근대 한국 동아시아인식의 기원과 전환」. 『동아시아연구포럼』. pp. 117-143.

최송화 · 권영설 편저. 2004. 『21세기 동북아 문화공동체의 구상』. 서울: 범문사.

최영종. 2003. 『동아시아 지역통합과 한국의 선택』. 서울: 아연.

최우길. 2004. 「"동아시아" 논의에 대한 비판적 검토」. 『동북아 지역합작과 민족문화의 발전』. pp. 123-144.

최웅권. 2005. 『중국 조선족과 동북아시아의 평화』. 서울: 안보문제연구원. pp. 274-290.

최철호. 2009. 「두만강 지역 변경관광의 현황과 전망」. 『동아시아 평화와 변경협력 국제학술회의』. pp. 197-221.

최태욱. 2008. 「한미 FTA와 동아시아 지역주의의 미래」. 동아시아공동체연구회 편. 『동아시아 공동체와 한국의 미래』. pp. 193-210.

카렌 렌봇. 2003.「세계 평화에 중요한 한반도 평화」.『6 · 15 남북공동선언 제3주년 기념 국제학술회의』. pp. 179-199.
태인화(泰志華). 2005.『한 · 중 중소기업의 기업문화 비교 연구』. 서울: 안보문제연구원. pp. 192-215.
한국고문서학회 편. 2006.『동아시아 근세 사회의 비교』. 서울: 혜안.
한국동북아협회 편. 2002.『21세기 재외한인의 재인식과 동북아 지역협력』. 서울: 한국동북아협회.
한국비교사학연구회 편. 2003.『동아시아의 전환』. 서울: 아르케.
한국사연구회 편. 1995.『근대 국민국가와 민족문제』. 서울: 지식산업사.
한기형. 2005.『근대 초기 한국인의 동아시아 인식』. 서울: 대동문화연구원. pp. 155-170.
한반도평화운동본부. 2004.『동북아 사회문화 및 경제 공동체 구축방안』. 서울: 한반도평화운동본부.
한일관계사학회 편. 2008.『동아시아의 영토와 민족문제』. 서울: 경인문화사.
허귀철. 2003.「동북아 법률 교류의 경험과 교훈」.『동북아코리안네트워크국제회의』. pp. 68-77.
허명철. 2004.「전구화와 동북아공동체 형성」.『동북아 지역합작과 민족문화의 발전』. pp. 13-21.
허형익. 2003.「제2 북핵 위기의 진상과 국제적 여건, 그리고 한국정부의 평화적 해결방안」.『6 · 15 남북공동선언 제3주년 기념 국제학술회의』. pp. 92-148.
홍석준 · 임춘성. 2009.『동아시아의 문화와 문화적 정체성』. 서울: 한울.
황동연. 2005.『초기 동아시아 급진주의와 아시아에 대한 초보적 검토』. 서울: 대동문화연구원. pp. 115-154.

✤ 영문

ARI. s. 2010 International Conference. 2010. *Searching for a New East Asian Order: Historical Refractions and Current Issues*. Seoul. Korea University.

Asia Economic Community Foundation. 2009. Creating One Asia Together. Paler and Presentation Materials I, II. *Seoul. Asia Economic Community Forum.*

Bae, Geung-Chan. 2004. Challenges and Tasks Facing ROK-China-Japan Tripartite Cooperation: View From Recent Historical Controversies and Nationalism. in *Toward a Northeast Asian Socio-cultural and Economic Community*. pp. 122-131.

Cabasso, Jacqueline. 2003. Nuclear Threats and Counter Threats: Implication of U. S. Nuclear Policy for the Korean Peninsula. *6 · 15 남북공동선언 제3주년 기념 국제학술회의*. pp. 200-215.

Clammer, John. 2003. Popular Culture and Youth Identity in Northeast Asia. in *UNESCO Culture Center*. pp. 95-110.

Cumings, Bruce. 2001. Two Korea's and the East Asia Community. in *Building of East Asian Economic Community*. pp. 59-72.

Hamashita, Takeshi. 2001; Regional Dynamism and the Maritime Identity of Asia; Political Spaces and Cultural Boundaries in Modern East Asia. in Asiatic Research Center ed. *Building an East Asian Community*. pp. 7-13.

Huntington, Samuel. 1996. *The Clash of Civilization*. N Y. Touchstone Book.

Kim, Dong-Sun. 2004. Sports Exchanges in Northeast Asia & the Korean Peninsula. in *Toward a Northeast Asian Socio-cultural and Economic Community*. pp. 85-87.

Kim, Yanghee. 2004. An Essay for the Establishment of a Northeast Asian Economic Community. in *Northeast Asian Socio-cultural and Economic Community*. pp. 163-167.

Kwak, Il Chyun. 2003. Environment Cooperation in *Northeast Asia: Yellow Dust, Acid Rain, Marine Pollution*. in *UNESCO Culture Center*. pp. 83-94.

Lee, Eun-Jin. 2004. The Integration of Fragmented Regions into a Networked Community. in *Toward a Northeast Asian Socio-cultural and Economic Community*. pp. 50-61.

Lee, Kang Hyun. 2003. Youth: Catalyst for Regional Community Building in Northeast Asia. in *UNESCO Culture Center*. pp. 111-120.

Lee, Kwang-Kyu. 2004. Prospects for Establishing Northeast Asian Community in the 21th Century. in *Toward a Northeast Asian Socio-cultural and Economic Community*. pp. 18-46.

Moon, Chun-In. 2001. Globalization, Regionalization, and South Korean's Strategic Choice. in *Building of East Asian Economic Community*. pp. 22-25.

Moon, Chun-In. 2006. The Role of Korean in a Northeast Asian Community. in *Constructing a Northeast Asian Community and the Role of Universities*. pp. 1-27.

Northeast Asia Forum of University Presidents. 2006. *Constructing a Northeast Asian Community and the Role of Universities*. Seoul. Korean University Presidents Association.

Okanogi, Masao. 2001. Intern Korean Relations and Japan. in *Building of East Asia Economic*.

Park, Kun Young. 2003. Helping the U. S. and North Korea Make a Reasonable Compromise: A Commonsensical Approach to a Peaceful Resolution of the North Korea Nuclear Row. *6 · 15 남북공동선언 제3주년 기념 국제학술회의*. pp. 45-59.

Pi, Sheng Hao. 2001. To Create Peaceful Environment for Regional Economic Cooperation: On Relations between China and Two Koreans in *Building of East Asian Economic Community*. pp. 15-21.

Shiraishi, Takashi. 2001' East Asian Regionalization and the Question of Identity. in *Building of East Asian Economic Community*. pp. 27-34.

Suh, Dong Man. 2001. Current Status and Future Tasks of Multilateral Security Cooperation in Northeast Asia. in *Building of East Asia Economic Community*. pp. 76-92.

Tu, Weiming. 2003. Global Ethnics in an Age of Cultural Diversity. in *UNESCO*

Culture Center. pp. 69-82.

UNESCO Culture Center. 2003. *Community Building in Northeast Asia: Challenges and Opportunities*. Seoul. UNESCO Korea.

van Ginkel, J. A. 2003. Building Regional Communities: Challenges and Opportunities. in *UNESCO Culture Center*. pp. 53-68.

Vogel, Ezra. 1981. *japan as Number One*. Tokyo: Charles E. Tuttle Pub.

Wada Haruki. 2006. In Search of a Model for Northeast Asia Government and Regional Cooperation. in *Northeast Asian Community and the Role of Universities*. pp. 1-12.

Yoon, Young Kwan. 2001. Politics of Regional Economic Cooperation in East Asia: A Korean Perspective. in *Building East Asian Economic Community*. pp. 49-56.

Zhang, Yunling. 2001. The Progress and Goal of East Asia Cooperation. in *Building of East Asian Economic Community*. pp. 35-47.

✣ 일문

レジリトル ウオリン リード. 1989.『儒教 ルネサンス』. 東京: サイマル出版會.

姜常中. 2001.『東北アジア共同の家おめさしで』. 東京: 平凡社.

姜常中. 2002.「過ぎ去らないアジアの心象地理を超えで」. 青山保 外 7人 編.『新世紀 1 空間』. pp. 77-110.

廣島大學統合移轉記念 國際シンポシウム部會 編. 1997.『アジアの時代 — 日本の選擇 廣島』. 中國新聞社.

國分良成 編著. 2009.『現代 東アジア』. 東京: 慶應大出版會.

金日坤. 1992.『東アジアの經濟發展と儒教文化』. 東京: 大修館書店.

吉田博司. 2003.『東アジア イデオロギを超.えて』. 東京: 新書館.

東アジア共同體評議會. 2010.『東アジア共同體 白書 2010』. 東京: たちはな出版.

東アジア地域研究會 · 石田 浩 編. 2001.『東アジア經濟の構造』. 東京: 青木書店.

東アジア地域研究會・片山 裕・西村 成雄 編. 2002.『東アジア史像の新構築』. 東京: 青木書店.

東アジア地域研究會・北原 淳 編. 2002.『變動の東アジア社會』. 東京: 青木書店.

東京財團. 2003.『北東アジア開發銀行(NEADB)の創設と日本の對外協力政策』. 東京: 東京財團研究推進部.

末廣昭. 2001.『アジア政治經濟論』. 東京: NTT出版.

武者小路公秀 編. 1997.『東アジア共生への道』. 大阪: 大阪經濟法科大學出版部.

武者小路公秀 監修. 2003.『東北 アジア時代への提言』. 東京: 平凡社.

保文明・赤木完爾. 2004.『アメリカと東アジア』. 東京: 慶應大出版會.

福永安祥. 1993.『中國と東南アジアの社會學』. 東京: 勁草書房.

富山大學教育研究特別經費プロジェクト報告書. 2004.『北東アジアの環境, 經濟, 社會に關する共生課題 の研究』. 富山市: 富山大學經濟學部.

北東 アジア クラントデサイン研究會 編著. 2003.『北東アジアのクラントデサイン』. 東京: 日本經濟評論社.

北原淳. 2002.『變動の東アジア社會』. 東京: 青木書店.

上原一慶 外 3人. 2002.『東アジア近現代史』. 東京: 有斐閣.

徐藤象二郎・松野周治・夏剛. 2003.『東北アジア時代への提言』. 東京: 平凡社.

小杉剋次. 1998.『現代 東アジア論の視座』. 東京: 御茶の水書房.

小原雅博. 2005.『東アジア共同體』. 東京: 日本經濟新聞社.

孫歌・白永瑞・陳光興. 2006.『ポスト東アシア』. 東京: 作品社.

宇野重昭. 2003.『北東アジアにおける中國と日本』. 東京: 國際書院.

宇野重昭・增田祐司 編. 2000.『北東アジア地域研究序說』. 東京: 國際書院.

原洋之介. 2002.『新東亞論』. 東京: NTT 出版株式會社.

伊藤成彦. 2004.『東アジアの平和のために國境を越えたネットワークを』. 東京: 岩波書店.

伊藤成彦. 2005.『東北アジア平和共同體 に向けて』. 東京: 御茶の水書房.

伊藤憲一 監修・青木保 外 4人. 2005.『東アジア共同體と日本の針路』. 東京: 日本放送出版協會.

李成市. 2005.『東アジア文化圈の形成』. 東京: 山川出版社.

李鐘元. 2004.「東アジア地域論の現狀と課題」.『國際政治學』4號. 東アジアの地域協力と安全保障 1-10.

日本經濟新聞社. 2001.『アジア地域統合への摸索』. 東京: 日本經濟新聞社.

竹內好. 1993.『日本とアジア』. 東京: 筑摩書房.

中兼和津次 編. 1994.『講座現代アジア 2. 近代化と構造變動』. 東京: 東京大學出版會.

增田祐司 編. 2001.『21世紀 北東アジアと世界』. 東京: 國際書院.

增田祐司 編. 2004.『21世紀 北東アジア世界の展望』. 東京: 日本經濟評論社.

進藤榮一. 2007.『東アジア共同體をどうつくるか』. 東京: 筑摩書房.

添谷芳秀 · 田所昌幸 編. 2004.『日本の東アジア構想』. 東京: 慶應義塾大學出版會.

青山保 外 7人 編. 2002.『新世紀 1 空間』. 東京: 岩波書店.

萩原宜之 編. 1994.『講座現代 アジア 3. 民主化と經濟發展』. 東京: 東京大學出版會.

土屋健治 編. 1994.『講座現代アジア 1 . ナショナリズムと國民國家』. 東京: 東京大學出版會.

坂田幹男. 2000.「北東アジア環日本海圈交流の成果と問題點」.『世界經濟評論』44(7): 17-25.

平野健一郎 編. 1994.『講座現代アジア 4. 地域 システムと國際關係』. 東京: 東京大學出版會.

平和安全保障研究所 編. 2003.『アジアの安全保障 2003~2004』. 東京: 朝雲新聞社.

和田春樹. 2003.『日本, 韓國, 北朝鮮: 東北アジアに生きる』. 東京: 青丘文化社.

和田春樹. 2009.「東北アシア共同体論と邊境」.『跨境民族の役割』. 北東アジアと變更協力. pp. 5-13.

NIRA E Asia 研究 編著. 2001.『東アジア回廊の形成』. 東京: 日本經濟評論社.

찾아보기

가

나

다

라

마

바

사

아

자

차

타

파

하